**Patagonien**

Gino Buscaini
Silvia Metzeltin

# Patagonien

Traumland für
Bergsteiger und Reisende

Bruckmann München

*Bildnachweis:* Alle Zeichnungen und Fotos wurden
von Gino Buscaini angefertigt, soweit nicht anders angegeben.

CIP-Titelaufnahme der Deutschen Bibliothek

**Patagonien:** Traumland für Bergsteiger und Reisende / Gino
Buscaini ; Silvia Metzeltin. Dt. Übers. von Heli Tortora. –
München : Bruckmann, 1990
  (Carta)
  Einheitssacht.: Patagonia
  ISBN 3-7654-2262-2
  NE: Buscaini, Gino [Mitverf.]; Metzeltin, Silvia [Mitverf.]; EST

Titel der italienischen Ausgabe:
»Patagonia.
Terra magica per alpinisti e viaggiatori«.

Ins Deutsche übertragen von Heli Tortora.

© 1987 by dall'Oglio editore, Mailand
© 1990 für die deutschsprachige Ausgabe:
F. Bruckmann KG, München
Alle Rechte vorbehalten
Herstellung: Bruckmann München
Printed in Germany
ISBN 3-7654-2262-2

*Dieses Buch soll einen umfassenden Überblick über Patagonien und im besonderen über die Südlichen Patagonischen Anden geben. Es will kein Führer im eigentlichen Sinn sein, sondern vielmehr als Anreiz für Träume und ihre Verwirklichung dienen.*

*In erster Linie jedoch möchte das Buch eine Einladung sein für individuelle Entdeckungsreisen und stille Abenteuer, und vor allem für ein »sanftes« Bergsteigen: ein Wegweiser also zu Neugierde, Liebe und Achtung für ein Land und dessen Bewohner.*

*Das erste Buch über Patagonien wurde 1774 von einem Jesuiten geschrieben. Es hatte zur Folge, daß die Habsucht und die Gier der Spanier und Engländer nach diesem Land und seinen Schätzen ins Unermeßliche stiegen.*

*Heute sind wir uns bewußt, wie gefährdet diese noch unberührten Regionen sind, und deshalb wünschen wir uns, nur einen Beitrag zum besseren Verständnis des Landes zu leisten. Wir wollen es nie bereuen müssen, dieses Buch geschrieben zu haben.*

*Die Autoren*

# Verschiedene Maßstäbe

Patagonien ist ein riesiges Land. Seine Weite ist von einer Unendlichkeit, die nach Stunden zu Fuß oder zu Pferd gemessen wird. Meter, Tachometer und Uhren verlieren unter den Fußsohlen und Pferdehufen ihre Gültigkeit, sie bleiben auf den Wegen zurück und gehen in Sümpfen verloren. Stangen und Federn, Rädchen und Chips, Mechanismen eines unnützen Systems, zerfallen in dieser Unendlichkeit.

Die Weite wird nur durch ferne Reihen von Pappeln begrenzt, deren rissige Stämme zwischen den bestellten Feldern, den Steppen und den holprigen Pisten stehen. Sie wird mit den vergänglichen Spuren von Hunden, Rindern und Pferden gemessen, mit den Abdrücken von Karren und Fahrrädern und von nackten Kinderfüßen. Drei nackte Füße gleich zwei beschuhte Füße.

Geschwindigkeit hat keine Bedeutung, sie existiert nicht, nicht einmal die Geschwindigkeit der Autos. In Patagonien kann man mitten auf der Straße gehen, sofern es Straßen gibt.

Wenn ein Auto kommt, kündigt es sich durch eine Staubwolke am Horizont an. Seine Geschwindigkeit ist jedoch vollkommen bedeutungslos, denn gewöhnlich hält das Auto, und einer fragt: »Qué tal?« (wie geht's?). Dann sieht man, daß ein Auto in Patagonien möglicherweise ohne Nummernschild fährt. Hält es nicht an, wirbelt nur eine Staubwolke vorbei, und man sieht überhaupt nichts.

Das Maß der Zeit – tick tack, tick tack – sind die schnellen Hufe des Pferdes, das am frühen Morgen vorbeikommt, ist die tägliche Bahn der Schatten oder der Lauf der Sterne in der Nacht für jene, die wach liegen.

Die Zeit läuft nicht ab in die Vergangenheit, sie kommt aus der Zukunft entgegen. Sie kommt mit dem Wind, pocht im Takt der ruhelos wirbelnden Böen und unvermutet eintretenden Pausen. Sie färbt die Welt mit bunten Wolken, mit Wolken, in denen sich Dunkles und Bleiernes mit Zartem, Himmlischem abwechselt, Wolken, die in vielfachen Formen zusammenfließen, auseinandergleiten, Wolken, die Wasser spenden, die Stürme bringen und Stürme verscheuchen.

Der Wind ist das Maß des Lebens, er ist allgegenwärtig: Er überzieht mit Staub und Licht die Kordillere, die Pampa und alle anderen Wege.

# Die Landschaft

Die Anden Südpatagoniens unterscheiden sich ganz wesentlich von allen anderen Bergen. Es stimmt nicht, daß ein Berg immer ein Berg ist. Das hat nicht einmal Gültigkeit für die kurze Dauer einer Besteigung.

Die Patagonischen Anden bieten dem Bergsteiger die gesuchten Erhebungen, zugleich aber halten sie für den Wanderer unendlich weite Flächen bereit. Es gibt keinen geschlossenen Horizont, keinen von drohenden Gipfeln begrenzten, von den beklemmenden Umrissen eines Tals eingeengten Himmel. Der Himmel ist immer eine Kuppel, die weit, weit weg endet. Die Berge öffnen sich auf die gelb-braune Unermeßlichkeit der Steppen, auf die grün-blaue Unendlichkeit des ozeanischen Archipels, auf die weißen Flächen der kontinentalen Gletscher.

Das an die Größenverhältnisse der Alpen gewöhnte Auge unterschätzt die Entfernungen und Abstände; nur allmählich gewinnt man ein Gefühl für neue Maßstäbe.

Wer von der anderen Seite der Erde kommt, muß sich erst daran gewöhnen, daß die Sonne im Norden steht und Schatten auf die Südseite der Berge wirft; daß die Südwände finster und vereist sind und die nach Norden gewandten Hänge ein milderes Klima aufweisen. Er wird das kleine Kreuz des Südens entdecken, nach dem man sich am nächtlichen Himmel der südlichen Erdhälfte richtet, wo unter anderen, uns bekannten Sternbildern der Orion eines ist, das gleichzeitig in beiden Hemisphären zu sehen ist.*

Der Reiz, den die Patagonischen Anden und ihre Steppen bekanntlich auf alle ausüben, die weite Räume lieben – und, könnte man hinzufügen, auch auf viele freie Geister –, steht in engem Zusammenhang mit der Landschaft, die auch dort ein Gefühl der Harmonie vermittelt, wo sie rauh und wüst erscheint.

Diese Landschaft wird durch das Klima und die geologischen Gegebenheiten bestimmt. Dem Klima kommt entscheidende Bedeutung zu, denn die Winde verleihen dem Land einen besonderen Reiz: eine immer klare, fast leuchtende Luft.

Bis heute sind die Eingriffe des Menschen in diese Landschaft noch gering, man könnte fast sagen, zu gering, denn ein paar Brücken, einige Elektrizitätswerke an den großen Flüssen, ein paar Kilometer Straße mehr würden sicher die Lebensbedingungen der Bewohner erleichtern. Vorläufig hat man noch nicht an die Nutzung von Wind- und Sonnenenergie gedacht. Andererseits beträgt die durchschnittliche Bevölkerungsdichte eine Person pro Quadratkilometer, und allein die argentinische Provinz Santa Cruz ist mit ihren 243 943 Quadratkilometern fast so groß wie die Bundesrepublik Deutschland.

Durch die Einrichtung von Naturparks konnten einige Gebiete rechtzeitig vor Ausbeutung und allen damit verbundenen schädlichen Folgen geschützt werden. Dazu zählen die Brand-

---

* Das Kreuz des Südens wandert für den Betrachter längs des 60. Breitengrades über den südlichen Himmel. Der südliche Himmelspol befindet sich auf der verlängerten Längsachse des Kreuzes, in einer Entfernung, die das Fünffache des Abstandes zwischen den beiden Hauptsternen auf der Längsachse des Kreuzes beträgt. Anders als der nördliche Himmel mit dem Polarstern ist der südliche Himmelspol durch keinen Stern besonders gekennzeichnet.

rodung, mit der Weideland geschaffen werden soll, und die große Zahl der Schafherden, die in einigen Gebieten bereits mikroklimatische Veränderungen, eine Verarmung des Pflanzenbestands und eine beschleunigte Erosion des Erdreichs hervorgerufen haben. Die vorgesehene Endlagerung von Atommüll in der Provinz Chubut läßt bereits gesundheitliche und ökologische Schäden vorausahnen, deren Umfang und Tragweite wir noch gar nicht ermessen können.

Bis jetzt verzeiht das nur spärlich bevölkerte Patagonien alle Fehler und Versäumnisse, die von den Menschen zu seinem Nachteil begangen wurden. Wie lange noch?

*Auf dem Weg zu den Patagonischen Anden (Fitz Roy).*

# Das Land

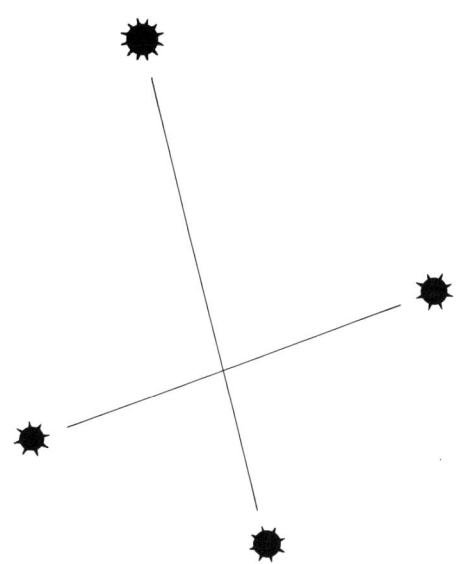

*Das Kreuz des Südens*

# Geographische Grundzüge

Die Andenkordillere ist das beherrschende Hochgebirge Südamerikas. Es erstreckt sich über eine Länge von 7000 Kilometern fast parallel zur Pazifikküste und verleiht dem Kontinent aufgrund seiner Nord-Süd-Ausrichtung eine deutliche klimatische und morphologische Asymmetrie.

Zu den *Südanden* rechnet man den an der derzeitigen Grenze zwischen Chile und Argentinien gelegenen Teil der Kordillere sowie die *Patagonischen Anden*. Nördlich davon erstrecken sich die Zentralanden bis zur Grenze zwischen Ecuador und Peru; dort beginnen die Nordanden, die bis zu den Sierras von Venezuela und Kolumbien reichen.

Die Anden sind kein zusammenhängendes Kettengebirge, sie bestehen vielmehr aus einer Reihe von parallel verlaufenden Bergketten mit unterschiedlichen geologischen Merkmalen: von West nach Ost folgen einander die Küstenkordillere, die West- oder Hochkordillere, die Zentralkordillere (nördlich von Quito), die Ostkordillere (zwischen Bogotà und Salta) und die Präkordillere.

Der Aconcagua (6959 m), auf 32° 39′ südlicher Breite gelegen, also ungefähr auf dem Breitengrad von Santiago (Chile) oder Mendoza (Argentinien), ist nicht nur der höchste Berg der Anden, sondern des gesamten amerikanischen Doppelkontinents. Südlich des Aconcagua nimmt die Höhe der Berggipfel rasch ab.

Zum Süden hin wird auch die Kordillere immer schmaler, so daß sie nach einer Ausdehnung von 800 Kilometern zwischen dem 15. und 30. Breitenkreis im Süden nur mehr eine Breite von 200 Kilometern und weniger aufweist.

Ebenso verschwinden zum Süden hin die mächtigen Kegel der Stratovulkane und die Hochplateaus, während ausgedehnte Gletscher erscheinen. An der pazifischen Küste hören die Wüstengebiete auf, an ihre Stelle tritt der üppig wuchernde Regenwald; an der Ostseite der Kordillere erstreckt sich, mit regionalen Unterschieden, die karge Grassteppenzone weiter.

Diese geomorphologischen und klimatischen Veränderungen vollziehen sich nicht abrupt, sondern ganz allmählich. So ist weder die Bezeichnung »*Patagonien*« ganz eindeutig auf ein bestimmtes Gebiet anwendbar, noch ist die nördliche Begrenzung der Patagonischen Anden ganz genau definiert.

Der in Argentinien liegende Teil Patagoniens umfaßt das weite Gebiet zwischen der Kordillere und dem Atlantik. Im Jahr 1877 legte man die nördliche Grenze nach dem Verlauf des Río Negro fest und schuf die fünf Provinzen La Pampa, Río Negro, Neuquén, Chubut und Santa Cruz. Rechnet man auch Feuerland mit dazu, dann umfaßt die Gesamtfläche dieses riesigen, durch einheitliche physiographische Merkmale gekennzeichneten Gebiets eine Million Quadratkilometer. Dort lebt ungefähr eine Million Menschen. Die soziale und wirtschaftliche Struktur des Landes ist homogen und im schulischen und religiösen Bereich stark von der Arbeit der Salesianer geprägt. Die Staßenverbindungen führen fast alle nach Buenos Aires, das interne Straßennetz ist spärlich.

Der chilenische Teil Patagoniens liegt an der Westseite der Kordillere und besteht aus dem schmalen Gebiet zwischen dem Gebirge und dem Pazifischen Ozean südlich des 35. Breiten-

◁ *Das südliche Patagonien.*

grades. Er ist in verschiedene Verwaltungszonen eingeteilt: die Region Araucania (mit dem Vulkan Lanín, 3774 m), die Seenregion (in dem sich der Tronador mit 3554 m erhebt) und die Regionen Aisén und Magallanes; diese Regionen sind wiederum in Provinzen gliedert.

Für beide Teile Patagoniens, den chilenischen und den argentinischen Teil, stellen die Patagonischen Anden das Rückgrat dar. Im Norden wird die Grenze im allgemeinen beim 39. Breitengrad gezogen, wo die große Niederung des Aluminé-Sees (auf der Breite von Temuco) die Patagonischen Anden von den weiter nördlich gelegenen Chilenisch-Argentinischen Anden trennt. Im Süden enden die Patagonischen Anden beim 52. Grad südlicher Breite. Dort grenzt sie die Magellanstraße klar von den Bergen des Feuerlandes ab, die zwar orographisch die Fortsetzung der Patagonischen Anden darstellen, jedoch in einem anderen geologischen Zusammenhang.

Je weiter man nach Süden vordringt, um so mehr verändern die Patagonischen Anden ihren Charakter. Man kann sie eigentlich in zwei Abschnitte einteilen, die jeweils nördlich und südlich des 45. Breitengrades (Puerto Aisén) liegen.

Im vorliegenden Buch beziehen wir uns auf den südlichen Teil, die *Südlichen Patagonischen Anden*. Sie sind durch eine große Inlandeisdecke gekennzeichnet und erstrecken sich zwischen den chilenischen Regionen *Aisén* und *Magallanes* und den argentinischen Provinzen *Chubut* und *Santa Cruz*.

Die Patagonischen Anden sind der Länge nach durch die politische Grenze geteilt: Auf der Westseite, der Pazifik-Seite, erheben sich die Chilenisch-Patagonischen Anden, auf der Ostseite, zum Atlantischen Ozean gehörend, die Argentinisch-Patagonischen Anden.

Die ersten Probleme im Zusammenhang mit einer genauen Festlegung der Grenze tauchten auf, nachdem die beiden Länder zu Beginn des

letzten Jahrhunderts ihre Unabhängigkeit von Spanien erkämpft hatten. Es folgten Grenzstreitigkeiten, die oft zu ernsten Spannungen führten; die Gründe dafür lagen in der strategisch wichtigen Position Patagoniens, in den reichen Bodenschätzen und später in der Abwanderung von Teilen der chilenischen Bevölkerung nach Argentinien.

Der Zugang zur patagonischen Kordillere ist im allgemeinen einfacher von der östlichen, argentinischen Seite aus, wo man innerhalb weniger Kilometer von den weiten und leicht zu bereisenden Ebenen der patagonischen Pampa zu den Bergketten gelangt. Im chilenischen Gebiet reichen die großen Gletscher bis zu den Fjorden des pazifischen Archipels und erschweren die Annäherung an die im Inneren gelegenen Berge.

Die Meeresarme des Pazifik (Buchten, Fjorde, Kanäle, Lagunen) und die großen Seen zwischen der Kordillere und der argentinischen Pampa sowie deren Abflüsse dienen gewöhnlich als Anhaltspunkte für die Festlegung Patagoniens.

Von Norden nach Süden betrachtet, heißen die wichtigsten dieser Anhaltspunkte wie folgt:

45°

Kelly-Bucht
{ Elefanten-Bucht
Lagune San Rafael
Steffen-Fjord }

Buenos-Aires-See (Gen. Carrera)
Cochrane-See (Pueyrredon)
Belgrano-See

48°

{ Baker-Kanal
Bernardo-Bucht
Témpano-Bucht
Trinidad-Fjord
Falcón-Fjord
50° San-Andrés-Bucht
Europa-Fjord
Peel-Bucht
Ultima-Esperanza-Bucht
Canal De-las-Montañas
Canal Unión }

San-Martin-See (O'Higgins)
Laguna del Desierto
Viedma-See

Argentino-See

52°   Skyring-Bucht

# Die Südlichen Patagonischen Anden

Die Südlichen Patagonischen Anden erstrecken sich über eine Länge von ca. 700 Kilometer zwischen dem 45. und dem 52. Grad südlicher Breite, das heißt von Puerto Aisen und Coyhaique bis zur Magellanstraße.

Sie setzen die Nord-Süd-Ausrichtung des gesamten Kettengebirges der Anden fort; erst in Feuerland biegt die Kordillere in einem deutlichen Bogen nach Osten um. In südlicher Richtung nimmt die typische Unterteilung der Anden in einzelne, durch lange und weite Täler tektonischen Ursprungs getrennte Gebirgsketten immer mehr ab.

Das große Längstal, das in Chile die Küstenkordillere von der Hauptkordillere trennt, verläuft über fast 1100 Kilometer von Santiago bis zur Südküste der Insel Chiloé; dann verliert es sich in den Meereskanälen zwischen dem 45. und 47. südlichen Breitengrad. Die Gebirgszüge verlaufen jedoch weiterhin parallel, auch wenn sie im Süden immer mehr als einzelne Gebirgsmassive erscheinen.

Beim 48. Breitengrad schneidet der Rio Baker, ein Abfluß des Buenos-Aires-Sees, die Kordillere und mündet in den langen Baker-Kanal im Pazifischen Ozean. Der Rio Baker zeichnet einen deutlichen Einschnitt zwischen dem nördlichen und dem südlichen Teil der südpatagonischen Anden. Durch diese Trennung entstehen zwei Gebiete, die sich in Klima, Pflanzenwuchs und örtlicher Beschaffenheit klar voneinander unterscheiden.

Der nördliche Teil mit dem Hielo Patagonico Norte, dem Nördlichen Patagonischen Inlandeis, liegt vollständig auf chilenischem Gebiet. Er ist nicht sehr groß, weitgehend unbekannt, und außerdem ist der Zugang ziemlich umständlich.

Der südliche Teil ist ausgedehnter, zum Teil vom Hielo Patagonico Sur, dem Südlichen Patagonischen Inlandeis, bedeckt und gehört zu Chile und zu Argentinien. Er ist bekannter, weil dort berühmte und großartige Berge stehen wie der Fitz Roy, der Cerro Torre und die Torres del Paine. So wird oft von den Bergsteigern die Bezeichnung »Patagonische Anden« nur auf den südlichen Teil bezogen, obwohl diese Eingrenzung ungerechtfertigt und unrichtig ist.

*»War nicht der Fitz Roy die Verkörperung des idealen Gipfels, so wie ihn mir weder die Alpen noch der Himalaya bieten konnten?« (Lionel Terray)*

*Folgende Abbildungen:*
*Links oben: Auf dem Weg.*
*Links unten: Versteinerte Araukarienstämme bei Sarmiento.*
*Rechts: Morgendämmerung auf dem Cerro Torre.*
*Foto: Giuliano Giongo.*

*Freies Leben.*   *Der Hauptgipfel des San Lorenzo im Morgengrauen.* ▷

*Vorhergehende Abbildungen:*

*Links: Der San Lorenzo.*
*Rechts: Der mittlere Turm des Paine.*
*Foto: Gastón Oyarzún.*

# *Die natürliche Umwelt*

△  *Wind auf dem Fitz Roy.*

▽  *Rückzug aus dem Supercouloir.*
   *Foto: Reinhard Karl.*

*Schlechtes Wetter zieht auf über dem Paine Grande.*

# Ein Klima der unerbittlichen Winde

Das Klima der südpatagonischen Anden ist gefürchtet, meist höchst unangenehm, mit einfachen Worten: schlecht. Vielleicht ist es ein Verdienst dieses Klimas, daß bis heute noch keine Touristenströme ins Land kommen und nicht zu viele Ansiedlungen den Landschaftscharakter zerstören. Sicherlich jedoch ist es auf das Klima zurückzuführen, wenn Bergsteiger viele, viele Male den Rückzug antreten mußten, nachdem sie ihr Ziel bereits zum Greifen nahe hatten. Es hat auch seine schönen Seiten, dieses Klima, mit der immer klaren Luft und den herrlichen Farbtönen. Auf jeden Fall ist es ein Bestandteil Patagoniens, den man in alle Berechnungen mit einbeziehen muß.

Die Kordillere trennt die Pazifikküste mit dem *gemäßigten ozeanischen Klima* – nicht sehr kalt, jedoch viele Regenfälle – vom argentinischen Tafelland mit seinem strengen *Kontinentalklima*, wo es nur im Winter kalt ist und während des Jahres kaum regnet.

Die geographische Breitenlage Patagoniens entspricht in der nördlichen Hemisphäre ungefähr der Lage Mitteleuropas (der 45. Breitengrad verläuft bei Pavia und der 52. in der Nähe von Berlin): die unterschiedliche Ausrichtung der Berge (die Anden erstrecken sich in Nord-Süd-Richtung, während sich die Alpen und der Himalaya von Ost nach West hinziehen) und die Position Patagoniens, das zwischen zwei Ozeanen eingekeilt ist, bewirken jedoch ein anderes Klima.

Die Neigung der Erdachse bringt auch eine andere Tages- und Nachtdauer mit sich: auf der südlichen Erdhälfte werden im Sommer mehr Tageslichtstunden gezählt als im europäischen Sommer, und umgekehrt weist der europäische Winter mehr Stunden Tageslicht auf als der Winter in Patagonien. So bietet Punta Arenas im Sommer 18 bis 19 Stunden Tageslicht, während es im Winter nur 7 bis 8 Stunden sind.

Das Hauptmerkmal des patagonischen Klimas sind die Winde. Sie wehen nicht immer konstant aus einer Richtung, kommen zwar vorwiegend aus dem Westen, aber auch aus dem Süden bis Nordwesten. Die Südwinde sind die kältesten, aber sie kündigen meist beständiges Wetter an. Die West- und Südwestwinde dagegen bringen immer Störungen mit, während die Nordwestwinde veränderliches Wetter und Wärme bedeuten.

Diese Winde werden von dem Tiefdruckge-

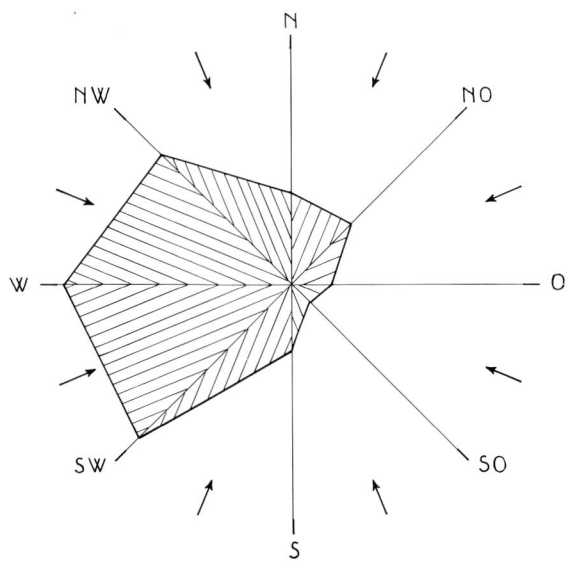

*Die wichtigsten Windrichtungen.*

biet erzeugt, das sich während des südlichen Sommers aufgrund der Erwärmung durch Sonneneinstrahlung fast ständig über den dürren Ebenen der argentinischen Pampa bildet. Der niedrige Luftdruck zieht die Luftmassen an, die über dem Südpazifik lagern, einem relativ stationären Hochdruckgebiet. Diese Luftmassen-Verschiebungen verursachen einen meist heftigen Wind, der sich durch besonders stürmische Böen auszeichnet. Während des südlichen Sommers, von November bis April, sind die Winde ausgeprägter; im Winter herrscht dagegen manchmal mehrere Wochen Windstille.

In den Anden erreicht der Wind oft eine Geschwindigkeit von 80 bis 100 Kilometer in der Stunde. Da das Gefühl von Kälte mit der Windstärke und der Lufttemperatur in Beziehung steht – wenn auch die Temperaturunterschiede in den Anden nicht übermäßig sind und die Tiefsttemperaturen keine exzessiven Werte erreichen – stellen die heftigen Winde eine der unangenehmsten Erscheinungen dar für alle, die in den Bergen unterwegs sind oder die Gipfel erklimmen wollen.

Aus der folgenden Tabelle kann man entnehmen, wie Lufttemperatur und Windstärke die vom Körper wahrgenommene Kälte bestimmen können:

| Lufttemperatur | 5° C | 0° C | –5° C | –10° C |
|---|---|---|---|---|
| Wind km/h | Kälteempfindung | | | |
| 0    | 7   | 2   | – 2  | – 7  |
| 18,5 | – 3 | – 9 | – 16 | – 22 |
| 46,3 | – 10| – 18| – 26 | – 32 |
| 74   | – 12| – 20| – 29 | – 35 |

*Im Westwind lösen sich die Wolken über der Kette des Fitz Roy auf.*

Die südpatagonischen Anden befinden sich außerdem im Einflußbereich von Störungen, die zu jeder Jahreszeit von der Südpolarfront her eintreffen. Während des Sommers zieht ein sich ständig zwischen dem 60. und 50. südlichen Breitengrad haltendes Tiefdruckgebiet kalte Luftmassen aus der Antarktis an, die sich auf ihrer Reise von 2500 bis 3000 Kilometer über dem Ozean mit Feuchtigkeit vollsaugen und die Küsten des Kontinents von Südwesten erreichen.

Die chilenischen Küsten werden von kalten (durchschnittlich 4 Grad C) und wenig salzhaltigen Meeresströmungen bespült, die ebenfalls aus der Antarktis kommen. Eine der Strömungen fließt die Küste entlang nach Norden (Humboldtstrom), während eine schwache, gemäßigte Strömung nach Süden verläuft (Patagonischer Strom).

Die vom Tiefdruckgebiet über dem argentinischen Tafelland angezogenen Luftmassen bewegen sich über den kalten Ozean und die Flächen des Kontinentalen Patagonischen Eises, dabei kondensieren sie ihre Feuchtigkeit und geben sie über der Kordillere ab. Auf den Gipfeln, die den Winden am meisten ausgesetzt sind, bildet die Feuchtigkeit bizarre Eiskappen in Form von Pilzen (»Eispilze«), die typisch sind für diese Art von Klima.

Jenseits der Anden trocknen die Luftmassen vollkommen, und trocken bleiben sie auf ihrem Weg bis zum Atlantik. Das bringt eine längenparallele Anordnung der Klimazonen mit sich. Die Niederschläge nehmen von West nach Ost schnell ab (in gewissem Maße auch von Nord nach Süd): Westlich der Anden können die Niederschläge Spitzenwerte bis zu 7000 Millimeter jährlich erreichen (Durchschnittswerte 4000 Millimeter); im Osten, im Gebiet der großen Seen, bewegen sie sich bei 400 bis 500 Millimeter jährlich. Wenn über dem Archipel ein Wolkenbruch niedergeht und die Gipfel der Anden von Schneestürmen umtobt sind, kann wenige Kilometer weiter östlich die Luft trocken sein und die Sonne in hellstem Licht erstrahlen. Wo die

*Die patagonische »Windprinzessin«, eine Überlagerung linsenförmiger Wolken.*

Andenkette Querunterbrechungen aufweist, können leicht Störungen durchdringen und Schnee und Regen bis in die prä-andinen Gebiete führen.

Das so gefürchtete schlechte Wetter wird meistens durch die Ankunft einer Kaltluftfront verursacht, die sich durch einen plötzlichen Abfall des Luftdrucks ankündigt. Oft kommen die Störungen jedoch so unerwartet, daß rechtzeitige Wettervorhersagen, das heißt mindestens 12 Stunden im voraus, mit Hilfe des Barometers nicht möglich sind. Der Abfall des Luftdrucks erfolgt nur wenige Stunden vor Eintreffen der Schlechtwetterfront. Zu Beginn des Abfalls (der einem Anstieg des Höhenmessers um 100 bis 150 Meter entspricht) treten besonders starke Winde auf, während sich später (bei einem Anstieg des Höhenmessers um 300 Meter) die Winde legen und es zu Schnee und Regen kommt. Auch die Lufttemperaturen am Boden fallen von den üblichen 12 bis 18 Grad, die im Sommer am Fuße der Kordilleren tagsüber herrschen, auf drei bis fünf Grad. Wir haben diese Erscheinungen verschiedene Sommer hindurch feststellen können und ihre Regelmäßigkeit durch tägliche, über mehrere Monate hinweg geführte Aufzeichnungen bestätigt gefunden.

Auch die genaue Betrachtung des Himmels erlaubt manche Rückschlüsse, die bei der »patagonischen« Wettervorhersage von einigem Nutzen sein können.

Die hohen, federartigen Streifen der Zirruswolken, leicht und fast transparent, aus Millionen kleiner Eisnadeln bestehend, kommen aus dem Süden oder Südwesten und bringen schönes Wetter. Wenn sie jedoch zusammen mit Ciruscumulus auftreten, hohen, flockenartigen Wolkenfeldern, den »Schäfchenwolken«, oder mit den Schleiern des Cirrusstratus, und um Sonne und Mond sogenannte Halos erzeugen, dann kündigen sie ein Tiefdruckgebiet an, dem fast immer schlechtes Wetter folgt. Diese Wolken bilden sich in einer Höhe von 12 000 und 6000 Metern, sie sind deshalb immer sehr hoch am Himmel zu sehen.

Andere, in den Patagonischen Anden häufig auftretende Wolken sind mit den wellenförmigen Bewegungen der Luftmassen verbunden. Wenn genügend Feuchtigkeit vorhanden ist, werden diese Luftwellen sichtbar, denn auf ihren Wellenkämmen verdichten sich einzelne spindelförmige Wölkchen mit in allen Regenbogenfarben schillernden Rändern. Dabei kann es sich um kleine, linsenförmige Wolken handeln, die in jeder Höhe entstehen, aber auch um große Eiswolken, die sich nur oberhalb 5000 Meter Höhe bilden. Solche Wolken sind immer ein Anzeichen für starken Wind. An ihren unteren Rändern bestehen oft starke Turbulenzen, und wenn sich diese Wolken über die Berggipfel schieben, erscheinen sie wie mächtige, langgezogene Walzen. Die Wellenbewegungen der Luftmassen auf der Leeseite entstehen entweder durch den Aufprall auf die Bergketten oder durch das Eindringen kalter antarktischer Luft oberhalb der aus Westen kommenden Strömungen; deshalb bedeuten linsenförmige Wolken meist das Nahen einer Störung, in der Regel einer Kältefront. Der Föhn, ein warmer Fallwind im Lee der Berghänge, so bekannt und gefürchtet in den Alpen, fehlt in den südpatagonischen Anden fast völlig. Ein dem Föhn verwandter warmer, *Zonda* genannter, Wind fällt im Winter manchmal von Nordwesten kommend mit großer Stärke ein. Auf dem kontinentalen Patagonischen Eis wird eine Wetterverschlechterung oft dadurch angezeigt, daß sich die feine Nebelkappe über der Eisfläche hebt. Diese Nebelkappe entsteht durch die schnelle Verdichtung der Luftfeuchtigkeit in Eisnähe und schwebt auch bei heiterem Wetter und klarem Himmel oft über der Eisfläche.

Auch die Wolkenbildung über dem argentinischen Tafelland kann meteorologische Hilfestellung bieten. Eine dichte Decke, die sich in östlicher Richtung hinzieht, ist ein Schlechtwetterbote, während die Anwesenheit von Cumuluswolken schönes Wetter für das Gebiet des Patagonischen Eises verspricht.

Gewitter sind in den Patagonischen Anden sehr selten; die Cumuluswolken, aus denen Gewitterfronten entstehen, entwickeln sich nur östlich der prä-andinen Erhebungen. Gelegentlich gibt es an der Pazifikküste kurze Gewitterschauer.

Eine einzigartige Erscheinung, die mit den außergewöhnlichen Turbulenzen in der Atmosphäre zusammenhängt, beobachteten wir mehrere Male in aufeinanderfolgenden Jahren in der Supercanaleta, dem großen Westcouloir des Fitz Roy, und zwar immer dann, wenn schlechtes Wetter nahte. Es handelt sich um zylinderförmige Bänder mit einem veränderlichen Durchschnitt von 20 Zentimeter bis zu vier oder fünf Meter und einer Länge von vier Meter bis zu 80 oder 100 Meter. Bei blauem Himmel ist ihre Farbe weiß, gegen den wolkenbedeckten Himmel betrachtet erscheinen sie grau; stets jedoch weisen sie dichte, dunkle Ränder auf. Sie ziehen in seltsamen, sich windenden Bewegungen dahin, drehen sich spiralförmig um die Zylinderachse und »explodieren« buchstäblich mit deutlich vernehmbarem Knall. Die kleinen bewegen sich entlang der Wände der Supercanaleta und dauern zwei bis fünf Sekunden, während sich die großen gegen den Himmel bewegen und länger als 30 Sekunden dauern. Wahrscheinlich entstehen sie durch die Aufwinde entlang des engen Trichters der Supercanaleta, die einen Höhenunterschied von etwa 1500 Meter aufweist, und auch durch die spitzen Nadeln am oberen Ende des Trichters selbst.

Zum Glück jedoch gibt es in den Patagonischen Anden nicht nur schlechtes Wetter.

Gutes Wetter wird durch den aus dem Süden kommenden Wind angezeigt, durch ein langsames, allmähliches Ansteigen des Luftdrucks und manchmal auch durch rosagefärbte Wolken am westlichen Horizont während des Sonnenuntergangs.

Durchschnittlich dauert schönes Wetter einen oder eineinhalb Tage; aber auch Schönwetterperioden von drei bis vier Tagen sind nicht selten. Eine Dauer von zehn Tagen ist möglich, bedeutet aber bereits eine kleine Sensation. Oft beginnt eine solche mehr oder weniger lange Schönwetterperiode mit dem Vollmond.

Jede Medaille hat ihre Kehrseite; auch das schöne Wetter in Patagonien birgt einen Bockfuß. Schönes Wetter ist im Sommer immer mit starkem Temperaturanstieg verbunden, und der bedeutet, daß Eis und Schnee schmelzen. Das wiederum bringt die Gefahr von Steinschlag mit sich, von sich lösenden Eistürmen, Eispilzen und Wächten. Außerdem können Gletscherbegehungen gefährlich oder problematisch werden und das Durchwaten von Flüssen manchmal sogar unmöglich. Welches Hindernis das nun wieder bedeutet, kann man sich bei dem Mangel an Brücken gut vorstellen.

Die sommerlichen Temperaturen am Fuße der Kordillere schwanken zwischen sechs und zwanzig Grad. In den Gebieten um die Seen, auf

*Die Zweige der südpatagonischen Buchen wachsen leewärts, in die dem Wind abgewandte Seite.*

einer Höhe von durchschnittlich 200 Meter, kann man im Winter auch 150 Tage mit Minustemperaturen zählen, und im August werden Tiefsttemperaturen von −30 Grad gemessen.

Es gibt gemäßigtere lokale Klimabedingungen (Los Antiguos, Chile Chico, Azara-See), weniger regnerische als der Durchschnitt (Paine) oder besonders niederschlagsreiche (Balmaceda). Seit den letzten Jahrzehnten verzeichnet man einen leichten Anstieg der mittleren Temperaturen; seit der zweiten Hälfte der 80er Jahre scheint sich diese Tendenz noch zu verstärken. Aber in seiner Gesamtheit betrachtet, bleibt das Hauptmerkmal des patagonischen Klimas, trotz einiger Regelmäßigkeiten, die grundlegende Unsicherheit und Unvorhersehbarkeit.

Nicht umsonst vergleichen die Bergsteiger das Besteigen der südpatagonischen Gipfel mit einem Glücksspiel.

# Das Patagonische Inlandeis

Die südpatagonischen Anden weisen zwei ausgedehnte Eisflächen auf, ähnlich den Flächen der Antarktis und Grönlands, wenn auch von geringeren Ausmaßen.

Sie sind unter den Bezeichnungen Hielo Continentál, Hielo Patagonico oder einfach Campo de Hielo bekannt.

Die Bezeichnung Hielo Continentál – Kontinentales Eis – ist in Argentinien geläufig, die anderen beiden Formen – Patagonisches Eis und Eisfeld – werden in Chile benützt. Die Glaziologen sind sich nicht einig darüber, welche der Bezeichnungen am treffendsten ist. Das Patagonische Eis besitzt zwar viele Eigenschaften der genannten großen kontinentalen Eisflächen, wie die weitläufige konvexe Form und die Tendenz, sich von der Mitte aus nach außen zu bewegen; betrachtet man seine Ausdehnung jedoch im Größenverhältnis der Länder Mittelamerikas, ist das Adjektiv »kontinental« fehl am Platz. Allerdings ist es die größte Eisfläche, die es in gemäßigten Klimazonen überhaupt gibt.

Wir haben uns für die Bezeichnung Patagonisches Eis entschieden, denn uns schien der aus-

*Blick vom Paß der vier Gletscher zum Cordón GAEA.*  *Eiswand am San Lorenzo Sur.* ▷

»Windschlange« in der Supercanaleta.

Unerwarteter Schneefall (San Lorenzo Sur). ▷

*Vorhergehende Abbildungen:*

*Links oben: Paß der vier Gletscher und Cordón Mariano Moreno.*
*Links unten: Die Cochrane-Kette.*
*Rechts: Eisbruch (San Lorenzo Sur).*

*Folgende Abbildungen:*

*Links oben: Weite Flächen im Südlichen Patagonischen Eis, von der Punta Casari aus. Foto Walter Bonatti.*
*Links unten: Sturm zieht über dem San Lorenzo auf.*
*Rechts: Unsichere Brücken (San Lorenzo Sur).*

◁ *Zurück vom Hauptgipfel des San Lorenzo.*  *Überquerung des Südlichen Patagonischen Eises.*

drückliche geographische Bezug wichtig, auch wenn in der alpinistischen Literatur häufiger der Name Hielo Continentál – Kontinentales Eis – anzutreffen ist. Auf jeden Fall haben beide Bezeichnungen ihre Berechtigung. Schwedische Forscher, die zu Beginn des 20. Jahrhunderts als erste den Hielo Patagonico erkundeten, nannten ihn *inlandsis*, Inlandeis, ein Ausdruck, der in der Geomorphologie verwendet wird, um große Eisflächen im Inneren eines Kontinents zu benennen. Unter englischsprachigen Bergsteigern ist die kurze Bezeichnung *ice cap* üblich.

Das Patagonische Eis besteht aus zwei Eisflächen. Sie werden durch den großen Einschnitt des Bakerkanals getrennt, in den der Rio Baker, der Abfluß des Buenos-Aires-Sees und der Rio Pascua aus dem O'Higgins-See münden.

Der Bakerkanal, ein Fjord von etwa 120 Kilometer Länge und zahlreichen Verzweigungen, hat an der Küste eine nur 17 Meter tiefe Schwelle, erreicht jedoch eine Tiefe von 1261 Meter.

Nördlich des Bakerkanals befindet sich der Hielo Patagonico Norte, das Nördliche Patagonische Eis, mit einer Fläche von etwa 4400 Quadratkilometer. Im Süden erstreckt sich über 13500 Quadratkilometer der Hielo Patagonico Sur, das Südliche Patagonische Eis. Die insgesamt bedeckte Fläche beträgt 17900 Quadratkilometer; ein Viertel davon liegt in Argentinien, drei Viertel gehören zu Chile. Um eine Vorstellung von der Ausdehnung dieser Eisfläche zu erhalten, genügt ein Vergleich mit den Alpengletschern: Ihre Gesamtfläche beträgt ungefähr 3500 Quadratkilometer.

Wir haben die flache Form der Gletscher bereits erwähnt und ihre Tendenz, sich von der Mitte aus zum Rande hin zu bewegen. Daß auf diesem Breitengrad überhaupt eine so mächtige Eismasse vorhanden sein kann, findet seine Erklärung nicht nur in den reichen Niederschlägen, sondern auch in der geringen Abschmelzung aufgrund der besonderen klimatischen Verhältnisse.

Der Eismantel bedeckt fast völlig die inneren Gebirgszüge der Kordillere. Die wenigen unbedeckten Felsgipfel, die wie Inseln daraus hervorragen, werden auch hier mit der Eskimo-Bezeichnung *nunatak* benannt, die in der Glaziologie allgemein gültig ist.

Zwischen den Bergketten erstreckt sich keine gleichförmig konvexe Eisdecke, vielmehr wechseln sich weite Hochplateaus mit kuppelförmigen Erhebungen und leichten Senken wie Sättel und Korridore ständig ab. Wie die Berge haben auch diese Erhebungen und Senken des Patagonischen Eises Namen erhalten. Manchmal mögen diese Namen nicht ganz passend sein, auf jeden Fall jedoch stellen sie eine wertvolle Orientierungshilfe dar. Auf der Gletscheroberfläche gibt es typischerweise keine Moränenablagerungen, auch Gletscherspalten sind selten.

Die Hochplateaus sind nicht einfach zu erreichen. Sie liegen im Durchschnitt 1500 Meter über dem Meeresspiegel, und der Aufstieg bedeutet einen anfänglichen Höhenunterschied von 1000 Meter entlang der Seitengletscher, die mit Gletscherzungen voller Spalten und Eistürmen und von Endmoränen begleitet zum Pazifik und zu den Seen am Fuß der argentinischen Anden hinabgleiten. Auf der Pazifikseite reichen sie meist bis zu den Fjorden, in deren kristallklares Wasser sie ihre Stirn tauchen. Im Osten ragen einige Gletscherzungen in die großen Seen. Oft kalben die Gletscher, und die großen und kleinen Eisberge, die *témpanos*, die in allen Schattierungen zwischen Weiß bis Hellblau und Türkis leuchten, treiben auf dem Wasser und werden manchmal vom Wind bis an das gegenüberliegende Seeufer am Rande des öden Steppengebietes Ostpatagoniens getrieben. Der größte Gletscher dieser Art ist der Upsala-Gletscher mit einer Gesamtlänge von 60 Kilometer und einer Breite zwischen neun und zwölf Kilometer. Er mündet in den Lago Argentino; an seinen Seiten erheben sich Moränen jüngeren Datums bis zu einer Höhe von 140 Meter.

Die großen Seen am Fuße der Anden liegen nicht sehr hoch: der Lago Argentino 187 Meter, der Lago Viedma 254 Meter und der Lago San Martin 285 Meter über dem Meeresspiegel.

Die Seitengletscher auf der Ostseite befinden sich fast alle in einer Rückzugsphase. Eine Ausnahme bildet der Perito-Moreno-Gletscher, 23 Kilometer lang und 4 Kilometer breit, der weiter vorrückt und dabei einen Arm (Brazo Rico) des Lago Argentino vom See trennt. Der Gletscher, der bis zu 60 Meter über die Wasserfläche herausragt, stößt gegen das ihm gegenüberliegende felsige Land (s. Abbildung S. 104). Der Wasserstand des Brazo Rico steigt um 8 bis 19 Meter an, bis sich im Eis eine Öffnung in Form eines Tunnels bildet und das Wasser mit mächtigem Druck und donnerndem Tosen die Stirn des Gletschers durchbricht. Es ergießt sich in den anderen Teil des Lago Argentino und stellt damit wieder einen einheitlichen Wasserspiegel her. Diese Erscheinung des Wasserdurchbruchs, *desprendimiento* genannt, tritt seit 1939 alle vier bis fünf Jahre auf und stellt ein großartiges Schauspiel dar. Der Grund für das ungewöhnliche Vorrücken des Gletschers ist schwer zu finden; vielleicht liegt es an seinem überaus großen Nährgebiet oder daran, daß er Zufluß von anderen Gletschern erhält oder auch am lokalen Klima mit seiner besonders dichten Bewölkung.

Die Seitengletscher im Westen verhalten sich ruhiger. Aber auch bei ihnen gibt es bis heute ungeklärte Bewegungen. Der bekannteste Fall ist der des Pius-XI.-Gletschers, der im Jahr 1926 in wenigen Monaten einige hundert Meter wuchs und den Seno-Eyre-Fjord versperrte. Die Bauern, die sich erst das Jahr zuvor an den Ufern des Fjords niedergelassen hatten, mußten das Gebiet verlassen. Im Zeitraum zwischen

1930 und 1945 rückte der Gletscher dann wieder um fünf Kilometer zurück. Weitere, spektakuläre Gletscherschwankungen, hervorgerufen durch ein Absinken des Eisniveaus und die darauf folgende Verringerung des Nährgebiets, weisen der Dickson-Gletscher auf mit einem Rückzug von 17 Meter jährlich und der Frías-Gletscher mit 140 Meter pro Jahr.

Ganz anders verhält es sich mit der San-Lorenzo-Kette. Sie ist gegenüber der Längsachse der Kordillere leicht nach Osten versetzt. Ihre Westhänge sind besonders den Pazifikwinden ausgesetzt und weisen mächtige Eisschichten auf, während auf dem Ostteil die Gletscher immer weniger werden. Einige dieser Gletscher, die fast völlig mit Schutt bedeckt sind, weisen

*In sicherer Entfernung.*

auch interessante, durch Wärmeeinwirkung entstandene Karsterscheinungen auf.

Zur Zeit liegt die Schneegrenze beim San-Rafaél-Gletscher auf etwa 1000 Meter Höhe, in der San-Lorenzo-Kette zwischen 1600 und 1700 Meter, im Massiv des Fitz Roy bei 1200 bis 1300 Meter und im Paine-Massiv bei 1500 Meter. Die Baumgrenze befindet sich jeweils 400 bis 500 Meter unterhalb der angegebenen Schneegrenze.

Das Patagonische Eis ist ein Relikt der ausgedehnten, mächtigen Eismassen, die im Pleistozän den Südzipfel des Kontinents fast vollständig bedeckten. Drei Eiszeiten, durch wärmere Perioden unterbrochen, bewirkten ein ständiges Vordringen und Zurückweichen der Gletscher und, als Folge, der patagonischen Wälder. Die bereits durch die Hebung der Kordillere und den Lauf der Flüsse entstandenen Täler des Kontinents wurden durch die Eismassen geschliffen und modelliert, bis sie einen breiten, U-förmigen Querschnitt aufwiesen. In der Talsohle bildeten sich Schwellen, die zur Entstehung von Seen beitrugen. Große Moränenhügel blieben nach dem Zurückweichen der Gletscher übrig und veränderten manchmal sogar die Richtung der Flußläufe. So liegt die kontinentale Wasserscheide im Gebiet um den Belgrano-See nicht etwa auf dem Gipfel eines Berges, sondern vielmehr auf einem nur knapp hundert Meter hohen und dicht bewachsenen Moränenhügel.

Die an der Pazifikküste gelegenen Täler wurden durch einen Meeresvorstoß überschwemmt; es entstanden das Archipel und die Küstenkanäle mit einer ganzen Reihe von Fjorden, Buchten und Meeresbusen. Im Nordteil sind sie nicht sehr ausgeprägt und schneiden auch nicht so tief in die Küste ein wie im Süden. Dort befinden sich die großen, entlang der Küste verlaufenden Kanäle, von denen zahlreiche Fjorde abzweigen und bis weit in das Patagonische Eis hineinreichen.

Gegen Osten beweist die äußerste Linie der Eismoränen das Vordringen der Gletscher bis zum 70. Längengrad. Einige Moränen der letzten Eiszeit bilden weitläufige Dämme, die das Entstehen der Eiszeitseen ermöglichten. In verschiedenen Fällen sind diese Dämme jedoch nicht sehr widerstandsfähig; plötzlich schmelzende Eis- und Schneemassen oder heftig auftretende Regenfälle können sehr leicht zu einem Durchbruch führen. Solche Durchbrüche ereignen sich fast jedes Jahr, und obwohl sie meist nur von geringem Ausmaß sind, überschwemmen sie doch regelmäßig ganze Täler (Rio Colonia, Rio Nef, Rio Ibañez). Den Rio Blanco im Fitz-Roy-Massiv entlanggehend, kann man heute noch die Verwüstungen erkennen, die im Jahr 1913 durch den Bruch der Moräne des Gletschers von Piedras Blancas entstanden sind: die Flutwelle lief damals bis ins Tal des Rio Electrico hinaus.

# Geologische Eigenarten

Die vielfältigen Formen, in denen sich die Natur darbietet, verleihen einer patagonischen Reise einen ganz besonderen Zauber: es gibt auch in scheinbar eintönigen Landschaften immer wieder Neues, Interessantes zu entdecken. Die zahlreichen geologischen Eigenarten des Landes und ihr ästhetischer und wissenschaftlicher Wert liegen weit außerhalb des Üblichen.

Einige sind so bedeutsam, daß sie allein schon die Einrichtung eines Naturparks rechtfertigen.

Das ist der Fall bei den versteinerten Araukarienwäldern in der Nähe von Sarmiento (Provinz Chubut) und 150 Kilometer westlich von Puerto Deseado (Provinz Santa Cruz). Sie zählen zu den eindrucksvollsten versteinerten Wäldern der Erde.

Andere geologische Besonderheiten von eher lokaler Bedeutung, jedoch immer großartig, sind die Basaltsäulen des Cerro Negro beim Cardiél-See, der »Felsbogen« im Basaltgestein

*Capilla de Marmol.*

*Stirnseite des Penitentes-Gletschers mit Gletscherbach.*

des Cerro de la Ventana, der eigenartige »Wachturm« aus einem bunten Sandsteinkonglomerat, Piedra Clavada genannt, der sich bei Tres Lagos erhebt. Auch das Ufer des Belgrano-Sees mit seinen unzähligen Ammoniten und die Laguna Azul, die Blaue Lagune, 60 Kilometer von Rio Gallegos entfernt, zählen zu den Wundern der Natur Patagoniens.

Am nordwestlichen Ufer des Buenos-Aires-Sees erhebt sich aus dem tiefblauen Wasser die »*Capilla de Marmol*« (»Marmorkapelle«), ein Block aus gebändertem Marmor, in dessen Basis das Wasser Grotten und Kanäle schuf, so daß es aussieht, als ob eine Kuppel auf kunstvoll ineinander verschlungenen Marmorpfeilern ruhe.

Auch die Nutzung des Bodens ist mit der besonderen geologischen Struktur des Landes verbunden. In der Umgebung von Comodoro Rivadavia und an der Magellanstraße beherrschen die Erdöl-Bohrtürme das Bild der Landschaft, während im Bergwerksstädtchen Rio Turbio die Kohlevorkommen abgebaut werden. Einige kleinere Kohlevorkommen gibt es auch bei Rio Mayer und am Belgrano-See.

Erzlagerstätten finden sich hauptsächlich auf der chilenischen Seite. Neben den spärlichen Goldfunden an den Ufern des chilenischen Archipels sind die Kupfer-, Zink und Molybdat-Vorkommen von einiger Bedeutung. Trotzdem kann man sie nicht mit den in den Zentralanden lagernden Bodenschätzen vergleichen, und ihre Nutzung ist auf kleine, halb handwerklich betriebene Gruben in meist unzugänglichen und seit Jahrzehnten verlassenen Gegenden beschränkt, die aber trotz aller Abgeschiedenheit doch noch in Betrieb sind.

# Die regionale Geologie

Um sich von den vielfältigen geologischen Eigenarten Patagoniens ein Bild machen zu können, sollte man drei Gebiete, aus denen das so unterschiedliche Land besteht, zunächst im einzelnen betrachten: den Archipel und die pazifische Küstenkordillere, die patagonische Hauptkordillere und das patagonische Tafelland zwischen Kordillere und Atlantik.

## Der Archipel und die pazifische Küstenkordillere

Die Küste des Pazifischen Ozeans zerfällt in zahlreiche Halbinseln, Inseln und Inselgruppen, die durch manchmal weit ins Landesinnere führende Kanäle und Fjorde voneinander getrennt sind. Fast alle Inseln sind unbewohnt, dicht bewaldet und weisen eine Hügellandschaft mit rundlichen Kuppen auf, deren Höhe zwischen 700 und 1700 Meter schwankt. Die Erhebungen bestehen aus einem Sockel aus granitischen Gesteinen (große Batholithaufschlüsse) und metamorphem Glimmerschiefer. Gegen Süden ist der Sockel meist von mächtigen Sedimentpaketen aus dem Paläozoikum und der Kreidezeit bedeckt.

In den rundlichen Kuppen der Inseln setzt sich die chilenische Küstenkordillere fort. Sie wurde durch Blockverwerfungen gebildet, die im wesentlichen ins Tertiär zu datieren sind. Diese einfache morphologische Struktur findet man bis zum Breitengrad von Puerto Aisen, weiter im Süden jedoch wird die Struktur der Verwerfungen komplizierter, und in der Paine-Region und der Ultima-Esperanza-Bucht weist sie sogar Falten und Überschiebungen mit deutlich östlicher Streichrichtung auf.

Diese zunehmende Komplexität der Verwerfungsstruktur wird mit den Fjorden und Kanälen deutlich. Ehe hier der jüngste Meeresvorstoß die Täler überschwemmte und die heute noch bestehenden Buchten schuf, wurden durch die eiszeitliche Vergletscherung die Flußtäler vertieft, die entlang der Verwerfungen entstanden waren. Deshalb kann man am Lauf der Kanäle und Fjorde ziemlich klar die Richtung der Verwerfungen erkennen.

*Piedra Clavada.*

**Die Hochkordillere**

Zwischen dem 45. und dem 51. südlichen Breitengrad weisen die Südlichen Patagonischen Anden einen Sockel aus unterschiedlichem, stark gefaltetem, metamorphem Gestein auf. Darauf lagert im östlichen Teil jurassisches Vulkangestein (Schmelztuff, Quarzporphyre, Porphyrite, Tuffsteine und Brekzien). Diese wiederum sind von fast ausschließlich metamorphen kretazischen Sedimenten bedeckt (mergelig-tonige und sandige Schichten). Die jurassischen Vulkangesteine mit ihren Farbtönen von Rosa über Violett bis Grün lassen sich sehr gut an den Erhebungen zwischen der Kordillere und den »mesetas«, den tafeligen Hochebenen, verfolgen. Die Berge im inneren Teil der Kordillere, wie der Cerro Solo, der Cerro Huemúl, der Cordon Adela und der Cerro Mariano Moreno, bestehen aus kretazischem Schiefergestein und sind um so stärker gefaltet und metamorphosiert, je weiter man nach Westen kommt.

Am argentinischen Ostabhang der Kordillere kann man an einigen Stellen die genaue Reihenfolge der Jura- und Kreideschichten beobachten (Rio Belgrano), aber im allgemeinen handelt es sich um lückenhafte Aufschlüsse (San-Martin-See, Rio Electrico).

In der Kreidezeit (vor ungefähr 100 Millionen Jahren) begannen die ersten tektonischen Bewegungen der Kordillere (Larámische Orogenese), begleitet von umfangreichen Batholithintrusionen.

Diese Intrusionen hielten während des Tertiärs an. Sie wanderten von West nach Ost und wurden dabei immer kleiner, bis sie im Miozän (vor ungefähr 12 Millionen Jahren) ganz aufhörten. Ihre Felsen gehören zur Familie der Granitgesteine; sie wurden nach der letzten Hebungsphase der Kordillere im späten Miozän und zu Beginn des Pliozän (vor ungefähr 5 Millionen Jahren) durch Erosion freigelegt.

Heute bilden sie die für alle Bergsteiger so verlockenden Felsgipfel, deren Formen – wie sie zum Beispiel der Fitz Roy und der Cerro Torre

*Ammoniten am Ufer des Belgrano-Sees.*   *Der Fitz Roy* ▷ *von Norden.*

bieten – charakteristisch sind für dieses wohl einmalige Landschaftsbild.

Im Paine-Massiv ist auch der geologische Werdegang dieses Formenreichtums noch ausgezeichnet zu erkennen, denn die hellen granitischen Felsen einiger Gipfel tragen einen dunklen Schieferhut aus der Kreidezeit, der hier noch von der Erosion verschont blieb. Die Bergsteiger lieben diesen Hut nicht besonders, sein Gestein ist meist sehr brüchig; aber er stellt doch einen großartigen Zeugen für die Entstehung dieser Berge dar: In dieses Gestein drang das granitische Magma der Intrusionen ein.

Gegen Norden wird in den Gebieten des Pueyrredon-Sees und des Buenos-Aires-Sees das Bild etwas komplizierter. Neben den Granitintrusionen in metamorphem Gestein, feinblättriger kristalliner Schiefer mit erheblichen

◁ *Junger Guanako.*

▽ *Vom Wind entblößt.*

*Blüte des Notro-Busches.*

*Flor de la cascada, die »Wasserfallblume«.*

*Blühender Calafate-Strauch.*

Folgende Abbildungen:

Links oben: Das Tal des Rio Pinturas.
Links unten: Felsmalereien beim Rio Pinturas.
Rechts: Der Belgrano-See.

*Pantoffelblumen.*

△ Windschiefe Buchen bei der Piedra del Fraile.

◁ Die Beeren des Calafate-Strauchs.

Vorhergehende Abbildungen:

Links oben: El Rincón.
Links unten: Der Buenos-Aires-See.
Rechts oben: Weggabelung.
Rechts unten: Rio Lacteo.

Marmoreinschüben, erscheinen hier auch Lavaergüsse aus Andesit, deren Herkunft in das Tertiär reicht, und marine Sedimentärgesteine aus dem Oligozän.

Im Süden jedoch, jenseits des 51. Breitengrades, ändert die Kordillere ihr Aussehen; dies kommt besonders deutlich in Feuerland und auf den Malvinas (argentinische Bezeichnung für die Falkland-Inseln) zum Ausdruck, die den Bergketten alpinen Charakters ähnlich sind (mächtige Sedimentärabfolgen in subsidenten Becken, Grünstein, große Überschiebungen usw.)

Im allgemeinen sind die Verwerfungen der tektonischen Bewegungen im Pliozän und im Quartär in den Südlichen Patagonischen Anden wenig ausgeprägt; bedeutsam sind sie dagegen in den von zahlreichen Erdstößen heimgesuchten Zentralanden. Auch die jungen Vulkane, so charakteristisch für die nördlichen Anden, sind hier selten: man kennt nur fünf Vulkane, die jedoch noch alle im 20. Jahrhundert tätig waren.

**Das argentinische Tafelland**

Zwischen der Kordillere und dem Atlantischen Ozean erstreckt sich eine Reihe weitläufiger, steppenartiger Hochplateaus, die nur an den Flußläufen natürlichen Baumwuchs aufweisen. Die Flüsse haben sich oft ein tiefes Flußbett gegraben (cañadones) oder winden sich besonders dort, wo der Höhenunterschied gering ist, in zahlreichen Mäandern über die Ebenen.

Die Hochplateaus Patagoniens nennt man Meseten, während die Ebenen Pampas genannt werden aufgrund ihrer Ähnlichkeit mit der nordargentinischen Provinz Pampa. Die echten Pampas sind Tiefebenen und zum größten Teil mit Tonschichten bedeckt. Die durchschnittliche Höhe der Meseten beträgt 700 bis 900 Meter. Ihre oberste Schicht besteht zum überwiegenden Teil aus gerundeten Steinen vorwiegend glazialen Ursprungs, die *rodados tehuelche* genannt werden.

Die unregelmäßigen Erhebungen, meist »Sierra« genannt, die als Verbindungsglied zwischen der Kordillere und den Meseten dienen, erreichen eine Höhe von nahezu 2000 Meter. Sie werden zur subandinen Zone gerechnet, die an mehreren Stellen unterbrochen ist, zum Beispiel dort, wo das tertiäre und quartäre Basaltgestein die Erhebungen der Kordillere direkt bedeckt.

Die Hochplateaus sind aus verschiedenartigem Gestein gebildet. Der Sockel besteht aus metamorphem Fels, auf dem Sedimente aus dem Paläozoikum lagern und darauf die Porphyrge-

---

Die wichtigsten plutonischen Aufschlüsse in den Südlichen Patagonischen Anden

| | |
|---|---|
| Cerro Balmaceda: | quarzhaltiger Monzonit |
| Cerro Cagual: | Diorit |
| Cerro Donoso: | Tonalit |
| Cerro Ferrier: | Tonalit |
| Paine-Massiv: | Biotitgranit mit basischen Einschlüssen, Aplit- und Dioritgänge |
| Cerro Murallón: | quarzhaltige Biotitdiorit mit basischen Einschlüssen |
| Fitz-Roy-Massiv – Cerro Torre: | Diorit und Tonalit, mit Aplitgängen und Porphyrit-Hornblende |
| Cerro Arido – Aspero: | Granit mit geringem Anteil an Biotit |
| Cerro Penitentes: | Granodiorit |
| Cerro San Lorenzo: | Biotitgranit mit Hornblende |
| Fiero-Tronco-Kette: | verschiedene Granite |

steine (Schmelztuffe) aus dem Mesozoikum. Mit dem Ende des Mesozoikum bis zum Quartär vollzog sich eine klastische, marine und kontinentale Sedimentation, die oft bis zu 1000 oder 1500 Meter dick ist. Drei Sedimentationszyklen sind erkennbar, Zeugen für drei Vorrückungs- und Rückzugsphasen des Atlantischen Ozeans, der sich im ausgehenden Mesozoikum geöffnet hatte.

Im späten Mesozoikum, vor mehr als 100 Millionen Jahren, wiesen diese heute steppenartigen Gebiete eine üppige Vegetation auf. Die Kordillere hatte sich noch nicht gehoben und die Winde strichen ungehindert vom Pazifischen Ozean über die Ebenen und brachten die für den Waldwuchs nötige Feuchtigkeit.

Einige dieser Wälder wurden bei Vulkanausbrüchen unter Asche- und Lavaregen begraben.

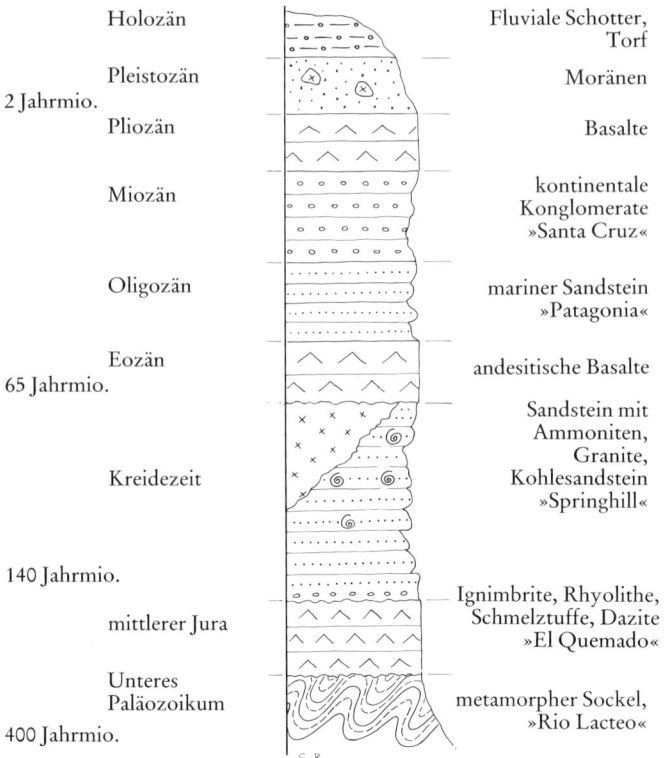

*Vereinfachte Darstellung der Schichtfolge am Rio Belgrano.*

Das muß mit ungeheurer Schnelligkeit geschehen sein, denn die Wälder sind heute als fast vollkommen intakte Fossilien erhalten. Da in der bedeckten Schicht kolloidale Kiesel enthalten waren, wurde im Holz der riesigen Araukarien und anderer Nadelbäume jedes Molekül durch Kiesel ersetzt, wodurch sogar die Zellstruktur der Stämme, Zweige und Zapfen bis heute sichtbar geblieben ist.

Diese Araukarien, die vor mehr als 100 Millionen Jahren gelebt haben, sehen aus, als ob sie gestern umgestürzt wären. Sie liegen vielfach inmitten von kleinen Splittern, wie sie beim Fällen mit einer Axt entstehen.

In den Ablagerungen des späten Mesozoikums (Kreidezeit) finden sich Ammoniten und Dinosaurier. Die kontinentalen tertiären Ablagerungen enthalten zahlreiche Säugetiere, darunter Arten, die sich nach der Trennung Südamerikas von den restlichen Landmassen in ganz eigener Form entwickelt haben. In den marinen Ablagerungen des Tertiärs finden sich Muscheln und Seeigel, während typischerweise Großforaminiferen wie Nummuliten und Orbitoiten vollkommen fehlen. Auf Wanderungen ist es verhältnismäßig einfach, Fossilien zu finden, und zahlreiche öffentliche und private Gebäude stellen Skelette von Dinosauriern oder Säugetieren zur Schau.

Der Vulkanismus war nach der Jura-Zeit auch im Tertiär besonders ausgeprägt. Zwischen dem Eozän und dem Oligozän kamen die Produkte der Andesitserie (Rhyolithe-Basalt) mit Laven und Asche dazu, vor allem in Nähe der Kordillere. Zwischen dem Miozän und dem Pliozän ereigneten sich zahlreiche, von Tuffereruptionen begleitete basaltische Lavaergüsse, die an vielen Punkten einen typischen dunklen, bandartigen Hut auf den Gipfeln der Meseten bildeten.

Die Gesteine aus dem Tertiär und Quartär liegen in subhorizontaler Position, nur hier und da leicht gefaltet. Die Hebung der Kordillere, die erst nach der Bildung der marinen Ablagerungen im Oligozän vor 25 Millionen Jahren erfolgte, hat nur in unmittelbarer Nähe der Kordillere

Verwerfungen, Falten und Überschiebungen verursacht.

Insgesamt bilden die Meseten den Überbau einer geologisch stabilen, aus zwei Blöcken bestehenden Einheit (semikratogen), die durch die Senkung des San-Jorge-Golfes (wo sich große Erdöl- und Erdgasvorkommen befinden) getrennt ist.

*Der Fitz Roy besteht aus granit-ähnlichem Gestein (Diorit).*

|  | Junge Vulkane in den Südlichen Patagonischen Anden |
|---|---|
| Cerro Hudson: | 2500 m, 46°17′ südlicher Breite, 1971 letzter explosiver Ausbruch |
| Volcán Lautaro: | 3380 m, 49°2′ südlicher Breite, Stratovulkan, 1961 letzte aufgezeichnete Eruption, Fumarolen 1973 |
| Cerro Mimosa: | 10 km nördlich des Volcán Lautaro, 1973 entdeckt |
| Cerro Aguilera: | 2438 m, 50°40′ südlicher Breite, 1985 entdeckt |
| Monte Burney: | 1758 m, 52°33′ südlicher Breite, Stratovulkan, 1910 letzte aufgezeichnete Eruption |

# Die Pflanzen- und Tierwelt

*»Unterhalb der Vulkane, bei den Gletschern, zwischen den großen Seen, steht der duftende, schweigsame, dichte chilenische Wald... Neben mir grüßen mich mit kleinen gelben Köpfen unzählige Pantoffelblumen...«*

*Pablo Neruda*

Die steilen Gipfel der Südlichen Patagonischen Anden und die weiten Flächen des Patagonischen Eises sind wenig einladend für Pflanzen und Tiere. Diese haben sich vielmehr an den unteren Hängen und am Fuße der Kordillere etabliert. Dort jedoch entwickelten sie sich mit einer Vielfalt, die dem patagonischen Ökosystem seinen ganz besonderen Zauber verleiht.

Jedem Besucher Patagoniens fallen als erstes die dichten Wälder auf. Der andin-patagonische (oder subarktische) Waldgürtel stellt eine charakteristische pflanzengeographische Einheit dar; er ist ungefähr 50 bis 75 Kilometer breit und reicht vom Aluminé-See bis nach Feuerland. Die Waldgrenze liegt in den Südlichen Patagonischen Anden zwischen 800 und 1200 Meter Höhe.

Die Beschaffenheit der Wälder hängt stark von der jeweiligen Höhenlage und den Niederschlagsverhältnissen ab. Üppig sind die Wälder auf der chilenischen Seite, wo eine Niederschlagsmenge von jährlich 4000 Millimeter gemessen wird: Auf der argentinischen Seite ist der Wald bei einer geringeren Feuchtigkeit von 1000 Millimeter Niederschlägen im Jahr etwas dünner und im Osten in der Steppe, wo jährlich nicht mehr als 300 Millimeter Regen fallen, hört er ganz auf.

Die chilenischen Wälder besitzen meist einen fast undurchdringlichen Unterwuchs und sind oft voller Sümpfe, aus denen geisterhaft riesige, halb vermoderte Baumstämme ragen. Mit Moos und Flechten bewachsene Bäume suchen und finden Halt mit ihren Wurzeln in glatten Felswänden. Mannshohe Farne wie das *Blechnum magellanicum* gedeihen und die Blütenstauden der Nalca (*Gunnera scabrosa*) entfalten ihre großen, schirmartigen Blätter. Es sind wahre Regen-Urwälder, die sich aufgrund der reichlichen Niederschläge und der konstanten Jahrestemperaturen – am Pazifik sinken die Temperaturen auch im Winter nie unter 5 Grad Celsius – entwickeln konnten.

Die argentinischen Wälder sind dem Wind stärker als dem Regen ausgesetzt und haben meistens keinen Unterwuchs. Die Baumstämme sind dünner und die Bäume selbst niedriger; oft entwickeln sich ihre Kronen nur auf der Leeseite (*arboles bandera*). Die niedrig wachsenden Bäume und Büsche, die man bis an die Untergrenze der Gletscher verfolgen kann, sind von unglaublichem Formenreichtum und ungekannter Vielfalt. Ihr totes Holz trocknet und bleicht aus ohne zu verfaulen.

Trotz ihrer Unterschiedlichkeit sind diese Wälder durch einen Baum gekennzeichnet, eine nur auf der südlichen Halbkugel vorkommende Buchenart (*Nothofagus*), die außer in Südamerika auch in Australien und Neuseeland wächst. In den Gebieten mit reichlicheren Niederschlägen gibt es jedoch auch andere Baumarten, wie Magnolien, Zypressen und Lorbeerbäume. Im Unterholz wächst eine bambusähnliche Art, die bis zu 14 Meter hoch werden kann, die *Caña*

*Ein neugieriger Kondor.*

Colíhue *(Chusquea couleou* oder *cunnigii),* und zahlreiche, in europäischen Wäldern unbekannte Blumen leuchten in den seltensten Farben.

Der Buenos-Aires-See bildet die Grenze für diese tropische Regenwaldvegetation; weiter südlich gedeiht sie nur an einigen Stellen der Pazifikküste und an besonders niederschlagsreichen Orten wie zum Beispiel in der Onelli-Bucht am Lago Argentino; auf Feuerland entfaltet sie jedoch wieder ihre volle Pracht.

In den Ebenen und in den Gebieten mit starker Sonneneinstrahlung, vor allem in den präandinen, argentinischen Landstrichen zwischen den Bergen und der Pampa, gedeiht eine artenreiche Buschvegetation. Der ungewöhnlichste Strauch ist der Notro *(Embothrium coccineum)* mit glänzenden, fleischigen Blättern und röhrenförmigen, leuchtend roten Blüten; er ist sehr anpassungsfähig, wächst jedoch meist alleinstehend, da er sehr viel Sonne braucht. Die bekannteste, am meisten verbreitete und geradezu symbolträchtige Pflanze Patagoniens ist der Calafate-Strauch, ein sauerdornähnliches Gewächs *(Berberis buxifolia),* das in verschiedenen Arten auftritt. Wer die heidelbeerähnlichen Früchte des Calafate ißt, soll nach dem Glauben der ansässigen Bevölkerung vom Zauber Patagoniens ergriffen werden und immer wieder dorthin zurückkehren. Zu den eßbaren Beeren gehören auch die *mutilla (Empetrum rubrum)* und die *chaura (Pernettya pumila, P. mucronata),* die unserer Preiselbeere sehr ähnlich ist. Im Regenwald wachsen vielfach Erdbeeren und wilde Johannisbeeren. Eßbar ist, wenn auch nur als ganz junge Pflanze, ein Pilz, *llao-llao* genannt *(Citteria darwinii),* der an den Buchen knotenartige Wucherungen hervorruft.

In der Pampa sind die am meisten verbreiteten Büsche die *mata negra (Chiliotrichium amelloides)* und die *mata torcida (Nardophillum obtusifolium).* Sie bedecken weite Flächen und erinnern an die Macchia der Mittelmeerländer. Zwischen Hammersträuchern *(Cestrum parqui)* und anderem Buschwerk sprießen zahlreiche Gräserarten wie *stipa* und *coirón*. Auf den ersten Blick erscheint die Pflanzenwelt der argentinischen Pampa weniger reichhaltig. Wer jedoch genauer hinsieht, dem offenbart sie sich in ihrer ganzen, unauffälligen Vielfalt. Die Blütezeit der meisten Pflanzen dauert nur 10 bis 15 Tage, ist jedoch beispiellos intensiv. Pantoffelblumen, Kreuzkraut, Fuchsien und Orchideen leuchten in den Niederungen und im Unterholz. Das Rot der *Flor de la cascada* weist tatsächlich auf Wasserfälle hin; an schwachen Stengeln, die sich lianenförmig an Bäumen emporranken, blüht die chilenische Nationalblume, die glockenförmige *Copihue (Philesia buxifolia)*. In den trockeneren Gebieten wachsen Kissen aus Ehrenpreis und anderen Gräsern mit meist gelben Blumen.

Die patagonischen Wälder sind die Heimat zahlreicher Tierarten. Dort verbirgt sich der Andenhirsch, *huemul* genannt, der nicht die Größe europäischer Hirscharten erreicht und nur ein einfaches Gabelgeweih besitzt. Der Puma *(Felis concolor)*, »león« genannt, durchstreift auf seinen Beutezügen die Wälder, wobei er manchmal bis auf die Schafweiden gelangt. Er geistert durch die Erzählungen über winterliche Jagden und ist Objekt hitziger Auseinandersetzungen zwischen Wildhütern und Züchtern.

Die Randgebiete der Wälder werden von Fuchs und Iltis bevölkert, die wegen ihres ge-

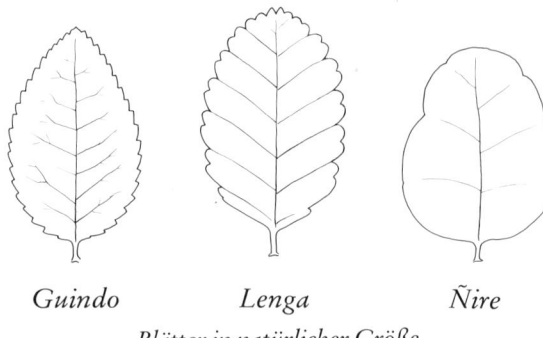

*Guindo*  *Lenga*  *Ñire*
Blätter in natürlicher Größe.

schätzten Fellkleides sowohl in erlaubter Jagd als auch von Wilderern erlegt werden. Kaninchen sind so zahlreich, daß sie eine Plage darstellen; zudem sind weder ihr Fleisch noch ihr Fell besonders gefragt.

In den weiten Ebenen der Pampa sind die schnellen Guanakos zuhause *(Lama guanicoe)*; sie gehören zu den letzten noch existierenden wilden Lamaarten, die für die Tehuelche-Indianer von lebenswichtiger Bedeutung waren. Auch der Pampasstrauß, *Nandu* genannt, hat die großen Flächen der Steppe zu seiner Heimat erkoren, über die er mit atemberaubender Geschwindigkeit dahineilt. Hier leben die *molitas* oder *quirquinchos*, kleine Gürteltiere, deren Rückenpanzer als Resonanzkasten dienen für Musikinstrumente wie den *charango*.

Die argentinischen Flüsse und Seen sind fisch-

| ART DES WALDES | VORHERRSCHENDE BAUMART |
|---|---|
| Wald bei Valdivia (artenreich, mit Caña Colíhue) | Cohíhue *(Nothofagus dombey)* Pehuen *(Araucaria araucana)* Ciprés de las Guaitecas *(Pilgerodendron uvifera)* |
| ab dem 47. südlichen Breitengrad General-Carrera-/Buenos-Aires-See ||
| Wald an der Magellanstraße (artenarm) | Guindo *(Nothofagus betuloides,* immergrün) Lenga *(Nothofagus pumilio,* Laubwechsel) Ñire *(Nothofagus antarctica,* Laubwechsel) |

reich und enthalten einheimische und eingeführte Arten wie zum Beispiel den Lachs. Der Fischfang ist fast überall erlaubt (außer in den Naturparks und Reservaten). Auf der westlichen Seite der Anden sind die Flüsse und Seen nährstoffarm und damit fast ohne Fische.

Zahlreich und vielfältig sind die Vogelarten, und unter diesen sind die Raubvögel in besonderem Maße vertreten: Adler, Falke und vor allem der Kondor, der außer dem Menschen keine Feinde hat und in schwer zugänglichen Felsen nistet. Die Flüsse, Seen und Sümpfe sind von unzähligen Wasservögeln bewohnt: von *bandúrrias (Theristacus caudatus)*, einer Reiherart mit langem, gebogenem Schnabel, rosa Flamingos und vielen Entenarten, während die Schwarzhalsschwäne selten geworden sind.

Im Wald leben Eulen und Spechte, darunter der wunderschöne *carpintero negro patagonico*, bei dem das Männchen einen feuerroten Kopfschmuck trägt. Zaunkönige und Grünfinken, Amseln und Schwalben nisten in den Bäumen, die kreischenden Papageien, die in ganzen Kolonien zusammenleben und der hühnerartige *chucáo*, der den Besuchern vor die Füße hüpft, beleben die patagonischen Wälder, ihre Randgebiete und die Ebenen.

Auch Insekten gibt es viele, sie sind glücklicherweise für den Menschen nicht gefährlich. Lästig sind an einigen Orten die Mücken oder *mosquitos*. Eine Insektenart jedoch stellt eine wahre Plage dar, besonders an warmen Sommertagen: die Bremsen. Sie sind stark und zäh, die *tábanos*, echte Abkömmlinge ihrer Heimat!

*Molita (Gürteltier).*

*Begegnung im Dämmerlicht. Foto G. Noli.*

### Die Legende vom Calafatestrauch

*Es war einmal eine Zeit, da gab es in Patagonien noch keine Pferde und auch nicht den dornigen Calafatestrauch. Der Wintereinbruch war nahe, und Koonek, die alte Zauberin der Tehuelche, war es leid, mit ihrem Volk jedes Jahr nach Norden ziehen zu müssen, auf der Suche nach wärmeren Gebieten und günstigeren Jagdgründen. Sie blieb allein zurück in ihrem Zelt aus Guanakoleder, das ihr der Stamm gebaut hatte. Der Winter war so streng, daß alle Lebewesen flohen, sogar die Vögel.*

*Als es wieder Frühling wurde, kehrten die Schwalben zurück, die Zaunkönige und die Grünfinken. Ohne ihr Zelt zu verlassen, sprach Koonek zu den Vögeln und tadelte sie, weil sie sie allein gelassen hatten. »Aber wie können wir hier im Winter bleiben, wenn wir kein Futter finden und nichts haben, womit wir uns gegen Wind und Schnee schützen können?«, klagten die Vögel. – »Von nun an könnt ihr den ganzen Winter hierbleiben«, erwiderte Koonek.*

*Als man das Zelt öffnete, war die Zauberin verschwunden. An ihrer Stelle war ein dorniger Strauch zu sehen voller gelber Blüten, die einen intensiven Duft ausströmten. Aus diesen Blüten sollten die dunkelblauen Beeren des Calafatestrauches werden.*

# Nationalparks

In den Südlichen Patagonischen Anden wurden drei Nationalparks eingerichtet, die weite Gebiete von großer landschaftlicher und naturwissenschaftlicher Bedeutung umfassen. Der Besuch der Nationalparks wird einerseits gefördert (durch Veröffentlichungen, den Bau von Hotels und Gaststätten, durch besonders ausgebildete Wächter, die als Begleiter fungieren), andererseits existieren strenge Regeln zum Schutz der Gebiete; so ist für Ausflüge und Bergbesteigungen innerhalb der Nationalparks eine besondere Erlaubnis nötig.

## Nationalpark Torres del Paine, Chile

*(Paine-Nationalpark)*

Er hat eine Fläche von 181 414 Hektar und liegt 150 Kilometer nördlich von Puerto Natales. Die Landschaft bietet ein einmaliges Schauspiel mit azurblauen Seen, schäumenden Flüssen, gleißenden Gletschern und senkrechten Felstürmen wie die Torres del Paine. Das Gebiet ist für Bergsteiger von höchstem Interesse, aber auch im Bereich Flora und Fauna (120 Vogelarten) hält es einige Überraschungen bereit.

Genehmigungen zum Besteigen der Gipfel sind mindestens drei Monate vor der Abfahrt von den chilenischen Konsulaten oder der Botschaft Chiles (für die Bundesrepublik in Bonn) einzuholen. Diese Genehmigungen müssen in Punta Arenas von den lokalen Behörden bestätigt werden. Man muß außerdem bei der Verwaltung des Nationalparks eine Erklärung unterschreiben, die das Personal der Verwaltung im Falle eines Unfalls von jeder Haftung befreit. Einen organisierten Rettungsdienst gibt es nicht.

Nördlich des *Parque Naciónal Torres del Paine* wurde das gesamte Gebiet des Südlichen Pa-

*Ankunft auf dem Paso superior (Fitz Roy).*

---

*Die argentinischen Nationalparks wurden in der aufgeklärten Geisteshaltung errichtet, die während der Oligarchie der Unitarier herrschte. Mit der Machtübernahme durch die Föderalen betrachtete man die Parks als Gebiete, die für den allgemeinen Tourismus und den sogenannten Agri- und Abenteuertourismus genutzt werden sollten; deshalb besteht die Tendenz, die Schutzmaßnahmen abzuschaffen.

tagonischen Eises zwischen dem 51. und dem 49. Breitengrad ebenfalls zum Nationalpark erklärt. Dieses Gebiet umfaßt 1 761 000 Hektar und verfügt über keinerlei Infrastruktur. Es ist der *Parque Naciónal Bernardo O'Higgins.*

Ein anderes Gebiet zwischen Punta Delgada und Rio Gallegos wurde ebenfalls zur geschützten Zone erklärt. Es handelt sich um die jüngsten Basalt-Lavafelder des *Pali-Aike*, die sich auch jenseits der Grenze in Argentinien erstrekken und leicht zugänglich sind.

## Parque Naciónal de los Glaciares, Argentinien

*(Gletscher-Nationalpark)*

Dieser Park bedeckt eine Fläche von 446 000 Hektar und umfaßt weite Gebiete um den Lago Argentino und den Lago Viedma; im Norden reicht er bis zum Rio Electrico. Er wurde 1937 eingerichtet und 1982 von der UNESCO zum »Weltgut« ernannt. Der Blick aus nächster Nähe, den man von der ungefähr 230 Kilometer nördlich von Calafate liegenden Hosteria Fitz Roy auf die Ketten des Cerro Torre und des Fitz Roy hat, stellt eines der einmaligsten Erlebnisse dieser Art dar. Nicht versäumen darf man den Abstecher zum Perito-Moreno-Gletscher, der mit seiner etwa drei Kilometer breiten, zerklüfteten Eiswand in den Lago Argentino mündet, ungefähr 80 Kilometer von Calafate entfernt.

Für Ausflüge kann man sich an die Parkaufseher wenden, die an den Zugängen zum Park und an den Sammelpunkten anzutreffen sind. Genehmigungen für bergsteigerische Tätigkeiten und Informationsmaterial erhält man bei der Verwaltung, der Intendencia Parques Nacionáles in Calafate. Diese Genehmigung wird nach Unterzeichnung eines Dokuments erteilt, mit dem man sich verpflichtet, die Natur zu schützen. Zugleich entbindet die Unterschrift das Personal von jeglicher Verantwortung im Falle eines Unfalls (einen Rettungsdienst gibt es nicht). Seit 1988 müssen Wanderer und Bergsteiger ziemlich hohe Gebühren entrichten.

## Parque Naciónal Perito Moreno, Argentinien

*(Perito-Moreno-Nationalpark)*

Er umfaßt eine Fläche von 115 000 Hektar (davon 30 500 Hektar geschütztes Jagdgebiet mit begrenztem Jagd- und Waldrecht) und liegt südlich der San-Lorenzo-Gruppe, ungefähr 200 Kilometer von Gobernador Gregores entfernt. Er besteht bereits seit dem Jahr 1937. Es gibt keine Übernachtungsmöglichkeiten, auch keine Campingplätze noch Tankstellen. Die Hauptattraktionen sind die acht Seen, die Fossilien (Ammoniten aus der Kreidezeit), die Felsmalereien (Rio Roble), die artenreiche Fauna (Guanaco, Adler, Kondor) und Flora. Die innerhalb des Parks gelegenen Berge sind, unter alpinistischem Gesichtspunkt betrachtet, nur begrenzt interessant. Für Begehungen benötigt man keine Erlaubnis, es ist jedoch gut, wenn man sich anmeldet. Einen Rettungsdienst gibt es nicht, aber wie in den anderen Parks sind auch hier die Wächter (wenn anwesend) sehr hilfsbereit und per Funk mit der Intendencia in Calafate verbunden.

---

*Francisco »Perito« Moreno (1852–1919)*

*Argentinien verdankt die Einrichtung seiner Nationalparks der Weitsicht dieses Autodidakten mit umfassender wissenschaftlicher Bildung, der in den Jahren 1876 und 1877 die großen Seen der Patagonischen Anden Argentino, Viedma und San Martin entdeckte und beschrieb. Er war Gutachter der Regierung in den Grenzauseinandersetzungen mit Chile und studierte die Geographie des andinen Patagonien. Dem von den Tehuelche »Chaltén« genannten Berg gab er den Namen Fitz Roy. In Buenos Aires schuf er das berühmte Museo de la Plata.*

*El Mocho. Aus den Wolken taucht der Cerro Torre auf.*

# Die menschliche Umwelt

*»Das war die Welt der Träume meiner Kindheit:
Raum ohne Grenzen und Land ohne Herren.«*

*Andreas Madsen*

*An der Grenze zwischen Chile und Argentinien: Furt durch den Rio Jeinimeini.*

# Spuren der Vorgeschichte

Patagonien ist ungefähr seit dem 10., vielleicht auch dem 15. Jahrtausend v. Chr. besiedelt. Man nimmt an, daß das Klima zeitweise noch härter war als heute, entsprechend den Gletschervorstößen der verschiedenen Eiszeiten; zugleich war es aber auch feuchter. Deshalb bot es pflanzlichem und tierischem Leben sicher bessere Umweltbedingungen und damit bessere Jagd- und Lebensmöglichkeiten für den Menschen.

Die Zeugnisse aus der prähistorischen Vergangenheit Patagoniens bestehen aus zahlreichen Steinwerkzeugen, die man auch heute noch in den Gebieten am Fuße der Anden finden kann. Aber auch Felszeichnungen und Gravierungen von teilweise beeindruckender Originalität berichten vom Leben der ersten Bewohner.

Einzigartig sind die geometrischen Muster und der chronologische Übergang von naturalistischen zu abstrakten Formen. In der Malerei herrschen Handabdrücke vor, die schon beinahe zum kulturellen Symbol Patagoniens geworden sind.

| Felsmalereien des Rio Pinturas *(Cueva de las manos)* ||
|---|---|
| **Kulturstufen** | **Ausdrucksformen** |
| – 1000 n. Chr.<br><br>Patagoniense-Kultur | Stilisierte und geographische Muster, rote Farbe vorherrschend<br>weiße Handabdrücke auf rotem Fels |
| – 1430 v. Chr.<br><br>Casapedrense-Kultur | Statische Ausdrucksformen,<br>weiße Farbe vorherrschend,<br>viele Handabdrücke, zierliche Hände,<br>fast nur linke Hände |
| – 5430 v. Chr.<br><br>Toldense-Kultur | Dynamische Ausdrucksformen,<br>lebhafte Farben vorherrschend:<br>gelb, rot, ocker, lila, schwarz,<br>Handabdrücke, Guanakos und<br>anthropomorphe Figuren, Jagdszenen |
| – 7370 v. Chr. | |

| Chronologische Entwicklung der wichtigsten Steinzeitwerkzeuge | | |
|---|---|---|
| – Gegenwart<br><br>Tehuelche-Kultur | Mikrolithen, kleine Pfeilspitzen, Tonwaren | Mittel- und Südpatagonien |
| – 700/1000 n. Chr.<br><br>Patagoniense-Kultur | Flache Schabwerkzeuge, beidseitig bearbeitete Spitzen, Reste von Lederbesatz | Provinz Santa Cruz |
| – 0?/340 n. Chr.<br><br>Übergangskulturen | Kurze, seitlich bearbeitete Klingen | Mittel- und Südpatagonien (Rio Feo, Cerro Indios) |
| – 1300/1400 v. Chr.<br><br>Casapedrense-Kultur | Schabwerkzeuge, Messer, Klingen mit Quergehren und Längskerbungen, erste *Boleadoras* | Mittelpatagonien |
| – 5300/5400 v. Chr.<br><br>Toldense-Kultur | Schabwerkzeuge, Messer, Bohrer aus großen Obsidiansplittern, beidseitig geglättet, Spitzen in Blattform; behauene Steinkugeln, Knochenwerkzeuge | Rio Pintura, Rio Feo, Rio Roble |
| – 7300/9000 v. Chr.?<br><br>»Niveau 11« | einseitig und seitlich bearbeitete Werkzeuge, datiert 10600 v. Chr. | Estancia Los Toldos (Santa Cruz) |

*Steinwerkzeuge vom Lago Cardiél (⅔ der natürlichen Größe).*

Die *Cueva de las manos,* eine Reihe von Höhlen im Tal des Rio Pinturas, zeigt einige der schönsten Exemplare. Diese Höhlen sind von dem 100 Kilometer entfernten Perito Moreno aus leicht zu erreichen; der kurze Zufahrtsweg von der Fahrstraße aus ist gut markiert und gut erhalten.

Die Felszeichnungen zeigen zum größten Teil labyrinthartig verschlungene Formen, runde Figuren mit »Rosetten« und Gravierungen in U-Form. Es gibt auch verzweigte Motive und bis zu zwei Meter lange Treppenmotive, wie auch Abdrücke von Nandus, Guanakos und katzenartigen Tieren. Darstellungen von Raubtieren tauchen auch in den Felsmalereien auf. Die bedeutendsten Felszeichnungen findet man im Norden, in der Provinz Santa Cruz (Estancia Miguel) und im südlichen Chubut (piedra calada bei Las Plumas).

Besonders reich an prähistorischen Funden ist die Umgebung von Gobernador Gregores (in einem Umkreis von 100 bis 150 Kilometern, z.B. bei den *estancias* La Vaskonia, La Flecha, La Martita, La Evelina).

*Cueva de las manos. Abdrücke von Händen und anthropomorphe Figuren.*

# Die geschichtlichen Ereignisse

Der Eintritt Patagoniens in die Geschichte findet mit den militärischen Eroberungszügen Spaniens und Portugals statt. Als Magellan im Jahr 1520 am Strand von San Julián Abdrücke von ungewöhnlich großen Füßen fand, nannte er das Gebiet Land der »patagones« (von *pata* = Pfote), der Großfüßler. Die wahre Herkunft dieses Wortes ist jedoch ungewiß, während erwiesen ist, daß mit Magellans »Großfüßlern« die Tehuelche-Indios gemeint waren, deren riesige Fußabdrücke von den Guanakofellen kamen, mit denen sie ihre Füße schuhartig umwickelten.

In den nördlichen Regionen Patagoniens, vor allem auf der pazifischen Seite der Anden, lebten die Araukaner. Sie waren Bauern und Jäger, ein kriegerisches, stolzes Volk. An der Spitze ihrer Stammesordnung stand der Häuptling, der Kazike *(cacique)*. Sie hielten die nach Süden vordringenden Inkas auf und kämpften erbittert gegen die Spanier, die vom Mut und der Kampfkraft der Araukaner höchst beeindruckt waren. Der spanische Feldherr Ercilla (1533–1594) beschrieb in seinem berühmt gewordenen Epos »Araucana« die Heldentaten des bekanntesten ihrer Kaziken, Caupolicán.

Weiter im Süden lebten die Tehuelche. Der Name Tehuelche wurde den Bewohnern des Landes im 18. Jahrhundert von den Jesuiten gegeben; er ist eine Zusammensetzung der araukanischen Wörter *Tehuel* = Süden und *Hets* oder *Che* = Menschen. Menschen des Südens wurden sie von den Araukanern genannt; sie selbst nannten sich *Tsoneke* = Menschen. Sie waren ausschließlich nomadisierende Jäger und zählten nur wenige Tausend. Sie hatten keinen gemeinsamen Häuptling, sondern waren in Familienclans mit jeweils einem Oberhaupt eingeteilt.

Die nördlich lebenden Tehuelche übernahmen sofort das Pferd, während die südlichen weiterhin Fußgänger und Nomaden blieben. Sie führten ein friedliches, liebevolles Familienleben. In den ersten Frühlingswochen wanderten sie von der Atlantikküste zur Kordillere und beim Herannahen des Winters kehrten sie zum Atlantik zurück. Sie lebten in Zelten aus Leder, den *tolderías,* und ernährten sich fast ausschließlich von ihrer Jagdbeute, Guanacos und Nandustrauße. Die Jagd wurde mit Pfeil und Bogen, mit Lanzen und *boleadoras* ausgeführt; erst in jüngster Zeit sind sie zu Gewehren übergegangen.

Die *boleadoras* oder *bolas* waren eine für die argentinischen Indios typische Waffe, ein furchtbares Gerät, das heute nur mehr Bestandteil der lokalen Folklore ist. Es besteht aus zwei oder drei faustgroßen Steinkugeln, die an Lederriemen befestigt sind. Mit diesem Lasso zielte man bei der Jagd auf den Hals oder die Beine des

*Erinnerung an die ersten Siedler: Reste eines Karrens.*

flüchtenden Tieres. Die *boleadora* wurde auch im Kampf gegen Feinde verwendet.

Die Tehuelche glaubten an Geister, an die guten, die Maipé, die im Himmel wohnen und sich um das Privatleben der Erdenbewohner nicht kümmern, und an die bösen Geister, die Gualichu, die Ursprung und Verursacher allen Übels sind und an unwegsamen und unheimlichen Orten leben. Einer der bösen Geister lebte nach dem Glauben der Tehuelche auf dem Berg Chaltén, jenem Berg, den Francisco »Perito« Moreno später Fitz Roy nennen sollte.

Abgesehen von einigen Auseinandersetzungen mit den Araukanern führten die Tehuelche ein friedliches Leben – bis zum Jahr 1800.

In den Jahren zwischen 1800 und 1816 erkämpfte sich Argentinien seine Unabhängigkeit von Spanien. Das gesamte 19. Jahrhundert hindurch war das Land jedoch durch Bürgerkrieg und innere Unruhen zerrissen. Eine heftige Gegnerschaft entstand zwischen den Vertretern der mächtigsten Familien von Buenos Aires, die eine Europäisierung im Stile der Aufklärung und des Liberalismus anstrebten und den *Caudillos* im Landesinneren, die lokale Machtpositionen abforderten. Von der Oligarchie in Buenos Aires stammen die »Unitarier« ab, von den *Caudillos* die »Föderalen«.

Die Familien in Buenos Aires erhielten ihren Reichtum aus ihrem Grundbesitz, den sie immer mehr zu vergrößern suchten, auch mit Hilfe des Militärs. Um sich endgültig der Jagdgebiete der Indios zu bemächtigen, wurde im Jahr 1879 der schreckliche »Zug in die Wüste« organisiert, ein Feldzug gegen die Indianer, der zur Ausrottung der Araukaner, Tehuelche und der Alakaluf führte. Die Araukaner wurden beschuldigt, argentinisches Vieh gestohlen zu haben, um es nach Chile zu schmuggeln, den Tehuelche wurde vorgeworfen, Jagd auf die in ihren ursprünglichen Jagdgebieten weidenden Schafe gemacht zu haben.

Man muß diesen Ausrottungsfeldzug gegen die Indios im Zusammenhang mit den Fehden zwischen Unitariern und Föderalen betrachten. Es standen nicht nur unmittelbare materielle Interessen auf dem Spiel, sondern es ging auch um eine ideologische Auseinandersetzung. Eine Schlüsselfigur zum Verständnis dieser Situation ist Fausto Sarmiento (1811–1888), ein Unitarier, der im Föderalismus nur eine Möglichkeit für grausame, ungebildete Tyrannen sah, an die Macht zu kommen. Er förderte die Einwanderung aus Europa und baute ein argentinisches Schulsystem auf. Er veröffentlichte jedoch auch eine berühmte Schrift, *Facundo* (1845), eine Abhandlung über die Gegensätze zwischen »Kultur« und »Barbarei«. Diese Schrift wurde zur ideologischen Basis, auf der die Latifundisten ihre Interessen begründeten und mit der sie die Ausrottung der Indios rechtfertigten.

Zum Heer des General Roca, zur »Befreiung« Patagoniens, gehörten auch Missionare, die als Militärseelsorger tätig waren; zu nennen sind vor allem die Salesianer Giuseppe Fagnano, Giuseppe Beauvoir und Giacomo Costamagna. Sie versuchten, die unglücklichen Gefangenen vor den gröbsten Mißhandlungen zu bewahren; als sie im Jahr 1887 ihre Missionstätigkeit in Patagonien und in Feuerland aufnahmen, kannten sie bereits die ausweglose Situation der Landesbewohner.

Die Salesianer waren durch die prophetischen Träume Don Boscos veranlaßt worden, in jene fernen Länder zu reisen. Don Bosco hatte von einem Traum berichtet, in dem er die patagonische Kordillere nicht als zusammenhängende Gebirgskette gesehen habe, wie man sie sich damals vorstellte, sondern in einzelne Gruppen gegliedert und von Quertälern unterbrochen, außerdem sei das Land überreich an wertvollen Bodenschätzen. Das waren zweifellos erstaunliche Behauptungen, angesichts der damaligen spärlichen Kenntnisse über die Geographie des Landes, die sich jedoch als überraschend richtig erweisen sollten.

*Auf dem Nordost-Pfeiler des Murallón. Foto Paolo Vitali.*

△ Die Kalifornierführe auf dem
 Westgrat des Fitz Roy.
 Foto Reinhard Karl.

◁ Das Ziel, das es zu erreichen gilt:
 vom Cerro Torre heil zurückzukehren.
 Foto Reinhard Karl.

Casarotto-Pfeiler des Fitz Roy. ▷

Folgende Abbildungen:

Links oben: Cerro Piergiorgio. Foto Marco Ballerini.
Links unten: Der Cerro Torre lugt hinter der
St.-Exupéry-Spitze hervor.
Rechts: Eisfall in der Supercanaleta des Fitz Roy.

Der eigentliche Missionar Patagoniens war Monsignor Giuseppe Fagnano. Ihm gelang es, die Siedler zur Mäßigung im Kampf gegen die Indios anzuhalten, wobei er sich auch gegen die Oligarchie in Buenos Aires und gegen die lokalen Behörden stellte; außerdem kümmerte er sich um die praktischen Aspekte der Missionstätigkeit wie die Landwirtschaft. Seinen geographischen und geologischen Interessen ist es zu verdanken, daß sich später Pater Alberto Maria De Agostini neben seiner Missionstätigkeit auch geographischen Studien widmen konnte.

Im Jahr 1899 erhielten die Salesianer von der chilenischen Regierung die Insel Dawson zur Benützung und Verwaltung. Sie gründeten darauf eine neue Mission und sammelten einige Tausend Indios aus Patagonien und Feuerland. Darunter waren die letzten Vertreter kleiner Stämme wie der Alakaluf, Ona und Jagan, die von der Fischerei in den Kanälen des Pazifischen Ozeans lebten. Sie hatten keinen Häuptling, sondern waren in Familiengruppen organisiert.

Dieser Initiative der Salesianer sollte jedoch kein großer Erfolg beschieden sein; die Indios waren Nomaden, und das seßhafte Leben machte sie unglücklich. Die »Zivilisation« außerhalb der Insel der Salesianer brachte ihnen so zweifelhafte Errungenschaften wie Alkohol und bis dahin unbekannte Krankheiten wie Pocken, Masern und Röteln. Schließlich wurde ihnen ein Reservat zugeteilt. Heute sind reinrassige Tehuelche und Alakaluf praktisch ausgestorben, es gibt nur noch Mestizen. Offiziell gibt es keine Rassendiskriminierung, aber im allgemeinen gehören Indios und Mestizen zu den im wirtschaftlichen und sozialen Bereich am stärksten benachteiligten Bevölkerungsgruppen.

△ *Patagoniengrauer Himmel über dem San Lorenzo.*
▽ *Auf der Suche nach der Furt.*

*Vorhergehende Abbildungen:*
*Links: Von der Spitze der Aguja Guillaumet.*
*Rechts: Der Lago Viedma von der Aguja Guillaumet aus gesehen.*

*Der Gaucho Don Alberto Cofré und sein Lieblingspferd.*

In Argentinien besteht die Bevölkerung zu 95% aus den Nachkommen der meist spanischen und italienischen Einwanderer, den sogenannten criollos, den Kreolen. In Chile sind 70% der Bevölkerung Mestizen; die Immigration war dort weniger ausgeprägt, da man sich zum Abbau der Bodenschätze vor allem der einheimischen Bevölkerung bediente. Es gibt jedoch einen hohen Anteil an deutsch- und jugoslawischstämmigen Chilenen (Puerto Montt wurde 1853 als deutsche Kolonie gegründet).

Argentinien hatte mit seinen enormen Möglichkeiten in der Landwirtschaft und der Viehzucht viele Einwanderer angezogen, vor allem aus dem Mittelmeerraum. Viele dieser Immigranten erkannten jedoch bald, daß durch das System der Latifundien eine landwirtschaftliche Nutzung, so wie sie ihnen dargestellt worden war, nicht erreicht werden konnte. Sie zogen deshalb in die Städte, die sehr bald zu riesigen kosmopolitischen Zentren wurden.

Wer »nach Amerika ging«, hatte im allgemeinen nicht Patagonien im Auge; dieses unwirtliche Land interessierte niemanden. Erst 1880 kamen die ersten Siedler in die Gebiete, die bis dahin außer von den einheimischen Indios nur von Seeleuten und Piraten an der Küste besucht worden waren.

Die ersten Niederlassungen erinnerten etwas an die Siedlungen im »Wilden Westen« Nordamerikas. Südlich des Chubut wächst außer in einigen besonders geschützten Teilen des Landes kein Getreide mehr, und die Weideflächen sind für Großvieh zu mager.

Vielversprechend erschien jedoch die Schafzucht; sie entwickelte sich sehr bald in der Umgebung von Punta Arenas, nachdem eine chilenische Strafkolonie bei Puerto del Hambre im Jahr 1877 geschlossen und ein Freihafen eingerichtet worden war (Chile hatte die Magellanstraße im Jahr 1843 in Besitz genommen und Fuerte Bulnes gegründet; später suchte man jedoch einen etwas wohnlicheren Ort und errichtete 1848 Punta Arenas). Zwischen 1885 und 1892 breitete sich die Schafzucht an den Küsten der Skyring- und der Otway-Bucht aus und erstreckte sich bald darauf bis zum Rio Santa Cruz und zum Rio Chico.

Im Jahr 1884 wurde durch den Schiffbruch des französischen Dampfers Artique zwischen der Secca del Condor und Cabo Virgines goldhaltiger Sand entdeckt. Es handelte sich um zahlreiche kleine Lagerstätten an verschiedenen Stellen des Archipels zwischen Patagonien und Feuerland, die gegen 1888 zum Zentrum eines wahren »Goldrausches« werden sollten.

So gesellten sich nun zu den ursprünglichen Siedlern, die meist nordischer Abstammung waren, da das Klima ihnen zusagte, die neuen Einwanderer, Abenteurer auf der Suche nach dem Goldreichtum. Die größte ausländische Kolonie, die sich in jenen Jahren bildete, kam aus Dalmatien. Ein rumänischer Ingenieur, ein gewisser Julius Popper, schloß die Abenteurer zu Banden zusammen, um die Goldsuche zu monopolisieren. Er wurde so mächtig, daß er Briefmarken mit seinem Konterfei drucken ließ und Goldmünzen mit seinem Namen prägte. Seine Herrschaft dauerte jedoch nicht lange und er lebte später als Journalist in Buenos Aires. In jenen Jahren war Punta Arenas das Zentrum, von dem aus die Goldsucher aufbrachen. Sie befuhren mit ihren Schonern die Wasserstraßen des Archipels und gruben auf den Inseln nach Gold. Nach ihrer Rückkehr zahlten sie mit Goldstücken für die Lebensmittel, die sie bei den in Punta Arenas inzwischen zahlreich eingetroffenen Händlern kauften, Libanesen, Syriern, Juden, Engländern – den eigentlichen Gewinnern beim »Run« auf das Gold.

Nachdem der Goldrausch zu Ende gegangen war, nahm eine andere Ausbeutung ihren Anfang: den Onas und Alakalufs wurden die wertvollen Seehund- und Otternfelle zu lächerlichen Preisen abgekauft.

Die Steinbauten in Punta Arenas, die sich von den noch heute im chilenischen Patagonien üblichen Holzhäusern deutlich unterscheiden, bewahren den Stil des ausgehenden 19. Jahrhunderts; sie weisen aber auch alle Zeichen des Niedergangs auf, der nach der Eröffnung des Panamakanals im Jahr 1915 unweigerlich einsetzte und der handelspolitischen Bedeutung der Magellanstraße rasch ein Ende bereitete.

Die Schafzucht blühte weiterhin. Ab dem Jahre 1895 wurden große Kühlanlagen an der Küste gebaut und man ging auch zur Produktion und zum Handel mit Fleisch über.

Patagonien, und vor allem der argentinische Teil, erfuhr somit zwei Arten der Kolonisierung: eine familiäre und eine von den Großgrundbesitzern organisierte. Die familiäre Kolonisierung fand vorwiegend in den Anden und den präandinen Gebieten statt, 400 Kilometer und mehr von der Küste entfernt, wo Wälder, Wasser und Weiden die Schafzucht ermöglichten. Die dort lebenden Siedler fuhren einmal im Jahr mit ihren von Ochsen gezogenen Karren auf den kaum erkennbaren Straßen, die sie selbst

*Der Siedler Andreas Madsen fährt durch den Rio de las Vueltas. Foto T. Gilberti.*

angelegt hatten, bis zur Atlantikküste, um dort ihre Wolle zu verkaufen und sich mit dem wenigen zu versorgen, das sie in ihrer fast autarken Wirtschaft nicht selbst herstellen konnten.

Auch an den Kanälen im Pazifik, an der Peel-Bucht und am Eyre-Fjord, zwischen dem Jorge-Montt-Gletscher und dem Rio Pascua, südlich des San-Martín-Sees, ließen sich Schafzüchter nieder; fast alle gaben jedoch ihre Besiedlungsversuche wieder auf.

Unter diesen Pionieren lebten die verschiedensten Menschen: Abenteurer, Matrosen, aus dem Gefängnis von Ushuaia entlassene ehemalige Sträflinge, Reisende, die von den Orten und der Landschaft verzaubert waren, Bauern ohne Land aus dem argentinischen und chilenischen Norden. Auch mehrere Überlebende der schrecklichen Seeschlachten, die während des Ersten Weltkriegs in den Kanälen Feuerlands zwischen Engländern und Deutschen tobten, blieben im Land.

Ein Beispiel für den Pioniergeist der Zeit war der Siedler Andreas Madsen. 1881 in Dänemark geboren, kam er als Matrose nach Patagonien; er blieb und arbeitete für die argentinische »Grenzkommission«. Das Gebiet um den Fitz Roy faszinierte ihn, und er beschloß, sich am Fuße des Bergmassivs anzusiedeln. Er fuhr nach Dänemark zurück, holte seine Braut und ließ sich im Tal des Rio de las Vueltas nieder, direkt am Fuß des Fitz Roy, nach dem er auch seine Estancia nannte. Diese Estancia, auf der die ersten Andenexpeditionen stets großzügig bewirtet wurden, ist heute eine Ruine, und nur noch wenige Mauerreste künden von der großen Arbeit, die hier verrichtet wurde, um Weideland zu schaffen, Häuser zu bauen und Schafe züchten zu können. Madsen starb 1965. Die drei Söhne, von denen zwei Parkwächter wurden, sind jung verstorben; nur die Tochter lebt noch in Buenos Aires. Die Natur gewann rasch die Oberhand über das von Menschen geschaffene Werk. Der Fall der *estancia* Fitz Roy ist den Bergsteigern bekannt; es gibt aber daneben noch zahlreiche, kleine *estancias,* denen das gleiche Schicksal zuteil wurde und die ebenfalls nur eine Generation überlebt haben.

In den Jahren 1900 bis 1928 erfuhr Argentinien aufgrund seiner Exporte (Wolle, Leder, Fleisch) das weltweit größte Wirtschaftswachstum. Es besaß die demokratischste aller lateinamerikanischen Verfassungen und ein ausgezeichnetes Schulsystem. Die Oligarchie hielt jedoch fast unumstritten die wirtschaftliche und politische Macht in Händen und vertrat nur die Interessen der Großgrundbesitzer. Man orientierte sich an europäischen Kulturen, besonders an Frankreich, womit der gewünschte Abstand zu Spanien, das die Schriften der Aufklärung verboten hatte, noch deutlicher gemacht werden konnte.

Ebenfalls als Opposition zu Spanien wurde die Öffnung Argentiniens im wirtschaftlichen Bereich zu England verstanden. So wurde Argentinien schließlich auf doppelte Weise vom Ausland abhängig, besonders von Großbritannien: und zwar sowohl im Bereich der Investitionen als auch im Bereich der Exporte. Diese Abhängigkeit von englischem Kapital erklärt die Einmischungen und den politischen Druck, der bis in unsere heutige Zeit anhält.

Die an der Macht befindlichen Familien unterstützten die großen ausländischen Unternehmen, die in Patagonien ganze Landstriche an sich rissen. Man muß jedoch berücksichtigen, daß auch die von den einzelnen Familien betriebene Schafzucht große Landflächen benötigt. Ein kleines Rechenbeispiel: Ein Schaf liefert drei bis vier Kilogramm Wolle im Jahr; damit eine Familie von der Schafzucht leben kann, braucht sie mindestens 5000 Schafe. Eine Quadratmeile, gleichbedeutend mit 2500 Hektar, reicht gerade für 800 bis 1000 Schafe.

Die Siedler, die in vielen Fällen ihre rechtliche Position gegenüber den staatlichen Finanzbehörden nicht geregelt hatten und deshalb in Streitfällen immer den kürzeren zogen, unterlagen oft auch der von den Großgrundbesitzern und den Gesellschaften mit ausländischem Kapital ausgeübten Konkurrenz.

Die Vorherrschaft der Latifundisten machte eine positive Entwicklung im sozialen Bereich nahezu unmöglich, nachdem die isolierte Lage Patagoniens sie bereits erschwerte. Die *peones*, die als Tagelöhner auf den Estancias arbeiteten, lebten unter absolut trostlosen Bedingungen.

In den Jahren 1920 und 1921 erreichte das Echo der russischen Revolution auch das ferne Patagonien, und die *peones* versuchten, gegen die auferlegten Lebensbedingungen zu rebellieren. Ihr Aufruhr war von anarchistischem und pazifistischem Gedankengut getragen, sie wollten, unter Appell an humanitäre Prinzipien, die Ausbeutung mindern. Sie waren keine organisierten und »gelernten« Revolutionäre; ihre Streiks und ihre spontanen Erhebungen wurden durch das Heer blutig niedergeschlagen, das man gegen die unbewaffneten Peones eingesetzt hatte, die der Gewalt nur ihre Ideen über Gerechtigkeit entgegenstellten. Es gab keine Kämpfe, sondern Massenerschießungen. Die schlimmsten Massaker fanden im Gebiet des Lago Argentino statt; in der Nähe so mancher *estancia* gibt es große Gemeinschaftsgräber, die zwar von Büschen überwuchert sind, deren genaue Lage aber noch einigen alten Peones bekannt ist. Erst fünfzig Jahre danach sollte der Schleier des Schweigens über diesem traurigen Kapitel patagonischer Geschichte gelüftet werden, und zwar dank der genauen historischen Dokumentation in einem Anklagebuch (Bayer, 1974), das als Grundlage für einen im Tal des Rio Pinturas gedrehten Film diente (»Verdammtes Patagonien«).

Auch wenn sich solche Ereignisse glücklicherweise nicht wiederholen, blieb die soziale Situation der Peones doch äußerst ungünstig. Der größte Teil der Beschäftigten kommt aus Chile, meist sind sie illegale und unterbezahlte Einwanderer, die dazu noch in vollkommen abgelegenen Gegenden arbeiten müssen. Die extreme Anspruchslosigkeit dieser Menschen ist mehr Frucht ihrer Resignation als freiwillige Entscheidung, obwohl man natürlich auch diese Art zu leben lieben kann.

Der chilenische Teil Patagoniens ist spärlich bevölkert, aber verhältnismäßig doch mehr als der argentinische Teil, er verfügt außerdem über weniger Ressourcen. Es gibt deshalb eine ständige Abwanderung nach Argentinien, und zur Zeit beträgt der Anteil der Chilenen an der argentinischen Bevölkerung rund 35 Prozent. Für eine chilenische Familie bedeutet die Auswanderung nach Argentinien kostenlose Gesundheitsfürsorge und die Möglichkeit, einen Arbeitsplatz zu finden, nicht nur im Umkreis der *estancias*, sondern vor allem im Bereich der großen Städte, auch wenn viele sich dann in der *villa miseria*, den armseligen Barackensiedlungen und Slums am Rande der Städte, wiederfinden.

Diese soziale Situation schafft Reibungsflächen, die immer dann besonders heftig werden, wenn Grenzstreitigkeiten zwischen den beiden Ländern bestehen. Dabei ist die soziale Wirklichkeit allein schon problematisch genug. Seit den siebziger Jahren nimmt die Schafzucht langsam ab, da die Wolle nicht mehr die Erträge abwirft wie früher. Die Isolierung vom Rest des Landes, von den Pionieren akzeptiert und manchmal sogar gewünscht, wird von den jungen Generationen als Belastung empfunden. Andererseits versuchen die Regierungen aus strategischen Gründen, den Zuzug nach Patagonien mit vielen Maßnahmen attraktiv zu machen, wie zum Beispiel mit dem Angebot staatlicher Arbeitsplätze, die viel besser bezahlt werden als im Norden. Der Mangel an Verkehrsverbindungen, an Transportmitteln und Infrastruktur erlaubt jedoch bis heute keinen Produktionsaufschwung und verschärft im allgemeinen die ungelösten sozialen Probleme.

*Ein Pumakind.*

Wie sehr ein großer Teil der neuen Ansiedlungen nur durch massiven Druck von seiten des Staates bevölkert werden kann, zeigt sich am provisorischen, trostlosen Aussehen dieser Städte. Nur die wenigen Geschäftsleute bereichern sich, da die dort Lebenden aufgrund der galoppierenden Inflation gut zwei Drittel ihres Einkommens in den Lebensmittelgeschäften lassen. Für jeden wichtigen Einkauf, jeden Besuch bei einem medizinischen Spezialisten sind die Bewohner Patagoniens auf Buenos Aires angewiesen. »Gott ist überall, aber er empfängt nur in Buenos Aires«. Diese argentinische Redensart spiegelt die patagonische Wirklichkeit wider.

Der Großgrundbesitz ist eine tatsächlich existierende, von Reformen wenig berührte Realität. Ein Mittelstand, den es im übrigen Argentinien ebensowenig gibt wie ein Bürgertum im europäischen Sinn, wird auch in Zukunft schwer zu schaffen sein, solange nicht einmal Beamte bereit sind, sich in Patagonien niederzulassen.

Auch Juan Domingo Perón (1895–1974) konnte mit seinen Experimenten an den patagonischen Besitzverhältnissen nichts verändern, obwohl er in seinen Reformbemühungen vom Volk unterstützt wurde, da er der erste Reformer war, und obwohl sein irrationaler Nationalismus stark faschistische Züge trug.

Nachdem die Zeiten der Goldsuche und der Pelztierjagd vorüber, die Möglichkeiten der Schafzucht begrenzt sind, wonach könnte sich nun die Wirtschaft Patagoniens ausrichten? Abgesehen von den Bodenschätzen, deren Gewinnträchtigkeit von der Absatzlage auf dem Weltmarkt abhängt, und der Fischerei könnte der Tourismus einen wertvollen Beitrag leisten, denn das Potential der landschaftlichen Schönheiten ist enorm. Die für einen intelligenten Tourismus notwendige Infrastruktur wäre auch für die einheimische Bevölkerung von Nutzen und würde vielen Initiativen Auftrieb geben. Das sind historische Entwicklungen, die wir selbst miterleben und die wir versuchen sollten zu verstehen; denn auch als Reisende können wir Einfluß nehmen auf den Lauf der Dinge.

# Ortsnamen entstehen und vergehen

In der kurzen Zeitspanne von nur einem Jahrhundert hat sich die Landkarte Patagoniens in wechselvollem Auf und Ab mit zahlreichen Ortsnamen gefüllt, von denen viele genauso schnell wieder verschwanden, wie sie aufgetaucht waren.

Wie bei archäologischen Ausgrabungen kann man verschiedene historische Ebenen unterscheiden, fast eine Art Stratifikation von Ortsnamen, die nur noch auf alten Landkarten oder in der mündlichen Überlieferung existieren.

Die ersten Ortsbezeichnungen stammen von den Araukanern und Tehuelche. Es sind nur sehr wenige und wir werden nie wissen, ob es die einzigen waren oder ob alle Namen in Vergessenheit geraten sind, weil die nomadisierenden Indios keine Schrift besaßen. Der Berg, der heute Fitz Roy genannt wird, hieß *Chaltél* oder *Chaltén,* und die eine oder andere Erhebung, die den Indios bei ihren jährlichen Wanderungen zwischen Atlantik und Kordillere als Anhaltspunkt und Orientierungshilfe diente, trug wohl auch einen Namen. Die wenigen uns heute noch bekannten Ortsbezeichnungen waren mit dem täglichen Leben der Indios verbunden.

So bezeichnete der Wortstamm *aike* ganz allgemein einen Ort; mit einer Vorsilbe gaben sie dem Ort eine präzisere Bedeutung: zum Beispiel bedeutet *cach-aike* »Ort, wo man kaltes Fleisch ißt«. Andere in Ortsnamen enthaltene Bezeichnungen sind *chonke* = Indio und *tsonke* = Dorf. Sprachreste der Tehuelche kann man in vielen Familiennamen entdecken (Kopelke, Peskan, Sacamate, Pokon usw.). Aus dem *mapuche,* der Sprache der Araukaner, stammen die Wörter *tehuel* = Süden und *che* = Menschen. Auch der Ausdruck *paine,* mit dem ein Bergmassiv bezeichnet wird, könnte aus der Mapuche-Sprache kommen, in der *paine* blaue oder hellblaue Farbe bedeutete.

Die Verwendung des Wortes *che* könnte jedoch seinen Ursprung im Norden haben, in der Quechua-Sprache. Interessant ist auch, daß man in der argentinischen Umgangssprache neben dem *vos* auch *che* anstelle des *tu,* des eigentlichen »du« benützt und daß die Argentinier aus diesem Grund von den anderen Lateinamerikanern die *Che* genannt werden.

Möglicherweise kann man einen Quechua-Einfluß in der weitverbreiteten Bezeichnung *tapera* = Ruine nachweisen, von *ta* = Dorf und *puera* = verfallen. Auch das Wort *Anden* stammt aus dem Quechua, obwohl noch nicht sicher ist, ob es von *ante* = Kupfer oder von *inti* = Sonne kommt.

Diese antiken Bezeichnungen wurden oft durch neue ersetzt, die von Forschungsreisenden und Geographen erfunden wurden und vor allem von den Kommissionen zur Festlegung der Grenze zwischen Chile und Argentinien. So wurde der *Chelenko,* auf der spanischen Landkarte von 1775 von Carlo Moyano, in *Lago Buenos Aires* umgetauft; auch der ursprüngliche Name des Rio Baker – *Caucaos Brados* – verschwand. Aus der Zeit zu Beginn des 19. Jahrhunderts stammen ebenfalls sehr viele Bezeichnungen, die an die Helden der Unabhängigkeitskriege erinnern und an die Führer der verschiedenen Fraktionen in den Bürgerkriegen.

Dann begann die Zeit der Besiedlung Patagoniens durch die Pioniere. Die von ihnen verwendeten Namen greifen oft indianische Traditio-

*Namenloser Gipfel im Südlichen Patagonischen Eis.*

nen auf, besonders dort, wo diese indianischen Namen einen Bezug zur umgebenden Natur haben. Oft drücken sie aber auch ihre einfachen Hoffnungen aus oder erinnern an besondere Ereignisse.

Typisch für die Zeit der Kolonialisierung Patagoniens ist zum Beispiel der Name *Nacimiento* = Geburt, Entstehung; er ersetzte den Tehuelche-Ausdruck *Pari-aike* und wurde später seinerseits von den lokalen Behörden in *Perito Moreno* umgewandelt. Oder die malerische Bezeichnung *Cañadon León*, von den Kolonisten 1922 einem kleinen Ort zugedacht – heute noch kann man an der Hauswand mancher Schenke diesen Namen lesen – und im Jahr 1953 offiziell in *Gobernador Gregores* geändert.

Diese Namensänderung versteht man, wenn man weiß, daß die Siedler die ersten Namen den spontan entstandenen Anhäufungen von einigen Hütten gaben, die erst sehr viel später die notwendigen öffentlichen Einrichtungen erhielten und als Ortschaft anerkannt wurden. Mit der Anerkennung erhielten sie meist auch einen neuen Namen. Während im argentinischen Teil Patagoniens die Gründung und Namensgebung von Ortschaften sich hauptsächlich in den 40er und 50er Jahren abspielte, fand sie im chilenischen Gebiet eher in den frühen 70er Jahren statt.

Unverändert blieben meist die Bezeichnungen sehr isoliert liegender Örtlichkeiten, die manchmal abenteuerlichen Bezeichnungen der Estancias und andere, meist von den Indios stammende Namen, die von den Siedlern übernommen worden waren und deren Abstammung mit der Zeit niemandem mehr bekannt war.

Einige dieser Namen sind höchst eindrucksvoll, obwohl oder vielleicht gerade weil sie sehr einfach sind; durch das nachgestellte Adjektiv wird die bezeichnete Eigenschaft noch deutlicher und intensiver.

*Chorillo malo* = schlimmer Bach
*Mata grande* = großer Busch
*Mata amarilla* = gelber Busch
*Rio manso* = ruhiger Fluß

Von den Tehuelche übernahm man auch die Bezeichnung für den heutigen Ort Los Antiguos; dorthin führten die Indios ihre alten Stammesgenossen, damit sie ihren Lebensabend in diesem milden Klima beschließen konnten.

Der Glaube an eine bessere Zukunft, den die ersten Siedler hegten, drückt sich auch in den Namen der Estancias, Läden und Kneipen aus, wie »La Moderna«, »El Porvenir« (Die Zukunft), »La Selecta« (Die Auserwählte) und sogar »La Rápida« (Die Schnelle), in einem Land, in dem niemand Eile hat. Von den Siedlern, den *pobladores*, wie sie oft genannt werden, stammen auch Bezeichnungen wie *cancha* = flaches, für Pferderennen geeignetes Land, in der Zusammensetzung *cancha carrera* = Land für Wettrennen oder *cancha rayada* = gestreiftes Land. Weitverbreitet ist auch der Name *toldería* = Lager, von *toldo* = Zelt der Tehuelche.

Im allgemeinen kann man sagen, daß das in Chile gesprochene Spanisch reiner ist als das argentinische. In Argentinien ist besonders deutlich zu erkennen, mit welcher Leichtigkeit die spanische Sprache Fremdwörter aufnimmt und mittels phonetischer Angleichung integriert. Dagegen sind Reste der alten spanischen Sprache schwer auszumachen; sie leben vor allem in den spärlich besiedelten Gebieten mit geringen Kommunikationsmöglichkeiten weiter.

Alle diese kleinen Unterschiede in der geschriebenen und gesprochenen Sprache bestehen natürlich auch in Patagonien. Es gibt jedoch idiomatische Ausdrücke, die für Patagonien typisch sind und durch die sich ein Patagonier verrät: zum Beispiel »de a pié« und »de a caballo« an Stelle von »a pié« und »a caballo« (zu Fuß, zu Pferd) oder der Ausdruck »puro ... no más« statt »puro« (nur; *puro cerro no más* = nur Berge).

Diese Beobachtungen kann jeder Reisende machen; er wird auch bemerken, wie sehr noch der Gebrauch der alten Maßeinheiten aus der Kolonialzeit erhalten ist. Die gebräuchlichste Einheit ist die Meile; eine *legua* entspricht ungefähr fünf Kilometer, und das ist genau die Distanz, die von einem Menschen zu Pferd in einer Stunde zurückgelegt wird.

Es gibt noch weitere interessante Bereiche der Namensgebung, denn bis jetzt haben wir die Fjorde und die Berge außer acht gelassen, die ja für die Siedler und für die Indios gleichermaßen uninteressant waren. Dafür haben sich nun die Seeleute und die Bergsteiger interessiert. Und beide mit dem gleichen Ehrgeiz und dem gleichen Recht: dem Recht des Entdeckers, des ersten, der das Wasser mit einem Boot befährt, des ersten, der seinen Fuß auf einen Gipfel setzt. Dieses aus uralten Zeiten stammende Recht versuchten die staatlichen Stellen der geographischen Nomenklatur den Entdeckern streitig zu machen – mit geringem Erfolg. Man muß jedoch zugeben, daß manchmal auch Mißbrauch getrieben wurde. Neben vielen verdienstvollen Persönlichkeiten, die zu Recht in einer Ortsbezeichnung verewigt werden, gab es auch andere, die Bezeichnungen erfanden ohne Rücksicht auf bereits bestehende Namen oder ohne sich um die real existierenden Verhältnisse zu kümmern. So ist es nicht verwunderlich, daß man in Büchern für einen und denselben Gletscher oder Berg oft mehrere Bezeichnungen findet.

Andererseits haben natürlich ähnliche morphologische Formen zu unbeabsichtigter Namensgleichheit geführt. Sowohl in den Hauptanden als auch in den Patagonischen Anden gibt es mehrere *Mellizos* (Zwillinge), zwei *Cerro Cristál* (Kristallgipfel), viele *Cerro Pirámide,* zu viele *Centinela, Colorado, Bonete, Cóndor, Catedrál, Castillo, Mocho, Tronco, Blanco.* Diese Namen sind hier aufgeführt, damit es niemandem mehr einfällt, sie noch einmal zu benützen, und sei es auch nur aus purem Respekt den Einheimischen gegenüber oder um der Einzigartigkeit willen.

Berge ohne Namen gibt es noch zahlreiche in den Südlichen Patagonischen Anden, und mit fortschreitender Entwicklung des Alpinismus werden sie vielleicht alle einen Namen erhalten. Sicher sind diese Gipfel nur für die Bergsteiger von Interesse, aber man sollte eigentlich jede Bezeichnung den zuständigen kartographischen Behörden der beiden Länder melden. Und man sollte sich bemühen, passende Bezeichnungen zu finden, die dem Land und der Natur gerecht werden, auch wenn das nicht immer ganz einfach ist.

*Eisbruch des Gletschers von Piedras Blancas.*

## Kleines Lexikon landwirtschaftlicher Ausdrücke

*alambrado* = Drahtzaun
*alambre* = Draht
*angostura* = Enge
*apacheta* = Steinmann (Ketschua)
*arroyo* = Bach, Wildbach
*asado* = Grillfleisch

*balsa* = Fähre, Floß
*barranca* = steile Böschung
*boliche* = kleine Gastwirtschaft
*bombilla* = Trinkhalm für Mate
*bombachas* = Pluderhose

*caballo* = Pferd
*cancha* = für Pferderennen geeignetes Land
*cañadon* = Schlucht, enges, tiefes Flußbett
*capón* = Hammel
*cauce* = Flußbett
*cerro* = Berg, Gipfel
*chacra* = kleines Besitztum mit Feld und einfachem Wohnhaus
*chorrillo* = Bach, Wildbach
*churrasco* = gegrillte Koteletts
*cordón* = Bergkette
*corrál* = Viehkoppel
*cumbre* = Gipfel
*cueva* = Höhle

*esquila* = Schafschur
*esquina* = Ecke eines Gebäudes
*estancia* = Farm
*estero* = Niederung, Sumpfland

*fardo* = Ballen mit Rohwolle

*ganado* = Vieh
*gaucho* = Viehhirte zu Pferd (Argentinien)
*guapo* = tapferer Mensch
*guaso* = Viehhirte zu Pferd (Chile)

*hacienda* = Vieh

*ladera* = Seite
*león* = Puma
*loma* = Rücken, Bergrücken

*mallín* = sumpfiges Grasland
*manantiál* = Quelle
*mate* = Gefäß, im engeren Sinn: Tee aus Mateblättern
*matorrál* = brachliegendes, mit Buschwerk bewachsenes Land
*meseta* = Tafelland, Hochebene
*mogote* = dichtes Pflanzenkissen
*monte* = waldreiche Erhebung, Wald
*morro* = Berg, Bergspitze

*oveja* = Schaf

*pasto* = Weide
*palenque* = kräftiger Stock, um ein Tier anzubinden
*peón* = Tagelöhner auf einer Estancia
*picada* = von Hirten geschaffener Durchgang, im engeren Sinn: Weg
*pilcha* = Last für ein Pferd, oft: persönliche Habe des Gaucho
*pilchero* = Lastpferd
*pirca* = Steinmäuerchen (Ketschua)
*potro* = Fohlen
*portillo, portezuelo* = Pass, Einsattelung, Übergang

*quebrada* = enges, tiefes Tal, Talmulde

*rastro* = Spur, Abdruck
*rebaño* = Herde
*rincón* = Ecke
*rodeo* = zusammengetriebenes Vieh; in Chile ländliches Fest

*senda* = Pfad
*sierra* = Erhebung von geringerer Bedeutung als die Kordillere

*tranquera* = grobes Gatter oder Tor der Viehweide
*tropilla* = Pferdeherde

*vado* = Furt
*vega* = Lichtung

# Menschen und Berge

Es gibt neben der Geschichte Patagoniens eine zweite, parallele Geschichte, die für das Land von fundamentaler Bedeutung war, auch wenn sie in keinem direkten Zusammenhang mit der Besiedlung stand. Im Gegenteil, sie hat mit Nomaden im wahrsten Sinne des Wortes zu tun: Es ist die Geschichte der Erforschung und Besteigung der Anden, des Andinismus, die fast ein Jahrhundert lang ihren besonderen Zauber und den Geschmack von Abenteuer bewahrt hat.

Natürlich waren die Beweggründe dieser Nomaden, die zur Erforschung der Anden aufbrachen, sehr unterschiedlich, denn auch sie selbst kamen aus den unterschiedlichsten Kreisen. Es waren Angehörige des Militärs darunter, berufsmäßige Geographen und Naturforscher, Flieger, Missionare und einfache Bergsteiger. Mit der Zeit blieben die Bergsteiger die Nomaden, die in den Südlichen Patagonischen Anden am meisten vertreten waren.

Für die Seefahrer, die im vergangenen Jahrhundert aus strategischen oder wirtschaftlichen Gründen die Wasserstraßen des Pazifik erkundeten, waren die Berge nur von zweitrangiger Bedeutung. Sie nahmen von ihnen Notiz als einer »*cadena de altas montañas nevadas*«, einer »Kette von hohen, schneebedeckten Bergen«. Nur wenn unter den Passagieren ein Bergsteiger war, wie zum Beispiel Sir Martin Conway, der 1897 von Valparaiso nach Punta Arenas fuhr, machte man sich Gedanken, wie man von den Fjorden aus in die Berge gelangen konnte.

Der eigentliche Impuls zur geographischen Erkundung des noch unbekannten Andengebiets entstand durch ein politisches Problem zwischen Chile und Argentinien.

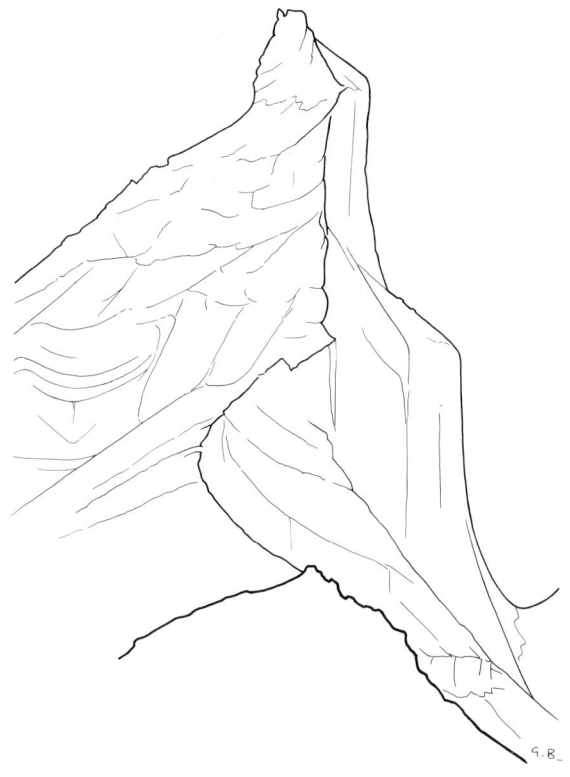

Chile hatte im Laufe der Jahrhunderte verschiedene Gebiete verloren, die schließlich Argentinien angegliedert worden waren, wie zum Beispiel die großen Regionen Tucumán im Jahr 1563 und Cuyo 1776. Nach den Unabhängigkeitskriegen mußte die Grenze zwischen Chile und Argentinien endgültig festgelegt werden. Deshalb schloß man 1881 einen Vertrag, der unter der Bezeichnung »*Tratado de los limites*«, Grenzvertrag, bekannt wurde. Darin wurde als Grenzlinie die Linie betrachtet, die »über die höchsten, das Wasser scheidenden Gipfel der Kordillere geht«.

Diese Definition war zwar hilfreich, um die Grenzlinie in den Hauptanden festzulegen, in den Patagonischen Anden jedoch ergaben sich Probleme, denn nicht immer waren die höchsten Gipfel auch mit der ozeanischen Wasserscheide identisch. Die chilenische Regierung räumte dem Prinzip der Wasserscheide Priorität ein, die argentinische Regierung dem der Höhe.

Der Vertrag hatte Chile bereits einige Gebiete in Ostpatagonien und südlich des Rio Negro gekostet, die seit langem von den Araukanern besetzt waren. Es wollte daher auf keinen einzigen Meter mehr verzichten. Als die Regierungen nun dieses Problem lösen sollten, mußten sie sich mit Gebieten auseinandersetzen, die gänzlich unbekannt waren; niemand wußte, wie es eigentlich im Inneren der Südlichen Patagonischen Anden aussah.

Bis dahin waren die großen Seen am Fuße der argentinischen Berggipfel und im Paine entdeckt worden:

| | | |
|---|---|---|
| 1867 | Lago Argentino | von H. G. Gardner |
| 1877 | Benennung Lago Argentino | von Perito Moreno |
| 1877 | Lago San Martín | von Perito Moreno |
| 1881 | Lago Buenos Aires | von Carlo Moyano |
| 1883 | Lago Toro, Lago Grey | von Carlo Moyano |
| 1896 | Lago Dickson | von Otto Nordenskjöld |

Von den Bergen waren jedoch nur die Gletscherzungen bekannt, die vom Südlichen Patagonischen Eis herunterreichten. Die Gipfel und die Eisflächen selbst trugen weiter die Aufschrift »inexplorado«, unerforscht.

Beide Länder setzten eine »Grenzkommission« ein mit Geographen und Naturforschern, die in den letzten beiden Jahrzehnten des 19. Jahrhunderts die ersten systematischen und gründlichen Erforschungen der Gebiete vornahmen und, wo es möglich war, auch in das Innere der Andenkette eindrangen. Die Kommissionen entdeckten, daß die Südlichen Patagonischen Anden keine zusammenhängende Kordillere waren, sondern einzelne Bergketten mit Quertälern, in denen die Flüsse in entgegengesetzter Richtung abliefen, und daß es schwierig, wenn nicht gar unmöglich sein würde, die Grenzlinie nach dem Vertrag von 1881 zu bestimmen. Die Situation schien auswegslos, so daß man König Edward VII. von England zum Schiedsrichter ernannte. Er entschied 1902 kurzerhand, die Seen Buenos Aires, Pueyrredon und San Martín in der Mitte zu teilen – die Chilenen gaben daraufhin ihrer »Hälfte« jeweils einen anderen Namen – und die Grenze auf den Gipfeln des San Lorenzo, des Fitz Roy und in der Nähe des Monte Stokes verlaufen zu lassen. Man wußte damals jedoch noch nichts über die beiden Eisflächen, so daß mit fortschreitenden Erforschungen und Erkenntnissen der Disput wieder aufflammte.

Noch heute stimmen die Landkarten der beiden Länder nicht in allen Zonen überein, wodurch leider immer die Möglichkeit für Streitereien und Grenzkonflikte gegeben ist, vor allem im Gebiet um den Monte Stokes, den Fitz Roy und den San-Martín-See.

Auch aus diesem Grund finden sich in der wissenschaftlichen und in der alpinistischen Literatur oft die Begriffe *divortium aquarum* oder *glaciarum* oder auch *divisoria de las aguas*, denn die Lage der Wasserscheide nahm ganz offensichtlich einen Stellenwert ein, der weit über die eigentliche Bedeutung des Wortes hinausging. Vor allem dann, wenn man bedenkt, daß in einem Gebiet mit großen Gletschern ein *divortium glaciarum*, eine »Eisscheide«, sich mit der Zeit verlagern kann und ihre Position somit immer ungewiß ist.

Zweifellos hat es in geologisch jüngster Zeit auch eine Verlagerung der Wasserscheide gegeben, die sowohl mit der Senkung der pazifischen Küste als auch mit dem Rückzug der großen Gletscher verbunden war. In mehreren Fällen wird die Wasserscheide in den Südlichen Patagonischen Anden von einem niederen Moränenstreifen gebildet und nicht von den majestäti-

*Namenloser Gipfel im Nördlichen Patagonischen Eis.*

schen Berggipfeln. Die Vergänglichkeit so mancher Situation wird durch einen bereits historisch gewordenen Eingriff belegt, der auf Anregung der argentinischen Kommission durchgeführt wurde: Es genügte, eine Flußwindung in der Moräne in der Nähe des heutigen Perito Moreno zu teilen, um die Wasserscheide nach Westen zu verlagern. Diese Korrektur brachte Argentinien einen Teil des Buenos-Aires-Sees ein.

Seit Beginn des 20. Jahrhunderts waren es meist Bergsteiger, die das Gebiet der Südpatagonischen Anden erforschten. Bis zu den siebziger Jahren gab es in zwei verschiedenen Perioden vier Persönlichkeiten, die den Alpinismus in Patagonien entscheidend beeinflußt haben. Auch wenn ihre alpinistischen Konzepte nicht übereinstimmen – obwohl sie sich kannten, haben weder Friedrich Reichert und Pater De Agostini noch Luis Fonrouge und Casimiro Ferrari jemals Kontakte zueinander unterhalten –, ergibt sich aus den Biographien dieser vier Männer doch ein ziemlich wahrheitsgetreues Abbild der Entwicklung des Alpinismus in Patagonien. Neben ihnen und den unzähligen Bergsteigern, die ihre Tätigkeit einzelnen Gipfeln widmeten und die im zweiten Teil des Buches noch einzeln er-

*Der Fitz Roy von Osten.*

wähnt werden, seien hier noch die Brüder Jorge und Pedro Skvarča genannt; sie sind slowenischen Ursprungs und leben in Buenos Aires. Ingenieur der Elektrotechnik der eine, Ingenieur der Geophysik und zur Zeit Leiter des Argentinischen Antarktis-Instituts der andere, haben sie in den letzten zwanzig Jahren die alpinistische Forschung und Erkundung wichtiger, noch unbekannter Gipfel gefördert und vorangetrieben. Im Bereich des Südlichen Patagonischen Eises sind ihnen die Erstbesteigungen von 27 Bergen gelungen, und wenn man bedenkt, daß nicht alle Besteigungen beim ersten Versuch schon von Erfolg gekrönt sind, sieht man, wie intensiv und zäh beide ihr Ziel verfolgen.

Was das internationale Echo auf die großen patagonischen Unternehmungen betrifft, ist die Erstbesteigung des Fitz Roy im Jahr 1952 erwähnenswert; zu jenem Zeitpunkt galt der Fitz Roy als der technisch schwierigste Gipfel, der in einer außereuropäischen Expedition erstiegen worden war. Auch der Cerro Torre rückte später ins Licht der Weltöffentlichkeit, aber davon soll in einem anderen Kapitel die Rede sein.

Die Überquerungen des Südlichen Patagonischen Eises durch Tilman und Shipton in den Jahren 1957 und 1960 erregten ebenfalls großes Aufsehen. Eric Shipton, ein Weltenbummler, hatte zu Patagonien eine besondere Zuneigung gefaßt, so daß er immer wieder zurückkehrte.

Im allgemeinen waren die argentinischen Bergsteiger die ausdauerndsten Besucher der Südlichen Patagonischen Anden, besonders die Mitglieder des Club Andino von Bariloche. Die chilenischen Bergsteiger zeichneten sich dagegen mehr durch die Überquerungen des Patagonischen Eises aus. Unter den Ausländern sind bis in die achtziger Jahre die Italiener, Engländer und Neuseeländer am aktivsten gewesen.

Gegen Ende der siebziger Jahre nahm der Alpinismus in Patagonien rasch die Formen an, die man auch anderswo antrifft, wobei den großen technischen Problemen immer Priorität eingeräumt wird. Dieser letzten Entwicklung sind noch einige eigene Betrachtungen gewidmet.

# Friedrich Reichert (1878–1953)

Im Elsaß geboren, folgte er nach seinem Chemiestudium im Jahre 1904 einem Ruf an die Universität von Buenos Aires.

Trotz seiner Jugend war er bereits ein erfahrener Bergsteiger. Im Jahr 1903 hatte er an der deutschen Kaukasusexpedition teilgenommen, in deren Verlauf ihm die Erstbesteigung des Uschba-Gipfels (4710 m) gelang, die zuvor vergebens versucht worden war, und die Besteigung des Dschangi-Tau und des Schheldy-Tau.

Einer der Teilnehmer der Expedition und Gefährte beim Sturm auf die Gipfel war der Schweizer Robert Helbling. Reichert hatte ihn 1902 kennengelernt, während einer seiner geliebten Skitouren von der Panossière-Hütte nach Zermatt.

In Argentinien fand Reichert ein für den Alpinismus noch völlig neues Gebiet vor. Zuerst erkundete er die Zentralanden, meist in Gesellschaft von Helbling, der 1905 ebenfalls nach Ar-

*Im Herzen des Nördlichen Patagonischen Eises.*

gentinien gekommen war und bis 1912 in Salta als Bergbauingenieur arbeitete. In jenen Jahren mußte man erst mühsam nach jedem Zugang suchen, und jeder Aufstieg kam – wie übrigens in manchen Fällen auch heute noch – einer regelrechten Expedition gleich. So bestieg er den Socompa (6080 m), den Tolosa (5432 m), den Catedrál (5310 m), den Plomo (5430 m), den Tupungato (6650 m) und den Juncál (6110 m).

Im Jahre 1910 baute er für sich und seine Familie einen Wohnsitz beim Todos-Los-Santos-See, unterhalb des Tronador, am Rande der Südlichen Patagonischen Anden. Dorthin wollte er sich nach seinem Ausscheiden aus der Universität zurückziehen. Im selben Jahr wurde er jedoch nach Comodoro Rivadavia geschickt, um die lokalen Erdölvorkommen zu studieren, und sofort war er vom Zauber der südpatagonischen Landschaft gefangen.

Im Sommer 1913/14 unternahm er mit dem Botaniker Cristobal Hicken einen ersten Erkundungsgang auf das Südliche Patagonische Eis. Sie brachen zu Pferd von Santa Cruz an der Atlantikküste auf und erreichten den Lago Argentino fast einen Monat später. Mit einem Boot überquerten sie den See bis zum Canál Témpanos und kamen zu einem Sattel, der heute Paso Reichert – Reichertpaß – heißt, am *divortium glaciarum*, der Eisscheide am Vorsprung des Moreno-Gletschers.

Er regte auch die zweite Expedition zum Südlichen Patagonischen Eis an und übertrug die Leitung dem schweizstämmigen, 1891 in Buenos Aires geborenen Alfredo Kölliker.

Im Sommer 1932/33 machte er sich zum San-Martín-See auf; er wollte den Bereich nördlich des Gebietes erforschen, das er in der Expedition mit Kölliker besucht hatte. Nach dem Aufstieg über den O'Higgins-Gletscher kam er bis in Sichtweite des Seno Eyre.

Inzwischen war er jedoch einem anderen Berg begegnet, der ihn in besonderem Maße beeindruckt hatte: dem San Valentín, dem höchsten Gipfel Patagoniens, einem Berg von ausgesprochener Himalaja-Großartigkeit. 1921 hatte er ihn entdeckt, und nun erforschte er in verschiedenen Expeditionen die einzelnen möglichen Zugänge vom Pazifik oder vom Buenos-Aires-See aus. In der letzten Expedition kam er bis zum Sattel auf der Wasserscheide, aber wieder einmal zwang ihn das schlechte Wetter nur wenige hundert Meter vom Gipfel entfernt zur Umkehr.

Man schrieb das Jahr 1940. Vier Jahre zuvor hatte er sich von der Universität zurückgezogen, wo er Dozent an der landwirtschaftlichen veterinärmedizinischen Fakultät gewesen war. Er hatte die Ehrendoktorwürde erhalten und widmete sich nun in seinem abgelegenen Wohnsitz am Todos-Los-Santos-See seinen Studien und seinen Memoiren. Aber immer noch brach er mit seinen ehemaligen Studenten zu weiten Touren auf.

Unter den vielen von ihm erforschten und bezwungenen Bergen gab es zwei, die ihm besonders ans Herz gewachsen waren. Das war der San Valentín, über den er zahlreiche wichtige Informationen lieferte, den er mehrmals versuchte und dessen Gipfel er mehrmals greifbar nahe vor sich hatte, den er jedoch nie erreichte. Der San Valentín sollte auch erst im Jahr 1952 erstiegen werden, ein Jahr vor Reicherts Tod. Der zweite Berg war der Tronador. Reichert hatte dessen tatsächliche geologische Beschaffenheit erkannt – er ist kein Vulkan – und seit 1919 mehrere Male einen Angriff versucht, ehe ihm im Jahr 1942 die Begehung des Ostgipfels gelang. Es war der letzte große Gipfel in seinem Leben.

In der Geschichte des argentinischen Andinismus wird Friedrich (»Federico«) Reichert als der Vater der Bergsteigerei betrachtet. Von herzlicher, offener Art, immer optimistisch, verstand er es, seine Begeisterung den anderen mitzuteilen, auch durch seine Schriften und Vorträge. Mit Zeitungsartikeln, Büchern und Vorträ-

*Weite.* △

*Versteinerte Explosion.* ▽

*Sturm über dem Spukschloß (Cerro Castillo).*   *Die Türme des Paine von Nordosten. Foto Elio Orlandi.* ▷

*Folgende Abbildungen:*

*Links oben: Rückzug durch die Supercanaleta.*
*Links unten: Das überzuckerte Dreigestirn (Guillaumet, Mermoz, Fitz Roy).*
*Rechts: Linien aus Wolken und Eis (San Lorenzo).*

gen finanzierte er seine Expeditionen und zahlte die finanziellen Beiträge zurück, die er von verschiedenen wissenschaftlichen Instituten erhalten hatte und die nicht alle als Zuschuß gegeben waren. Seine Ausrüstung besorgte er sich persönlich in Europa, besonders die Skier, deren Nützlichkeit in den Anden er sofort erkannt hatte.

Seine Erinnerungen, »Auf Berges- und Lebenshöhe«, wurden 1946 in Buenos Aires veröffentlicht und erschienen 1967 in Buenos Aires auch in spanischer Sprache. Seine acht patagonischen Expeditionen nehmen darin einen besonderen Platz ein.

Wer ihn persönlich kannte, beschreibt ihn als einen mitreißenden Menschen voller Begeisterung, ausdauernd und entschlossen im Berufsleben und als Bergsteiger, immer großzügig und verständnisbereit. Eine starke, unternehmerische Persönlichkeit, aber auch ein ausgeglichener und heiterer Charakter, mit einer allumfassenden Liebe zur Natur, einer Liebe, in der er seine wissenschaftlichen Interessen und seine große Leidenschaft für die Berge mit der unwiderstehlichen Lockung Patagoniens vereinen konnte.

*Vorhergehende Abbildungen:*
*Links oben: Der Cerro Piergiorgio.*
*Links unten: San Lorenzo Cumbre Sur.*
*Rechts: Das West-Couloir (Supercanaleta) des Fitz Roy.*

◁ *Der Fitz Roy mit seinen südlichen Satelliten und der klaren Laguna Sucia.*

▽ *Begegnung von Bäumen und Gletschern (Glaciar Perito Moreno).*

*Cerro Ilse von der Gorra Blanca aus. Im Hintergrund links der Cordón GAEA, rechts der Cerro O'Higgins.*

# Alberto Maria De Agostini (1883–1960)

Jeder Liebhaber Patagoniens kennt die geographischen Werke des Salesianerpaters Alberto Maria De Agostini, der fast fünfzig Jahre in Feuerland und in Patagonien gelebt hat. Das bedeutendste seiner Werke, »Ande Patagoniche«, 1941 in spanischer Sprache* und 1949 in italienischer Sprache erschienen und heute schwer auffindbar, hat mit seinen Erzählungen, Fotografien und Landkarten viele Leser veranlaßt, sich für diese entfernten Länder zu begeistern.

Wer war Pater De Agostini? Informationen über seine Person sind schwer zu erhalten; die wenigen über ihn veröffentlichten Schriften kommen einer Heiligenlegende sehr nahe, und die Erinnerungen derjeniger, die ihn noch kannten, verblassen mit der Zeit.

Er wurde in Pollone in der Nähe von Biella in Norditalien geboren. Noch ehe er zum Priester geweiht und als Salesianermissionar nach Punta Arenas geschickt wurde, hatte er seine Neigungen für die Berge und die Fotografie bekundet; erstere führte ihn zu seinen Wanderungen und Besteigungen im Monte-Rosa-Massiv, letztere dagegen veranlaßte ihn, im Kielwasser der großen Vorläufer der Landschaftsfotografie, Vittorio Sella und Mario Piacenza, als junger Mensch an einem Fotowettbewerb teilzunehmen, bei dem er den fünften Preis gewann.

Die Leidenschaft für das Reisen und die Fotografie mußte in seiner Familie bereits vorhanden gewesen sein, denn sein Bruder Giovanni gründete 1920 ein kartographisches Unternehmen, aus dem der bekannte Verlag De Agostini von Novara entstehen sollte.

Es bleibt jedoch eine bloße Vermutung, daß Forscherdrang Alberto Maria De Agostini dazu veranlaßt habe, die Missionstätigkeit zu ergreifen; er selbst hat die Beweggründe seiner beiden Aktivitäten, der religiösen und der wissenschaftlichen, nie bekannt gegeben.

Sicher ist, daß seine Vorgesetzten, vor allem Monsignore Fagnano, seine Begabung für wissenschaftliche Beobachtungen erkannten und schätzten und daß sie ihm deshalb soviel Zeit ließen, wie er für seine ethnographischen und geographischen Studien zusammen mit den geologischen und botanischen Auslegern benötigte.

Das neben seiner Missionstätigkeit bedeutsamste Werk ist die geographische Erkundung. Llibourty betrachtet ihn als den letzten großen Erforscher Patagoniens; mit ihm endet die Epoche der abenteuerlichen Entdeckungsfahrten zu Wasser und zu Lande, wohl auch deshalb, weil sich bald nach ihm das Luftbild und die Satellitenfotografie entwickelten, mit deren Hilfe die letzten weißen Stellen auf der Weltkarte verschwinden werden. Auch Pater De Agostini hatte Flugzeuge benützt, um seine Fotos zu schießen; aber die kleinen einmotorigen Propellerflugzeuge, mit denen er sich über die Anden schaukeln ließ, trugen noch das Abenteuer mit sich und waren ein Weltalter von den hochtechnisierten Maschinen unserer Tage entfernt.

Seine ersten Entdeckungsfahrten gingen nach Feuerland, und bereits von Anfang an stellte er sich auch alpinistische Aufgaben. 1913 bestieg er den Monte Olivia, dessen kühne Silhouette die Stadt Ushuaia beherrscht. Er war fasziniert vom

---

*Andes patagonicos* erschien 1941 in Buenos Aires in Erstauflage im Selbstverlag und 1945 in erweiterter Zweitauflage.

*Der San Lorenzo vom gleichnamigen Puesto aus gesehen.*

Monte Sarmiento, der bis in die letzten Lebensjahre sein nie aufgegebener Jugendtraum blieb.

Pater De Agostini bereitete seine Expeditionen in Italien vor. Bei den Fahrten nach Feuerland in den Sommern 1912/13 und 1913/14 ließ er sich von dem Geologen Giovanni De Gasperi und den tüchtigen Bergführern aus Val D'Aosta, Abele und Agostino Pession, begleiten. Dann beschäftigte er sich fünfzehn Jahre lang fast ausschließlich mit seiner Missionstätigkeit und mit seinen ethnographischen Studien.

Im Jahr 1928 tauchte er von neuem auf, und von nun an widmete er sich mit Feuereifer den Südlichen Patagonischen Anden, wobei er auch Nordpatagonien und die Gebiete um den Lanín und Bariloche besuchte.

1928 erkundete er den Upsala-Gletscher, 1929 das Paine-Massiv. Im Sommer 1930/31 beging er mit dem Geologen Egidio Feruglio und den Führern Evaristo Croux und Leone Bron das Patagonische Eis zwischen dem Lago Argentino und dem Falcón-Fjord. Obwohl ihr Hauptziel die Fotografie und das Anfertigen von Karten war, gelang es ihnen, den Cerro Mayo zu besteigen und bis zum Monte Torino vorzudringen, von dem aus es möglicherweise einen Abstieg vom Patagonischen Eis bis zum Falcón-Fjord gibt.

Mit dem Führer Mario Derriard erkundete er das Gebiet des Cordón Mascarello und des Seno Moyano und bestieg schließlich den Cerro Electrico im Fitz-Roy-Massiv.

Im Sommer 1935/36 kehrte Pater De Agostini in Gesellschaft der Führer Giuseppe Pellissier und Luigi Carrel in das Tal des Rio Electrico zurück, das er bereits 1931 entdeckt hatte. Ein großer Felsblock, »*piedra del fraile*«, »Fels des Paters« genannt, in der Mitte des Tals, wo die letzten Ausläufer des Waldes noch Zuflucht vor dem Wind finden und wo seitdem zahlreiche

Expeditionen ihr Basislager aufgeschlagen haben, erinnert an den Aufenthalt des Paters. Das schlechte Wetter erlaubte ihm die geplanten Begehungen der Gorra Blanca und des Cerro Cagliero nicht. Er bestieg die Loma Blanca und benannte verschiedene Gipfel; dem Cordón Marconi gab er den Namen des damaligen Präsidenten der Regia Accademia d'Italia, der Königlichen Akademie Italiens, der zugleich dieser Expedition geholfen hatte.

Später verlegte er seine systematisch durchgeführten Entdeckungsreisen weiter nördlich. 1937 besuchte er den San-Martín-See und entdeckte einen Berg, der seine Bergsteigerkarriere krönen sollte: den San Lorenzo. In den Jahren 1940, 1941 und 1942 erkundete er das Gebiet um den Gipfel und stieß bis in das Tal des Rio Colonia am Rande des Nördlichen Patagonischen Eises vor. Dann, im Jahr 1943, gelang ihm im Alter von 60 Jahren sein größter alpinistischer Erfolg: die Erstbesteigung des San-Lorenzo-Gipfels.

Damit beendete er seine aktive Bergsteigerlaufbahn. Er stand den Italienern jedoch weiterhin mit Rat und Tat zur Seite. Sein alpinistischer Jugendtraum, der Monte Sarmiento in Feuerland, wurde 1956 von Carlo Mauri und Clemente Maffei verwirklicht; es war die letzte Expedition, die er organisiert hatte. Von da an widmete er sich in Turin der Niederschrift und Auswertung seiner Studien, bis ihn der Tod mitten aus dieser Tätigkeit riß.

Der italienische Alpinismus verdankt Pater De Agostini nicht nur seine großartigen Veröffentlichungen, die ja Interessierten aller Nationen zugänglich sind, sondern vor allem zahlreiche Hinweise und Informationen über die bedeutsamsten alpinistischen Ziele in der Bergwelt Patagoniens und Feuerlands. Auch die italienischen Versuche am Fitz Roy gehen auf seine Hinweise zurück. Ein Mißklang entstand durch seine Unterstützung der von Guido Monzino 1957/58 zum Paine entsandten Expedition, auf deren Veranlassung leider der Ausschluß sämtlicher anderer Expeditionen, einschließlich der argentinischen und chilenischen, aus dem Gebiet verfügt wurde.

Mit einiger Berechtigung wurde Pater De Agostini vorgeworfen, bei der Benennung der Berggipfel mit einem gewissen kirchlichen und patriotischen Übereifer zu Werke gegangen zu sein; es besteht die Tendenz, manche dieser Bezeichnungen nicht anzuerkennen. Aber auch die chilenischen und argentinischen Bergsteiger, die seine ideologische Überzeugung nicht teilen, erkennen doch seine großen Verdienste als Wissenschaftler und Kartograph an und somit auch die Rechte für die Benennungen, die ihm aus seinen Entdeckungen entstehen.

Er muß trotz aller Bewunderung und Hochachtung, die er während seines Lebens genoß, ein schwieriger Zeitgenosse gewesen sein, mit einem zur Zusammenarbeit nur wenig geeigneten Temperament. Vermutlich war das auch der Grund, weshalb er seine Entdeckungsreisen fast immer mit Bergführern durchführte. Andererseits gelang ihm seine schönste und wichtigste Besteigung, der San Lorenzo, nicht wie so manche andere mit Führern aus dem Val d'Aosta – in Europa tobte der Zweite Weltkrieg –, sondern mit Bergsteigern des Club Andino von Bariloche: mit dem Architekten österreichischer Abstammung Heriberto Schmoll und dem Schweizer Führer Alex Hemmi.

So ist die Erinnerung, die die Bergsteiger Patagoniens von ihm haben, vielleicht die weniger weihevolle, sicher aber die lebendigste und trotz mancher Kritik auch herzlichste Erinnerung an den italienischen Pater; denn sie können seine Liebe für dieses Land und die Berge am besten verstehen und sich mit seiner Entdeckerleidenschaft am besten identifizieren. Ein Gipfel des Cerro Catedral wurde seinem Andenken gewidmet, und der Club Andino von Bariloche machte ihn zu seinem Ehrenmitglied.

# Casimiro Ferrari (1940)

Man könnte dem großen Bergsteiger aus Lecco mit gewissem freundschaftlichem Spott die gleiche Frage stellen, die bereits Tilman an Shipton gerichtet hat: »Nachdem du jedes Jahr dort hinunterfährst, wäre es da nicht praktischer, wenn du dir eine Estancia in Patagonien kaufst, statt das ganze Geld für die zahlreichen Flüge auszugeben?«

Casimiro wüßte gewiß nicht, was er darauf antworten sollte. Eines ist jedoch sicher: Keines der Gebirgsländer, die er in seinem Leben kennengelernt hat, weder Peru noch Nepal, hat ihn

*Der Cerro Torre von Westen, die Ragni-Route.*

so fasziniert, daß er je in Betracht gezogen hätte, sich dort niederzulassen. Aber bei Patagonien?

Er wird sicher eines Tages nach Patagonien ziehen, aber nicht wegen der Berge.

Casimiro hat im Alpinismus zahlreiche Erfolge in vielen Ländern errungen. Als Bergsteiger ist er in der ganzen Welt herumgekommen. Aber alle seine Unternehmungen wurzeln tief in seiner Neigung zum einfachen Leben, in seiner Leidenschaft für die Jagd und für die Natur, die er manchmal etwas idealisiert.

Aber auch bei Casimiro schlagen, wie bei so vielen anderen Menschen, zwei Seelen in der Brust. Neben dem Träumer Casimiro gibt es den Dickkopf Casimiro, den hartnäckigen, unternehmerischen Casimiro, der einige der schwierigsten Berge der Welt bezwungen hat: den Irishanca, den Alpamayo, den Ama Dablam. Das Gleichgewicht, in dem sich seine beiden Seelen befinden, hat es ihm ermöglicht, die patagonischen Träume zu verwirklichen, in die man sich so leicht verlieren kann, ohne etwas zu erreichen. Casimiro hat erreicht: den Cerro Torre, Fitz Roy, Murallón, Cerro Norte, San Lorenzo, Riso Patrón.

Es gibt noch einen dritten Casimiro: den Eigentümer eines kleinen Handwerkbetriebes in Ballabio bei Lecco in Norditalien, der mit seiner Arbeit das Geld verdient, das er braucht, um wieder nach Patagonien fahren zu können.

Er war mehr als zehnmal dort unten, und bereits das erste Mal verliebte er sich in das Land. Damals war er mit Carlo Mauri unterwegs zum Monte Buckland in Feuerland und fuhr mit dem Auto durch die Ebenen Patagoniens zwischen Rio Gallegos und Punta Arenas. Er verfiel dem Zauber des Landes, noch ehe er die Berge Patagoniens gesehen hatte, die dann die wichtigsten Berge seines Lebens werden sollten.

Im Jahr 1969 nahm er zusammen mit Carlo Mauri an der Expedition teil, die den Cerro Torre von Westen aus versuchte. Im Sommer 1973/74 leitete er dann die siegreiche Expedition der Ragni von Lecco und erreichte mit drei Gefährten den Gipfel. Es war eigentlich nicht die Art und Weise des Bergsteigens, die er vertrat, die Risiken erschienen ihm anfangs zu groß; aber dieser Berg war ihm seit seinem ersten Versuch nicht mehr aus dem Kopf gegangen, und nach langem Zögern überzeugte er sich, daß eine Besteigung möglich sein müßte. Und wenn Casimiro einmal von etwas überzeugt ist...

Im Sommer 1975/76 bezwingt er beim ersten Versuch den Ostpfeiler des Fitz Roy. Diese Besteigung hält er für die technisch schwierigste von allen, die ihm in Patagonien geglückt sind. Als echter Sportler gibt er zu, daß die Schweizer, die vor ihm dieselbe Führe versucht hatten, bereits sehr hoch gekommen waren. Seine Gefährten geben auf, weil sie nach der langen Belagerung des Gipfels mutlos geworden sind, und ihm selbst und seinem Vetter Vittorio Meles gelingt die Besteigung nur, weil sie mit unglaublicher Zähigkeit den letzten Versuch zu Ende führten, der noch einmal ganze acht Tage gedauert hatte.

Wenn der Cerro Torre der Berg ist, der ihn am meisten gezeichnet hat, und wenn der Fitz Roy der technisch am schwierigsten zu bezwingende Berg war, dann war der Murallón der, der seine physischen und psychischen Kräfte am meisten auf die Probe gestellt hat.

Ehe er auf dem herrlichen Grat des Murallón stand, hatte er drei Reisen unternehmen müssen, um den Berg erst einmal ausfindig zu machen und einen möglichen Aufstiegsweg zu erkunden. Dann hatte die Belagerung ewig gedauert, an einem völlig einsamen Ort zwischen den Gletschern des Patagonischen Eises, ohne den Komfort eines Stützpunktes unter Bäumen oder im Trockenen. Von den anfänglich sechs Gefährten blieben nur noch zwei bei ihm. Aber er gab nicht nach, ließ sich nicht entmutigen und vollendete mit seinen beiden Gefährten die Erstbesteigung. Wenn der Murallón auch nicht die technischen Schwierigkeiten des Fitz-Roy-Pfeilers aufweist, so ist er ihm an Gesamtschwierigkeiten doch überlegen.

Es folgten Blitzbesteigungen, wenigstens für patagonische Verhältnisse. Im Jahr 1985 eine

Erstbesteigung des Cerro Norte durch die schöne und schwierige Ostwand und 1987 eine des San Lorenzo mit vollständiger Begehung des langen Ostgrates und Abstieg über den Westhang, immer mit Freunden der Ragni di Lecco und in immer kleineren Expeditionen. Im Winter 1988 bestieg er als erster den Riso Patrón.

Casimiro denkt jeden Tag wenigstens einmal an Patagonien. Seiner Meinung nach kann man Patagonien niemandem beschreiben, weder in Worten, noch in Bildern. Er liest weiter die Bücher von De Agostini, den er erst schätzt, seit er Patagonien kennt.

Nur wer dort gewesen ist, versteht etwas von einem Gefühl, an dem die Berge eigentlich nur unwesentlich beteiligt sind.

Er gibt zu, daß er oft, wenn er den lang umkämpften Gipfel eines Berges endlich bezwungen hat, gleichzeitig zufrieden und traurig ist, traurig darüber, weil ein Unternehmen in einer ihm ans Herz gewachsenen Landschaft beendet ist. Dann jedoch findet er immer wieder neue Bergsteiger-Ziele – und neue Gründe, um nach Patagonien zurückzukehren.

Obwohl es Casimiro mit seinem kleinen Betrieb in Ballabio gutgeht, versichert er, daß er dort seine Tage nicht beschließen werde. Es genüge ihm nicht, sich immer wieder einmal aufzumachen, um einen Berg in der weiten Welt zu finden und zu besteigen. Was er wolle, sei etwas anderes, sei ein anderes Leben – das Leben in Patagonien. Davon träume er jeden Tag, danach sehne er sich jeden Tag, mit einer unendlichen Sehnsucht, die so schwer zu erklären sei.

*Der Murallón von Nordosten. Foto C. Ferrari.*

# José Louis Fonrouge (1943)

In den frühen sechziger Jahren führte José Louis Fonrouge in Patagonien einen Kletterstil ein, der sehr viel eleganter und effizienter war als der seiner Vorgänger.

Fonrouge lebt in Buenos Aires. Er war Sohn einer wohlhabenden Familie belgischen Ursprungs, ein gutaussehender Junge, der alles hatte – außer den Bergen, die von Buenos Aires so weit entfernt sind und die ihn als Elfjährigen während eines Sommerlagers in Nordpatagonien so beeindruckt hatten.

Von etwas rebellischer Natur und ein ziemlicher Einzelgänger, wurde er von Dinko Bertoncelij, einem der ersten Bezwinger des San Valentin, in den Bergen von Bariloche in das Bergsteigen eingeführt. Mit Bertoncelij eröffnete er im Alter von nur 13 Jahren neue Routen auf den Cerro Catedrál.

Wieder in Buenos Aires, traf er dort im CABA, dem Andenclub von Buenos Aires, einige Gleichgesinnte, mit denen er das Klettern an den Mauern einer alten Fabrik üben konnte. Mit seinem polemischen, freiheitsliebenden Charakter und vielleicht auch im Bewußtsein, daß seine Vorstellungen und Mittel ihn ganz neue Wege des Alpinismus führen würden, wollte und konnte er sich dem Kreis des CABA nicht anpassen; er blieb ihm jedoch immer verbunden, ohne je etwas zu verlangen.

Unabhängig und klar vorausschauend führte er auch für die Berge Südamerikas das alpine Bergsteigen in Zweierseilschaft ein. Dieses Konzept bescherte ihm auch einige Mißerfolge; die damit erzielten Erfolge jedoch sind großartig. In Europa wurde ihnen zuerst keine Beachtung geschenkt, denn seine Ideen waren der Zeit um einiges voraus, und man verstand ihre wahre Bedeutung noch nicht. Außerdem glaubte man sich in Europa im Besitz der alleinigen Wahrheit und konnte sich nur schwer vorstellen, daß ein einzelner Bergsteiger in einem weit entfernten Kontinent tatsächlich etwas Eigenständiges zustande bringen könnte.

1960 gelang ihm mit vier Gefährten des CABA die Zweitbesteigung des Paine-Nordturms. Der Berg, auf den sich seine patagonischen

*In der Supercanaleta des Fitz Roy.*

Träume konzentrierten, war jedoch der Fitz Roy, über dessen Erstbesteigung er gelesen hatte. In seinem Altersgenossen Carlos Comesaña fand er den idealen Gefährten; 1964 machten sie sich ohne viele Umwege an die Nordostverschneidung des Fitz Roy. Der Versuch überzeugte sie davon, daß sie noch nicht ausreichend vorbereitet waren, um die Besteigung zu vollenden. Diese Verschneidung sollte übrigens erst 1983 mit 500 Meter Fixseil von einer jugoslawischen Expedition bestiegen werden, die zudem den Gipfel nicht erreichte.

Fonrouge wollte kein Fixseil, er wollte Besteigungen im echten alpinen Stil. 1965 wieder nach Patagonien zurückgekehrt, gelang ihm mit Carlos Comesaña die Erstbesteigung der Aguja Guillaumet und vor allem der Supercanaleta auf der Westseite des Fitz Roy, die als sein alpinistisches Meisterwerk betrachtet werden muß. Im Jahr 1968 eröffnete er, immer im alpinen Stil, zusammen mit dem jüngeren Alfredo Rosasco eine neue Führe in der Westwand der Poincenot.

Mehr als zehn Jahre lang widmete er sich praktisch nur dem Bergsteigen. Er fuhr viel Ski, kletterte in den Alpen, im Yosemite-Nationalpark und in Peru und durchstieg die gefürchtete Südwand des Aconcagua.

In Patagonien gelang ihm nicht alles, was er sich vorgenommen hatte: weder die Ostwand des Murallón noch der Ostgrat des San Lorenzo oder der des Cerro Torre. Den Ostgrat des Cerro Torre hatte er zusammen mit der englischen Expedition 1967/68 versucht, die aufgeben mußte, nachdem eine Lawine die gesamte Ausrüstung verschüttet hatte. Dabei war man bereits unterhalb der sogenannten »Eistürme« angelangt. Fonrouge hatte sich der Entscheidung der anderen, die Fixseile anbrachten, beugen müssen, aber er ist heute noch der Meinung, daß

*Zwischen Guillaumet und der Supercanaleta.*

sie es im alpinen Stil geschafft hätten. Wahrscheinlich hat er recht.

Später sollte er mit der unglücklichen argentinischen Expedition 1971 zum Everest aufbrechen; er hatte jedoch einige Auseinandersetzungen mit den Leitern der Expedition, auch weil er beabsichtigte, den Aufstieg ohne Sauerstoffflaschen zu wagen. Noch heute bedauert er, es nicht einfach allein versucht zu haben.

Nach jenen Ereignissen kehrte er dem Alpinismus den Rücken und trat mit seiner Textilherstellung in die Arbeitswelt ein.

Seit einigen Jahren widmet er sich dem Kajakfahren, natürlich auch das mit besonderem Einsatz. In einem Interview in der Zeitschrift *Anti Suyu* erklärte er 1986, das Kajak sei »ein Gefühl, das eine Stromschnelle lang anhält, die Berge jedoch bedeuten eine Reihe von Empfindungen, die dich für ein Leben lang formen. Die Berge sind eine Philosophie, eine Religion.« Er fühlt sich immer noch als Bergsteiger, auch wenn er nicht in die Berge geht. Er hat seine Aktivitäten und seine im Bergsteigen geübte Selbstdisziplin auf andere Bereiche verlegt.

Wer ihm vorwirft, daß er keine Schule gegründet und die argentinischen Bergsteiger nicht beeinflußt habe, dem antwortet er, daß er lieber Hauptakteur als Führer sei. Und es sei vielmehr Schuld der anderen, wenn sie seinem Beispiel nicht gefolgt sind. Das Bergsteigen ist seiner Meinung nach eine Tätigkeit für Individualisten, und es sei nicht einmal sinnvoll, diese Tätigkeit zu fördern. Man könne einen Knoten lehren, aber nicht die Kreativität.

Er sagt auch, daß er eines Tages vielleicht nach Patagonien zurückkehren werde, wenn er wieder eine neue Idee habe. Und da man ihn ab und zu an einem entlegenen Ort Patagoniens gesehen hat – er ist immer noch ein gutaussehender Mann, der an Frauen nicht unbemerkt vorbeikommt – ist es schon möglich, daß er eine neue Idee ausbrütet.

In jedem Fall hat er mit seinem patagonischen Alpinismus eine Epoche geprägt und eine mögliche, erstklassige Entwicklung aufgezeigt, die auch heute noch absolut aktuell ist und als Beispiel gelten kann, einschließlich der Mißerfolge, die diese sportliche Einstellung kosten kann.

*Ein Karabiner: Freiheit für den Alpinisten, Gefangenschaft für den Puma. Foto G. Maresi.*

# Cerro Torre – die Geschichte eines Mythos

Der Cerro Torre ist eine kapriziöse Nadel und trägt seinen Eispilz auf der Spitze wie eine schief aufgesetzte, kecke Mütze.

Als letzter der zahlreichen, in das mächtige Granit-Intrusivgestein geschnitzten Gipfel ist er wie ein spitzbübischer Sprößling, der sich gern mit allerlei zweifelhaften Lausbübereien zur Schau stellt. Seine schlimmste besteht darin, sich im Einvernehmen mit dem Wind bis unter die Ohren mit Schnee und Eis zuzudecken und dann plötzlich wieder ganz nackt dazustehen und nur die Eismütze auf dem Kopf zu behalten.

Seine Eitelkeit hatte ihn so weit gebracht, daß er seine tatsächliche Existenz als Berg verleugnen wollte, um ein Mythos zu werden. Er war auch ohne weiteres gewillt, zu den unanständigsten Tricks zu greifen, Skandale und Intrigen eingeschlossen.

Um jedoch ein Mythos zu werden, durfte er nicht unbekannt am Rande des Patagonischen Eises bleiben; er mußte also etwas unternehmen. Er begriff sofort, daß die einzigen, die seiner Verbreitung als Mythos nützlich sein konnten, die Bergsteiger waren. Im Grunde hätte er gern auf Mitarbeiter mit etwas höherem Prestige zurückgegriffen, aber die Bergsteiger waren immerhin besser als nichts. Somit beschloß er, sich an sie zu wenden. Gesagt, getan. Er ließ mehrmals seine imposante Ostflanke fotografieren und mußte nicht lange warten.

Im Sommer 1957/58 erschienen gleich zwei konkurrierende Gruppen, die zudem noch miteinander verfeindet waren wegen der ständigen Zänkereien innerhalb der italienischen Bergsteigerkreise in Buenos Aires. Eine Trienter Gruppe näherte sich von Osten, beurteilte den Cerro Torre aber als unbezwingbar. Ein Mitglied dieser Gruppe jedoch war fasziniert und schimpfte insgeheim darüber, den Anstieg nicht wenigstens zu versuchen. Das war Cesare Maestri, dessen Vorliebe für Bühnenhaftes und Dramatisches dem aufmerksamen Auge des Cerro Torre nicht entgangen war.

Was an seiner den Winden und der Einsamkeit des ewigen Eises ausgesetzten Westflanke geschah, interessierte ihn weniger, auch weil er die dortigen Geschehnisse als für seine Zwecke nicht so brauchbar einstufte. So erreichten am fünften Februar 1958 Walter Bonatti und Carlo Mauri die Südwestschulter ungefähr 120 m über einem Sattel, den sie »Colle della Speranza«, Sattel der Hoffnung, nannten; Hoffnung, dorthin zurückzukehren und bis auf den Gipfel des Cerro Torre zu gelangen.

Der Cerro Torre merkte sehr bald, daß er da mitten in den schönsten, reinsten Wettkampf geraten war und erwartete ungeduldig die Rückkehr der Wettkämpfer in der nächsten Saison. In seinem Narzißmus interessierte er sich jedoch nur wenig für das, was außerhalb Patagoniens geschah, sonst hätte er wissen müssen, daß eine Reise nach Patagonien in jenen Jahren bedeutete, über sehr viel Geld zu verfügen und er hätte in der Schweiz ein Konto auf der *Torres-Bank* eröffnen sollen, um all jenen Bergsteigern Geld zu schenken, die er in seinen Machtbereich holen wollte.

Deshalb gab es aus Geldmangel im folgenden Sommer keinen Wettkampf zwischen rivalisierenden Gruppen. Nur Cesare Maestri gelang es, irgendwie Geld für die Reise aufzutreiben. Dazu hatte er einen geeigneten und tüchtigen Gefährten gewonnen, der ebenso verwegen war wie er: den Österreicher Toni Egger. Beide hatten sich dadurch ausgezeichnet, daß sie lange Routen schnell und im Alleingang bewältigt hatten – sie hatten zum Beispiel jeder für sich die Sollederführe auf die Civetta in vier Stunden geschafft –, und Toni Egger hatte die alpinistische Welt durch seinen Sieg über den äußerst gefährlichen Irishanca in Erstaunen gesetzt, den »Schnabel des Eiskolibris« in den peruanischen Anden. Außerdem war er ein erstklassiger Eisgeher.

Der Cerro Torre fühlte sich durch ihre Anwesenheit höchst geschmeichelt, war jedoch etwas unentschlossen, was er tun sollte. Sie aufsteigen lassen?

Er beobachtete ungläubig, mit welcher Kühnheit und Opferbereitschaft die beiden an seiner

*Der »Kopf« des Cerro Torre von Osten. Foto L. Dickinson.*

Nordwand aufstiegen, von einem Einschnitt aus, den sie vielleicht etwas zu voreilig »Colle della Conquista«, Sattel der Eroberung, getauft hatten. Er schenkte ihnen den Gipfel. Aber dann überlegte er. Wenn die beiden so einfach zurückkehren, wäre es aus mit dem Mythos. Er spielte mit ihnen wie die Katze mit der Maus. Noch ehe sie den Abstieg ganz beendet hatten, überschüttete er die Seilschaft mit all der Eis- und Schneeauflage, mit der er die Bewältigung der glatten Felswand ermöglicht hatte und begrub sie unter einer Lawine. Aber er hatte die Rechnung ohne die Leute im Basislager gemacht; ihnen gelang es, Maestri in letzter Minute herauszuholen, während Toni Egger verschollen und im Schnee begraben blieb.

Genau genommen mißfiel es dem Cerro Torre nicht, daß Maestri überlebt hatte. Er war ein Typ nach seinem Herzen, und sein offener, respektloser, polemischer und provokativer Charakter konnte bestens dazu benützt werden, dem Mythos neue Dimensionen zu geben.

Einige Jahre lang ereignete sich nichts. Dann erklärte der erste Bezwinger des Fitz Roy, Lionel Terray, in verschiedenen Bergsteigerzeitschriften, daß die Besteigung des Cerro Torre das größte alpinistische Unternehmen aller Zeiten darstellte, und im Sommer 1967/68 erschien endlich eine englische Expedition in Begleitung des Argentiniers Fonrouge.

Der Cerro Torre sah Fonrouge nicht gern in seiner Umgebung, denn der Argentinier hatte eine neuen, schnellen Stil des Bergsteigens nach Patagonien gebracht, und nun mußte er dessen Anwendung fürchten.

Die Engländer jedoch, tüchtige und berühmte Bergsteiger (Haston, Burke, Boysen und Crew), erlaubten Fonrouge nicht, seine neuen Ideen zu erproben und so wurde der Ostgrat methodisch angegangen. Der Cerro Torre ließ sie großzügig bis unterhalb der Eistürme kommen. Sie schafften noch eine schwierige Seillänge, bei der sie auch die Skyhooks verwendeten, die losen Häkchen für kleinste Felsvorsprünge, die den Bergsteiger getreu ihrem Namen nicht nur in Richtung Himmel, sondern auch geradewegs ins Paradies befördern können. Entsetzt über die teuflischen Häkchen beschloß der Cerro Torre, dem Treiben ein Ende zu bereiten und begrub nach 35 Tagen schlechten Wetters die gesamte Ausrüstung und die Filmkamera in einer Eisgrotte, die nie mehr gefunden wurde.

Auch von Japanern und Spaniern wurde der Ostgrat ohne jeden Erfolg belagert. In den langen sturmdurchtobten Nächten begann der Cerro Torre häßliche Zweifel in die Träume der Bergsteiger zu säen. Wenn sie, die so viele und jünger und besser ausgerüstet waren, den Ostgrat nicht bezwingen konnten, wie waren dann andere damals über die Nordwand gekommen, die noch viel schwieriger erschien?

Als im Sommer 1968/69 eine Expedition unter der Leitung von Carlo Mauri zur Westwand zurückkehrte und von dort bis über den sogenannten Helm, aber nicht bis zum Gipfel gelangte, wurden die Zweifel laut ausgesprochen.

Der Cerro Torre rieb sich die Hände. Sein Mythos würde noch größer werden, die ganze Welt würde nun auf ihn aufmerksam werden.

Natürlich wußte der Cerro Torre, daß Maestri nicht gern Tourenberichte schrieb, daß er die Neigung des Eises, die ihm überhaupt nicht gefiel, nicht genau berechnet hatte, daß er nicht in der Lage war, sich an alle 1959 bewältigten Kletterstellen zu erinnern. Der Torre selbst jedoch erinnerte sich auch nicht mehr genau, ob er danach jene kleinen Bohrhaken abgeschüttelt hatte, mit denen Maestri und Egger seine Nordwand durchlöchert hatten. Er würde diese Feststellung der Zukunft überlassen.

Inzwischen war zu erwarten, daß sich Maestri mit seinem herausfordernden Charakter sicher etwas Neues einfallen lassen würde, das auch dem Cerro Torre gelegen kommen sollte. Und tatsächlich kehrte Maestri zurück, angetrieben von neuen Polemiken und den Rivalitäten in der Heimat, sowie von der Tatsache, daß die Engländer grundsätzlich den ihnen unbekannten Bergsteigern nicht so ganz trauten.

Er kehrte erstmals im Winter und dann im

Sommer 1970 zurück. Und er inszenierte eine große Schau, die für die Welt des Alpinismus eine einmalige Herausforderung war. Plötzlich waren alle Zeitschriften voll mit Bildern des Cerro Torre und alle Welt sprach von einem Berg, von dem sie nicht einmal genau wußte, wo er lag.

Weshalb das Ganze? Maestri war mit einem schönen, gelben Kompressor der Marke Atlas Copco zurückgekehrt, der Firma, die ihm zur Finanzierung der Reise angeblich 20 Millionen Lire gegeben hatte. Der große Kompressor sollte dazu dienen, die Löcher für die Bohrhaken schneller zu bohren und war natürlich sofort Gegenstand heftiger Diskussionen unter den Bergsteigern in der ganzen Welt. Er wurde über die Wand geschleppt und hochgezogen und schließlich weniger als 100 Meter unterhalb des Gipfels an einem Haken hängend zurückgelassen. Aber an welcher Wand?

Hier traf Maestri eine Entscheidung, die alle verblüffte, denn er wählte als Beweis dafür, daß er bereits im Jahr 1959 den Gipfel erreicht hatte, eine andere Route, nämlich die über den bereits von den Engländern versuchten Ostgrat. Dabei querte er nach rechts in die Wand und zwar mit Hilfe zahlreicher Bohrhaken, um die berühmte Strecke mit den Skyhooks zu vermeiden.

Der Torre wußte nur zu gut, daß Maestri nichts anderes übrig blieb; er hatte ja 1959 gesehen, wie Toni Egger kletterte, und Maestri würde unter seinen Gefährten nie und nimmer einen ebenso tüchtigen und mutigen Kletterer finden, wie es Toni Egger war. Aber niemand verlor ein Wort darüber, weder der Cerro Torre noch Maestri, und damit war die Sache abgeschlossen.

Die Geschichte mit dem Kompressor dagegen erregte die Gemüter der Bergsteiger und mauserte sich zum ausgewachsenen Skandal. Maestri hatte zwar sehr bald erkannt, daß er sich auf dem Holzweg befand, wenn er glaubte, dem künstlichen Klettern mit einem Kompressor zum Durchbruch zu verhelfen, selbst wenn dieser von einem großzügigen Sponsor stammte. Eigentlich hatte er dabei die einmalige Gelegenheit versäumt, sofort die Einführung des leichten, batteriebetriebenen Bohrers anzuregen, der nur wenig Lärm macht und keinen Skandal mehr verursacht unter den Kletterern, die ihn heute beim Sportklettern verwenden. Aber, um ehrlich zu sein – ein Skandal war Maestri ebenso willkommen wie dem Cerro Torre, und mit dem Kompressor gelang er besser.

Zum Schluß wischte Maestri seinen Verleumdern eins aus und zerschlug zum Teil die mit Hilfe der Druckluft eingesetzten Haken, die im letzten Teil der Wand zum Ausstieg unterhalb des Eispilzes führten. Den Pilz selbst bestieg er nicht einmal. Sollten die andern das doch versuchen und sehen, ob sie die Route wiederholen konnten!

Ein anderer Beweis, so gegensätzlich und so ganz ohne Skandale, so klassisch und ausgewogen, daß das feine englische Alpine Journal ihn mit »ethically pleasant« beschrieb, gelang an der Westwand einer Expedition der Ragni di Lecco unter der Führung von Casimiro Ferrari. Alle arbeiteten beispielhaft zusammen, und zu viert erreichten sie den Gipfel – der Cerro Torre ließ es ruhig zu, denn mit solchen Leuten würde es ohnehin keine Skandale mehr geben, die seinem Mythos nützlich sein konnten. Somit vertreten manche die Meinung, daß die erste tatsächlich bewiesene Besteigung des Cerro Torre durch die Ragni di Lecco 1974 stattgefunden hat, nachdem die erste durch Maestri etwas zweifelhaft war und bei der zweiten der Pilz auf dem Gipfel überhaupt nicht bestiegen worden war.

Es gab aber einen Bergsteiger, der die Herausforderung der Maestriführe über den Ostgrat, die »Kompressorroute« annahm. Es war kein Italiener, wie Maestri wohl insgeheim gehofft hatte, sondern das As der kalifornischen Kletterer, Jim Bridwell. Ihm gelang die Wiederholung 1979 mit knapper Not; er benützte dabei *Copperheads,* jene kleinen Kupferkugeln, die mit dem Hammer in kleinste Felslöcher geschlagen werden, um dem Körper einige Sekunden lang als Stütze zu dienen und trieb in der letzten hakenlosen Wand Mini-Bohrhaken in den Fels. Da ein bekannt tüchtiger Bergsteiger wie Bridwell immer noch so viel Mühe gehabt hatte, blieb der Mythos erhalten.

Im Jahr 1982 befand sich Ermanno Salvaterra auf dem Cerro Torre. Nachdem er mit Sorge die mißlichen Haken Bridwells betrachtet hatte und durch das schlechte Wetter zur Umkehr gezwungen wurde, beschloß er wiederzukommen und endlich auch am Ausstieg sichere Haken zu schlagen. Das geschah im Jahr darauf. So erhielt die seltsame Route einen ordnungsgemäßen Ausstieg.

Obwohl Bridwell erklärt hatte, daß man den größten Teil der Route in freier Kletterei bewältigen könne, nahm niemand diese neue Herausforderung an. Endlich konnte die »Kompressorroute« wiederholt werden, war sie von Fixseilen gezähmt. Den Bergsteigern genügte das.

Dem Cerro Torre dagegen gefiel der Lauf der Dinge, so wie er sich nun entwickelte, überhaupt nicht. Er hatte bereits zugelassen, daß 1975 der Körper Toni Eggers gefunden wurde, ohne Fotoapparat natürlich, aber das hatte nichts geholfen. Eine Wiederholung der Westroute erschien niemandem interessant.

Da beschloß er, in den Träumen von Ken Wilson zu erscheinen, einem jungen Bergjournalisten und Gründer der Zeitschrift »Mountain«; der würde den Mythos mit einer Sensationsmeldung wieder aufleben lassen. Die Traumvision hatte tatsächlich Erfolg. Drei Bergsteiger aus den USA kamen bei ihrer Erstbesteigung des benachbarten Torre Egger über den »Sattel der Eroberung« und berichteten, die von Maestri 1959 in der Wand zurückgelassene Ausrüstung gefunden zu haben, und zwar unterhalb des mittleren Schneefeldes! Bedeutete das, daß Maestri nicht einmal bis zum »Sattel der Eroberung« gekommen war, den er so getauft hatte in verächtlicher Anlehnung an den »Sattel der Hoffnung«, denn »die Hoffnung ist die Waffe der Schwachen«, wie sein abschätzender Kommentar lautete. Der Cerro Torre frohlockte. Welch herrliche Möglichkeit, seinen Mythos neu zu nähren! Ken Wilson begann eine wahre journalistische Kampagne gegen Maestri, versuchte ihn festzunageln und aufgrund seiner etwas wirren und unpräzisen Routenbeschreibung zu überführen. Aber letztlich konnte er nichts beweisen. 1980/81 versuchten zwei sehr gute Bergsteiger aus den USA den Cerro Torre. Sie waren die einzigen, die sich bis dahin die Maestri-Egger-Führe vorgenommen hatten, aber sie schafften in dreimonatiger Belagerung nur neun Seillängen und erreichten nicht einmal den »Sattel der Eroberung«.

Der Engländer Leo Dickinson faßte seine Zweifel sogar in einem Film zusammen und stellte beim bekannten Festival von Trient seinen Film »The Cerro Torre Enigma« vor. Nichts geschah.

Der Cerro Torre war enttäuscht. Natürlich verstand auch er, daß man keinen Prozeß führen konnte, der nur auf Vermutungen basierte und auf einer nicht vorhandenen Fotodokumentation. Und daß man einen solchen Prozeß schon gar nicht einem Bergsteiger machen konnte, der niemals in seinem Leben gemogelt hatte, der sich auf der Höhe seiner außergewöhnlichen Fähigkeiten befand und der diese Fähigkeiten auch vor Publikum bewiesen hatte. Provozierend, heftig und ungestüm zu sein, das allein ist kein Beweis für eine nicht durchgeführte Besteigung.

Aber der Cerro Torre tat alles, um die Angelegenheit lebendig zu erhalten. Um das »berühmte Rätsel« wieder aufleben zu lassen, um alle Möglichkeiten für eine zukünftige Show offen zu halten, ließ er zwei Engländer über die Nordostwand aufsteigen, aus der sie parallel zur Maestri-Egger-Führe von 1959 herauskamen. Die Bewältigung des Gipfelpilzes verwehrte er ihnen jedoch.

Obwohl ihm sein Mythos einen festen Platz auf dem Markt der Spekulationen verschafft hatte, begannen seine Notierungen nun nachzulassen. Der Torre hatte nicht bedacht, daß alle

*In der Nordwestwand des Cerro Piergiorgio.*
*Foto Marco Ballerini.*

*Eispilze im Sturm auf dem San Lorenzo.*

△ *Aufstieg zur Gorra Blanca.*

▽ *Wolken kommen vom Pazifischen Ozean auf.*

*Folgende Abbildungen:*

*Links oben: Der Volcán-See.*
*Links unten: Bunte Seenpalette.*
*Rechts oben: Die zwei Gipfel der Gorra Blanca.*
*Rechts unten: Die südlichen Vorposten des San Lorenzo.*

Mythen verblassen und daß es sehr schwer ist, sie immer wieder aufzufrischen. Und da er im Winter gern schlief, verschlief er auch eine goldene Gelegenheit. Er bemerkte nicht, daß am 26. August 1984 der argentinische Pilot Oscar Almiron eine Kufe seines Hubschraubers auf der höchsten Spitze des Pilzes aufsetzte und dort eine Spur hinterließ, die von seinem Begleiter Hector Guatti prompt gefilmt wurde. Besser gesagt, er merkte es zu spät, und beschloß nach jenem Affront, nachzugeben und mit dem alten Geplänkel aufzuhören. Sofort darauf gestattete er Salvaterra die erste Winterbegehung.

*Vorhergehende Abbildungen:*
*Links oben: Einladender Granit.*
*Links unten: Cerro Murallón. Foto Casimiro Ferrari.*
*Rechts oben: Desmochada (Der »gestutzte« Berg).*
*Rechts unten: Desconocida (»Der Unbekannte«).*
◁ *Verlassene Hütten der Minenarbeiter.*
▽ *Das himmelblaue Haus.*

Steinernen Herzens hielt der Cerro Torre statt dessen das Schicksal der Alleingeher unter Kontrolle. Er hatte bereits seinen romantischsten Verehrer zurückgewiesen, den Neuseeländer Bill Denz, ein Wildparkaufseher und Globetrotter, allen auf den ersten Blick sympathisch, nur nicht dem Torre. Bill Denz machte dem Berg eine ganze Saison lang den Hof. Der ließ den Verliebten nur bis zum Rande seines steinernen Antlitzes kommen. 1981 kam Denz bis zum letzten Haken über dem Kompressor und brachte als Zeugen den Vergaser herunter. Verärgert über die Möglichkeit, daß die liebevolle Belagerung sich wiederholen könnte – Liebe war etwas, das vollkommen außerhalb seiner Natur lag –, streckte der Torre im Oktober 1983 seine Hand aus und begrub Bill Denz unter einer Lawine, während er den Westpfeiler des Makalu versuchte.

*Der Cerro Torre von Nordosten.*

Zuvor hatte er bereits den jungen französischen Alleingeher Pierre Farges abgeschüttelt, der im März 1983 leblos am Fuß der Ostwand gefunden wurde. Natürlich verriet der Torre nie, ob es die Rache war nach dem Erfolg oder ob er bereits dem Versuch ein kaltes Nein entgegengesetzt hatte.

Seine lange Hand erreichte des weiteren den Schweizer Marco Pedrini und ließ ihn im August 1986 abstürzen, während er sich vom Petit Dru abseilte. Das war wenige Monate nach dem Erfolg Pedrinis bei der ersten Alleinbegehung der »Kompressorroute«. Natürlich passierte es, als Pedrini allein war und niemand das Unglück bemerken konnte.

Dem Cerro Torre hatte das respektlose und burschikose Verhalten Pedrinis nicht gepaßt, der sich mit Maestris Kompressor filmen ließ und dabei rittlings auf ihm spielend saß wie auf einem Motorrad, und der wie ein Eichkätzchen die Haken hinauf- und hinunterturnte, auf dem granitenen Haupt des Cerro Torre. Der Film sollte den Cerro Torre bekannt machen; durch ihn sollte aber auch der Mythos abbröckeln, den er mit so viel niederträchtiger Schläue errichtet hatte. Und durch ihn würde er ein Berg werden wie alle anderen.

Es war jedoch eine gewisse Veränderung im Gange, eine seltsame Veränderung, die der Torre bemerkte, ohne sie zu verstehen.

Der Torre konnte gar nicht mehr einfach ein Berg wie alle anderen werden, dazu hatte er schon zu viel auf sein Gewissen geladen. Auch konnte er seinen Mythos nur noch für kurze Zeit bewahren, während er zugleich immer nur belagert und durchbohrt wurde, mit Seilen aufgezäumt und zum Narren gehalten. Er kannte die Strafe noch nicht, die über seinem Haupt hing, weil er um der Eitelkeit willen seine Seele als Berg verkauft hatte: Er würde sich aus einem Mythos nicht in einen Berg verwandeln, sondern direkt in ein seelenloses »Klettergerüst«.

*Eisregen in der Ostwand des Cerro Torre. Foto P. Podgornik.*

*Am Rande erlebt*

# Geschichten aus Patagonien

Die Geschichten aus Patagonien, die *cosas patagonicas*, sind der alltägliche Ausdruck eines magischen Realismus. Sie wurden in der »großen« Literatur nicht aufgearbeitet und keiner der lateinamerikanischen Schriftsteller, die durchaus zur Spitze der modernen erzählenden Literatur gehören, hat je daran gedacht, seine Erzählungen in Patagonien anzusiedeln.

Nein, die *cosas patagonicas* sind Ereignisse, die jedem zustoßen können; jedoch sind sie immer etwas seltsam, zu seltsam, um als bloßer Zufall gewertet werden zu können, aber zu real, um als Zauberei zu gelten.

Manchmal umgeben sich diese Ereignisse in der Erinnerung mit einem Hauch Poesie, andere Male können sie auch ernsthafte Überlegungen und sogar Beunruhigung nach sich ziehen.

Jeder Reisende läuft Gefahr, auf solche Geschichten zu stoßen. Aber um es gleich vorwegzunehmen: es ist fast unmöglich, daß es sich dabei um unangenehme Ereignisse handelt.

Natürlich kann man versuchen, die *cosas patagonicas* rein verstandesmäßig zu erklären; aber solchen Interpretationen kommt dann die Poesie abhanden, die in allen diesen Geschichten ruht.

Die Weite des Landes, die Einsamkeit, auch die mögliche Trostlosigkeit und Monotonie schärfen die Wahrnehmungsfähigkeit der Bewohner. In der Einsamkeit hört und spürt man viel mehr als mitten in einer Menschenmenge.

Wo sich wenig ereignet, wohin Nachrichten über das Weltgeschehen nie gelangen und solche über die lokalen Ereignisse mit dem Pferd gebracht werden oder mit Hilfe des Radios über unerlaubte Wellenbereiche von *estancia* zu *estancia*, wo die Tatsachen nur dann von Interesse sind, wenn sie sich auf das praktische Leben von heute beziehen (»Bei euch regnet es? Hier ist es wolkig. Ist der Salat schon aufgegangen? Ist die Maschine für die Schafschur schon angekommen?«), dort erlangen einzelne Ereignisse außerordentliche Bedeutung. Es genügt ein Zufall, eine unerklärliche Folge von Ereignissen, und schon haben wir den Stoff für eine Legende, für eine Erklärung aus dem Bereich des Magischen, die zum Schluß alle als Wirklichkeit betrachten. Eine Wirklichkeit, die nicht wirklich ist, die jedoch jeden verblüfft, der mit ihr in Berührung kommt.

Da gibt es zuerst einmal die Geschichte mit dem Calafate. Der Calafate ist ein dorniger

*Sagt Ihnen dieser Berg nichts?*

Strauch mit Beeren, die in Aussehen und Geschmack zwischen Wacholder und Heidelbeere liegen und voller winziger Samenkörner sind. Sie sind mehr eine Speise für Vögel als für Menschen, und nicht alle Reisende essen davon.

Man muß auf der Hut sein: die Beeren des Calafate zu essen, bedeutet, daß man eine halbe Stunde lang Samen spuckt, aber es bedeutet auch, eine enge, dauerhafte Bindung mit dem Land Patagonien herzustellen. Der Calafate verkörpert die irrationale und manchmal quälende Sehnsucht nach jenem Land. Natürlich bin ich nicht abergläubisch, natürlich glaube ich nicht an Märchen und Zaubergeschichten. Ich habe nur sehr viele Beeren des Calafate gegessen; ich habe Marmelade daraus gemacht, wenn ich nichts anderes zu essen hatte. Und zugegebenermaßen ist die Wirkung katastrophal: Wie ist es möglich, daß ich immer wieder in ein so entferntes Land fahre ohne einen ersichtlichen Grund dafür zu haben? Wie kann ich in Erfahrung bringen, ob es wirklich der Calafate ist, der die Schuld dafür trägt?

Die Geschichte mit dem Calafate ist jedenfalls eine hinlänglich bekannte *cosa patagonica*, und wenn man will, kann man sich davor schützen. Unter den Bergsteigern gibt es viele Opfer der Calafatebeeren, es sind auch einige berühmte Namen darunter.

Es gibt jedoch auch kompliziertere Geschichten aus Patagonien. Auf unserer ersten Reise nach Patagonien hatten wir unser Bergsteigerziel nur vage festgesetzt und somit wußte ich nicht, welchen Gipfel wir nun eigentlich besteigen würden. In jener Zeit vollzogen sich einige radikale Änderungen in meinem Leben. In meinem Tagebuch, das ich seit meiner Abfahrt aus Italien führte, hatte ich eine Passage von Saint-Exupéry wiedergegeben, in der er eine Busfahrt zum Flughafen am frühen Morgen beschreibt. Dabei macht er sich Gedanken über die Kluft, die besteht zwischen einem, der ein Leben voller Risiken und Abenteuer gewählt hat und einem, der sich mit einem geregelten Leben zufrieden gibt und im tristen Einerlei der Sorgen und Kümmernisse seine Tage verbringt. Das paßte genau auf meine jüngst getroffenen Entscheidungen, und es gab mir Mut. Und dann in Patagonien bestiegen wir als erste ausgerechnet einen Berg, der den Namen des französischen Schriftstellers trug. Purer Zufall?

Das Bild dieser herrlichen Nadel wurde Jahre später von der Verwaltung der argentinischen Naturparks für ein Werbeplakat verwendet.

Bis hier ist nichts ungewöhnlich. Aber sich plötzlich in Mailand, im Büro der Aerolineas Argentinas diesem Plakat gegenüberzusehen mit der – für mich – vielsagenden Inschrift: »*Esta montaña no le dice nada?*« (»Sagt Ihnen dieser Berg nichts?«), das ist packend und ergreifend, zumindest für seinen Erstbesteiger, der den Gipfel zwei Monate lang umwarb, ehe er ihn erreichen konnte. Das ist eine geheime Botschaft, von sehr weit her – ich weiß nicht, ob es purer Zufall ist.

Bei der Piedra del Fraile erlebte ich eine andere *cosa patagonica*. Es war Weihnachten und es regnete in Strömen. Alle warteten wir vergebens auf besseres Wetter, sinnlos, an Feiern zu denken. Plötzlich taucht ein Grüppchen spanischer Bergsteiger auf. Sie setzen sich an unser Feuer und wir freuen uns über die unerwartete Gesellschaft. Sie kommen vom Lager am Rio Blanco.

Einer von ihnen suchte mich, tatsächlich mich. Er soll mir ein Geschenk bringen. Ein Geschenk? Ja, ein Weihnachtsgeschenk. Angel schickt es mir, ein anderer spanischer Bergsteiger, der mir in langen und sehr glaubhaften Ausführungen erklärt hatte, daß er die Inkarnation eines Piraten sei. Er hatte mein Interesse an einem Troll bemerkt, einem kleinen, neuen Klemmkeil, und wollte ihn mir zum Geschenk machen, hübsch eingewickelt in buntes Papier.

Der Überbringer des Geschenks heißt Jesus. Nun, das Geschenk eines Piraten... bei Regen und Sturm in einen verlorenen Winkel Patagoniens mit Namen Piedra del Fraile gebracht... von einem der Jesus heißt... in der Weihnachtsnacht... muß ich mehr dazu sagen?

# »Alles oder nichts«

Bergsteigen in Patagonien hat viele attraktive Seiten: In mancher Hinsicht erfüllt es geradezu die Idealvorstellung vom Bergsteigen. Jedoch Vorsicht! Es ist gefährlich, es zu idealisieren.

Wenn man bereits bei der Frage über das Warum und Weshalb der Bergsteigerei in den Alpen in Schwierigkeiten kommt, so gerät man bei derselben Frage über Patagonien in Teufels Küche.

Bergsteigen in Patagonien wird als etwas Besonderes, manchmal sogar Absurdes erlebt, wobei diese Empfindungen ziemlich dehnbar sind. Mit jedem noch so geringen bergsteigerischen Erfolg nehmen Absurdität und Besonderheit ab, während jeder Mißerfolg, jeder vergebens versuchte Gipfel diese Empfindungen ins Riesenhafte, Unermeßliche steigert. Es ist ein perfektes Beispiel für ein nicht geradliniges System, für ein komplexes Ganzes, dessen Verknüpfungen uns entgleiten, auch wenn wir glauben sie in Händen zu haben. Wegen dieser Unfähigkeit, die Verknüpfungen zu verwalten, wird der Alpinismus, der von seiner Natur her ein Spiel ist, in Patagonien zum Glücksspiel.

Bergsteigen ist in Patagonien vom *todo o nada* gekennzeichnet, vom »Alles oder Nichts«, das zu jeder Wette gehört.

Es enthält die Verlockung des *otra vez*, des »noch einmal« nach jedem verlorenen Einsatz. Und vor allem bedeutet er die unbequeme Konfrontation mit dem Mißerfolg, der im Spanischen *fracaso* (aus dem Lateinischen »fraca« für Lärm, Getöse) heißt, ein Wort, das die ganze emotionale Macht des Ereignisses birgt.

In den Alpen und im Himalaya gibt es den Mißerfolg, in Patagonien gibt es den *fracaso*. Der Unterschied ist fein, aber wesentlich. Nicht alle spüren diesen Unterschied, deshalb erleben viele den patagonischen Alpinismus wie einen x-beliebigen Alpinismus. Aber wer sich jemals mit einem *fracaso* herumgeschlagen hat, der weiß Bescheid über die psychologischen Verwicklungen.

In Patagonien gibt es dieselbe Beziehung zwischen dem *fracaso* und dem Bergsteigen wie zwischen dem Calafate und der Reise: scheinbar harmlos und ohne besonderen Geschmack, verführt er doch ständig und ohne ersichtlichen gültigen Grund zur Wiederkehr.

Die Absurdität liegt darin, daß der *fracaso* immer im Hinterhalt lauert, ungeachtet jeder noch so klugen Vorsicht, jeder präzisen Planung. Er hängt weder von der sportlichen Vorbereitung, noch vom Studium der Wolken und auch nicht von der Qualität der Ausrüstung ab.

Der *fracaso* löst einen perversen und schwer verständlichen psychologischen Mechanismus aus, der jedoch zum Glück dem gesunden Menschenverstand noch genügend Raum läßt, damit man das Groteske der Situation erkennen kann.

Reinhard Karl zum Beispiel verglich eine Expedition nach Patagonien mit einem zweimonatigen Aufenthalt in einer Kühlzelle, aus der man einmal am Tag herauskommt, um einen Hundert-DM-Schein in das WC zu werfen. Ich bin nicht so drastisch und denke mir feinsinnigere Erklärungen aus; aber auch ich gebe Jahr für Jahr meine ganzen Ersparnisse und meine ganze Zeit hin, die ich dank einer gezielten Programmierung aller meiner Tätigkeiten erübrigen kann, um in Wäldern zu hausen und die Besteigung eines Berges zu versuchen, den ich doch nie bezwinge, in einem Glücksspiel, bei dem der Sinn für den Einsatz mir entgeht.

Manchmal scheint es mir, als ob sich unter dem alpinistischen Ehrgeiz und der Abenteuerlust ein Ruf von oben verberge, von ganz oben, ein Ruf zur Konfrontation mit der letzten Niederlage, mit dem Ausschluß von den Lebenden.

Eines Tages wird das *nada* auf dich zukommen, gleichgültig, ob du deine Existenz gut oder schlecht gespielt hast, ob du Bohrhaken gesetzt hast, um sie nicht zu berühren, oder ob du dich an einen winzigen, gelben, in den Fels getriebenen Klemmkeil geklammert hast. Das *todo o nada* endet mit dem *nada*: vielleicht soll man sich das ab und zu in Erinnerung rufen?

Ob Stil ein Trost ist, ob er Sinn hat und welchen, das ist eine immer noch offene Frage. Entmutigend, wenn du alles auf die realistische Ebene des Heute transponierst, denn mit dem Nichterreichen des Gipfels verliert die Tatsache, daß du das Supercouloir in einem Tag bezwungen hast, jeden Wert. Oder etwa nicht?

Klare und wirre Gedanken folgen einander und wechseln sich ab, kreisen umeinander und vermengen sich, bis ein Windstoß sie wegträgt: *otra vez*, fang noch einmal von vorne an. Denn dort erhebt sich ein Gipfel; ist es nur eine Redensart oder hat es einen tieferen Sinn, den wir nur nicht verstehen?

Mir gegenüber war Patagonien nicht allzu geizig mit Erfolgen, sie kamen spärlich, waren aber verdient. Auch einige *fracasos* wurden mir beschert, die ich natürlich für unverdient betrachte; aber vielleicht waren sie das nicht. Ein *fracaso*, ja eine geradezu unglaubliche Verkettung von *fracasos*, mußte ich am Fitz Roy erleben.

Ganz offensichtlich stimmt da etwas nicht. Man stelle sich vor, ein Mensch wie ich, der sich in seinem Alltag jedes Ziel mit Sorgfalt aussucht, sich vorbereitet, wägt und wertet, auch die Zähne zusammenbeißen kann – ein solcher Mensch begibt sich freiwillig, und ohne eigentlich zu wissen warum, in eine Reihe von *fracasos,* Jahr um Jahr, auf demselben Berg, wo man nichts programmieren kann und wo das Leben dem *todo o nada* preisgegeben ist.

Ich kann die Piedra del Fraile in dichterischen Worten beschreiben, denn dort habe ich reiche, wundervolle Stunden erlebt, die nichts zu tun hatten mit der Tatsache, daß man dort war, um einen immer über den Wolken schwebenden, vom Sturm verteidigten Berg zu bezwingen. Die Piedra del Fraile ist jedoch auch ein ungastlicher Ort mit einer wüsten Umgebung, wenn der Wind bläst und der Regen peitscht, zwei Tagesmärsche von jedem anderen menschlichen Wesen entfernt.

An der Piedra del Fraile habe ich ungefähr sechs Monate meines Lebens verbracht, nicht auf einmal natürlich. Ich habe von dort bis zum Einstieg ungefähr 17 000 Höhenmeter hinter mich gebracht, um die Supercanaleta anzugehen, das enge, über 1500 m hohe, fast senkrechte Couloir an der Westseite des Fitz Roy, das dann zum Gipfelgrat überleitet, der wiederum auf den Gipfel führt.

Alle diese Höhenmeter habe ich mit einem schweren Rucksack auf dem Rücken zurückgelegt, für nichts.

Und nicht nur das. Am Fitz Roy habe ich auch insgesamt 6000 m im Sturm abgeseilt, ohne je den Gipfel erreicht zu haben.

Ich kenne jeden Höhenmeter der Supercanaleta (des Supercouloirs), jener 1500 Meter, die ich wiederholt auf- und abgestiegen bin, einmal bis zum Gipfelgrat, zweimal bis zur Ausstiegswand und einmal bis auf zwei Drittel Höhe. Zuerst mit alten Lederschuhen und schlecht sitzenden kaputten Steigeisen, dann mit Kunststoffschuhen und Supersteigeisen, die in das blanke Eis eindringen wie in Butter, zuerst mit einem alten Eispickel, dann mit einem modernen Eisbeil, das sogar Glas faßt – jedesmal mit dem gleichen Ergebnis, einem *fracaso*.

Um bei der Wahrheit zu bleiben, im Augenblick erlebt man die Welt nicht als einen *fracaso*. Nein, im Augenblick ist man unglaublich froh darüber, dem Sturm entkommen zu sein, das Leben gerettet zu haben, keinen der vielen möglichen, kleinen Fehler begangen zu haben, die einen für die Ewigkeit in der Supercanaleta begraben können.

Man hat sich von den Lawinen nicht verschütten lassen, ist allen stürzenden Eisstücken ausgewichen, hat die Verankerung beim Abseilen nicht ausgerissen, hat den Griff um die mit Eis verkrusteten Seile nicht gelockert – und man leistet den beiden Amerikanern nicht Gesellschaft, die seit einigen Jahren in der Randspalte liegen, in die ich bei der Querung nicht den Mut hatte einen Blick zu werfen.

Aber ein paar Tage später, nach einer Nacht mit erholsamem Schlaf und nach einer guten Mahlzeit, da taucht die Versuchung wieder auf, das Spiel beginnt von neuem, *otra vez*, immer von neuem.

Man bricht auf bei schönem Wetter, dann wird es schlecht; dann bricht man auch bei schlechtem Wetter auf, man biwakiert am Einstieg, man biwakiert auf der Route, gerät wieder in einen Schneesturm. Der schlimmste Aspekt eines *fracaso* jedoch ist die Verspottung. Wenn man zum Basislager zurückkehrt, nachdem man gerade noch einmal mit heiler Haut davongekommen ist, und plötzlich drei Tage lang wundervollstes Wetter herrscht, das man nicht ausnützen kann, weil die Seile noch naß sind und die Erschöpfung noch nicht überwunden ist.

Verwünschungen, Entmutigung, Selbstvorwürfe – das nächste Mal wird es besser gehen, solange, wie das Rückflugticket gilt. Wäre das ganze Spiel mit einem offenen Rückflugticket vielleicht nie beendet?

Vom Fitz Roy kenne ich nicht nur die Supercanaleta. Ich kann auch die *Brecha de los italianos* genauestens beschreiben, sowohl wenn man vom Rio Blanco aus kommt, als auch von der Piedra del Fraile. Ich kann beschreiben, wie unangenehm die Überquerung des Eistrichters ist, der zur Silla führt, und wie der erste Teil der Kalifornierführe ist. Ich kann alles beschreiben,

*Zum Einstieg in die Supercanaleta.*

mit Ausnahme des Gipfels, jenes Gipfels, der über den Wolken schwebt, der immer in Sturm gehüllt ist, wenn ich mich nähere und in der Sonne leuchtet, wenn ich ihm den Rücken kehre.

Das Ganze ist wirklich unsinnig, denn ich liebe es eigentlich, zu laufen und umherzuschweifen und nicht, einen Berg zu belagern und noch viel weniger, meine Tage in abscheulichen, tropfenden Eishöhlen zu verbringen, um auf besseres Wetter zu warten. Ich liebe es, auf sonnenwarmen Fels zu klettern und statt dessen schlüpfe ich in enge, dunkle Rinnen mit zu Eis erstarrten Wasserfällen, die ich in den Alpen sorgfältig meide. Ich hasse alle offenkundig gefährlichen Plätze und begebe mich in einen Trichter, der wie geschaffen ist für Lawinen.

Ich bin mir all dieser Dinge bewußt, vollkommen bewußt. Ich weiß, daß es keinen Sinn hat, nicht mehr hat. Daß es inzwischen kein technisches Interesse mehr für mich hat. Daß es meinen Ehrgeiz nicht mehr befriedigt. Daß es kein Traum mehr ist, den es zu verwirklichen gilt, denn in dem ständigen Auf und Ab, in der Zerstückelung des Aufstiegs ist das Abenteuer zur Wiederholung geworden und hat an Glanz verloren. Ich weiß das alles.

Deshalb sollte ich eigentlich nicht mehr wiederkommen, denn genaugenommen spricht sehr vieles dagegen. Aber letzten Endes, wenn ich wirklich ganz ehrlich sein will – vollkommen ausschließen kann ich eine Wiederkehr doch nicht.

# Skier fallen vom Himmel

Es wäre großartig, ein Paar Skier hier zu haben – das hatten wir bereits mehrmals gedacht. Nur, Skier hier zu haben würde bedeuten, sie hierher gebracht zu haben; ein sperriges Gepäckstück im Flugzeug, unbequem zu Pferd, noch unbequemer auf dem Rücken. Skier sind nur an den Füßen bequem. Man müßte sie an den Orten vorfinden, wo der Schnee beginnt. Aus diesem Grund waren die Skier nur ein Wunschbild geblieben für zukünftige Unternehmungen, nützliche Gegenstände, aber dem Reich der Phantasie vorbehalten.

Da aber in Patagonien alles möglich ist, kamen wir eines Tages doch noch zu zwei Paar Skiern, die, dem Reich der Phantasie entwichen, sich plötzlich auf einem Felsblock zu Füßen eines Gletschers materialisierten.

Wir müssen jedoch zugeben, daß wir sie nicht zufällig dort fanden, auch wenn die ganze Angelegenheit fast eine *cosa patagonica* ist. Der Zufall fand auf andere Weise statt.

Eines Tages kommen zur Piedra del Fraile, wo wir unser Basislager haben, zwei junge Männer. Sie kommen nicht aus dem Tal, wie alle anderen, sondern vom *Hielo Patagonico,* dem Kontinentalen Patagonischen Eis.

Zuerst erscheint Thomas, ein stämmiger, kräftiger Mensch, dann Martin, ein schlankes Federgewicht. Sie sind sympathische und tüchtige Bergsteiger und verbringen einen Nachmittag

*Cerro Torre und Cordón Adela vom Patagonischen Eis aus gesehen. Foto W. Bonatti.*

bei uns im Schutz unserer dürftigen Blockhütte, während es draußen in Strömen gießt.

Wir sprechen über alles mögliche, besser gesagt, über alles, was unser Leben hier berührt. Über das Wetter natürlich. Über die Ausrüstung: Thomas trägt Triplex-Schuhe aus Leder, von denen jeder sicher drei Kilogramm wiegt. Martin erklärt uns, daß er nicht stark genug sei, um derartigen Ballast an den Füßen mit herumzuschleppen und er sich deshalb mit Kunststoffschuhen begnüge. Für das Klettern sei Leder besser, bei Regen seien die Kunststoffschuhe vorzuziehen und zum Skifahren seien beide gleich gut geeignet. Zum Skifahren? Ja, sie kämen gerade vom *Hielo Patagonico*, dem Patagonischen Eis, nachdem sie die Strecke vom *Paso del Viento* bis zum *Paso Marconi* entlanggefahren seien, mit den Skiern natürlich. Sie hätten eine sagenhafte Abfahrt den Marconi-Gletscher heruntergemacht. Wenn wir ihre Skier benützen wollten, sie liehen sie uns gern. Die Skier seien auf einem Felsblock deponiert für Freunde, die später kommen würden; wir sollten die Skier nur wieder an ihren Platz bringen.

Wir machen Pläne. Wir sind es leid, die Supercanaleta des Fitz Roy hinauf- und hinunterzusteigen, auch wenn es uns jedesmal schneller gelingt. Wir könnten mit den Skiern zur Westwand des Cerro Torre gehen und hätten damit etwas »Tapetenwechsel«.

Trotz der begeisterten Beschreibungen, die uns Thomas und Martin über ihr Skivergnügen liefern, beabsichtigen wir, die Skier hauptsächlich dazu zu verwenden, um auf den Gletschern beweglicher zu sein, leichter voranzukommen und weniger der Gefahr ausgesetzt zu sein, in Gletscherspalten zu stürzen.

Wir richten unsere Ausrüstung her und Lebensmittel für acht Tage... die Rucksäcke sind bereits so schwer, daß wir auf die Daunenschlafsäcke verzichten.

Der Wind hat die Stangen von Thomas' Zelt zerbrochen; wir werden dieses Problem nicht haben, denn wir nehmen nur ein Biwakzelt mit.

Wir suchten das Abenteuer beim Klettern und plötzlich finden wir es auf Skiern, finden Unvorhergesehenes, Neues. Die erste Neuheit ist, daß plötzlich schönes Wetter eintritt; es wird warm, windstill, für Patagonien außergewöhnlich.

Um dieses wundervolle Wetter als Bergsteiger ausnützen zu können, müßten wir beim Felsklettern sein. Stattdessen sitzen wir unter einer Eiswand voller Pappschnee und sehen die Wächten oben am Grat eine nach der anderen brechen. Wir wären verrückt, wollten wir jetzt einsteigen. Und nun?

Erst jetzt wird uns bewußt, daß wir ja auf dem Patagonischen Eis sind und Skier bei uns haben. Mit jeder Stunde, die verrinnt, legen wir ein Stück unseres Bergsteiger-Ichs ab. Unsere alpinistischen Ambitionen schwinden, lösen sich auf, ja, sie erscheinen uns sogar unsinnig. Vielleicht ist es das erste Mal, daß uns ein Verzicht nicht allzu sehr betrübt, trotz der gewichtigen, bis hierher transportierten Ausrüstung, die wir natürlich nicht zurücklassen können. Hier bietet sich uns die Gelegenheit zu einem anderen Abenteuer, und diese Gelegenheit ergreifen wir. Die spektakuläre Bergkette des Cerro Torre ist uns keinen Blick mehr wert. Wir sind von der Landschaft und der Großartigkeit des Patagonischen Eises gefesselt und gehen völlig in der Betrachtung auf.

Die Weite und das Schweigen sind unermeßlich. Alle Farben sind hell, zart, von samtiger Weichheit, fast durchsichtig in der reinen Luft. Bei Sonnenuntergang bilden sich wenige Meter über der Eisfläche feine Nebelschleier, die sich zwischen uns und die Berge am westlichen Horizont legen.

Wir können die Entfernungen nicht mehr abschätzen. Wo ist der Ozean? Wo sind die Fjorde? Ich glaube bis hierher die salzhaltige Meeresluft zu spüren. Einen kurzen Augenblick sind wir versucht, eine Überquerung bis zum Ozean zu wagen. Vielleicht sind es »nur« hundert Kilometer, Luftlinie sogar weniger..., aber dann gewinnt die Vernunft wieder Oberhand.

Mit unserem Lebensmittelvorrat für sechs Tage könnten wir nicht mehr zurückkehren. Und warum soll man immer etwas erreichen wollen? Können wir dieses eine Mal nicht einfach ein wundervolles Erlebnis genießen, so wie es sich uns darbietet, das Patagonische Eis genießen, auch ohne es zu durchqueren?

Wir halten uns nördlich, an den Bergen entlang. Wir beobachten, verbessern eine Karte, stellen uns Routen anhand der eingezeichneten Gletscher und Felsen vor. Hin und wieder schnallen wir die Skier ab und klettern einen Hang hoch, um alles von noch höherem Standpunkt aus betrachten zu können. Auf sonnenwarmen Felsen liegend verbringen wir unbeweglich viele Stunden und sind uns bewußt, daß wir nur sehr selten auf einem Berggipfel ein ähnliches Gefühl der Einzigartigkeit empfanden.

Einen Gipfel ersteigt man, erobert man, er ist ein Ankunftspunkt. Eine Überquerung mit Skiern ist eine Reise. Eine Wanderung über das Patagonische Eis mit Skiern ist eine erregende Reise durch großartige, von Menschen unberührte Räume. Wir beide, Schweigen, eine Skispur im Schnee, die sich verliert, und weit, weit weg unbekannte, wundervolle Berge, ein unsichtbarer Meeresarm, dessen Duft ich wahrnehme.

Dann taucht die unerklärliche Leidenschaft wieder auf, einen Gipfel zu erklimmen; wir können das mit unserer Skiwanderung verbinden, ja, mit Hilfe der Skier erst erreichen. Vor uns befindet sich ein Berg, den wir wiederholt studiert haben – zweiunddreißig mal, um genau zu sein, d. h. jedesmal, wenn wir den *Paso del Cuadrado* überschritten. Wir haben ihn auch schon einmal versucht.

Es ist die *Gorra Blanca*. Wie ihr Name schon sagt, trägt sie stets eine vom Druck des Windes gerundete Eiskappe. Und meistens ruht auf dieser ersten eine zweite Kappe, eine dichte Schicht kugeliger Wolken.

Die Besteigung hatte auch Padre De Agostini im Jahr 1935 versucht, aber erst 1964 war der Gipfel von zwei argentinischen Expeditionen erreicht worden, im Abstand von nur wenigen Tagen. Man sagte damals, zur alpinistischen Rivalität sei noch der Wettstreit um eine Frau hinzugekommen.

In der klaren Morgendämmerung überqueren wir schnell das Plateau des *Paso Marconi*, so leicht, als ob wir Langlaufski an den Füßen hätten. Der Schnee ist hart und bald sind wir an der Schulter, von der aus sich der Westgrat voller Eis und Schnee erhebt, mit einigen Wächten und Eispilzen verziert. Kleine Lapilli aus Bimsstein, auf dem Eis verstreut, als seien sie eben erst dorthin gefallen, erinnern uns an die Geschichte über den geheimnisvollen Vulkan Lautaro, den wir hier vor uns haben. Vergebens suchen wir nach Rauchsäulen oder anderen Lebenszeichen des Vulkans; er liegt unbeweglich vor uns, mächtig, eisbedeckt, und enthüllt nichts von seiner wahren geologischen Natur. Nur die Bimssteinbrocken hie und da verraten ihn.

Wir nehmen die Skier auf die Schulter und erreichen ohne Probleme die mächtige weiße Haube, die den Gipfel mit leichtem, durchscheinendem, wie gepreßtem Eis bedeckt. Wird es halten? Ich stoße vorsichtig die Steigeisen in die brüchige Masse. Das Knistern klingt etwas unheimlich, aber der Gipfel ist direkt vor uns.

Ein heiterer, patagonischer Gipfel, voller Sonne, ohne Wolken, ohne den Alptraum des Abseilens im Sturm.

Dieses Mal kein Abseilen, dieses Mal erwartet uns eine sagenhafte Abfahrt auf Skiern, auf zwei Finger dickem, bestem Firn, einem Firn von der Sorte, die jede technische Schwäche des Skifahrers verzeiht, Kilometer um Kilometer.

Die Wärme der vergangenen Tage hatte einen Teil des Schneebelags auf dem Marconi-Gletscher geschmolzen; so müssen wir zuletzt die Skier bis zum besagten Felsblock tragen. Wir deponieren sie sorgfältig. Es war ein wundervolles Geschenk: Skier, die vom Himmel gefallen waren, um uns ein Abenteuer zu schenken.

Danke. Thomas ist das Jahr danach in den heimatlichen Bergen abgestürzt, und so bleibt eine leise Trauer über unserer Dankbarkeit.

# Rio Z.

Den wirklichen Namen der Orte, über die ich im folgenden Kapitel berichte, möchte ich nicht bekanntgeben, aus verschiedenen, verständlichen Gründen. Aber die Dinge haben sich tatsächlich so ereignet, wie ich sie erzähle, in jenen Dezembertagen, in denen der Himmel die Zeichen des Unwetters trug, mit langgezogenen, vom Westwind bis in die Täler heruntergepeitschten Wolken.

Wir hatten einen mächtigen Berg mit seinem eisbewehrten Gipfel hinter uns gelassen. Nach zehn Tagen Annäherung und zwei Tagen Belagerung hatte er uns mit Sturm und Schnee abgewiesen. Er hatte seinen Gipfel in wirbelnde Wolken gehüllt und unser Biwak unter einem Meter frischen Schnee begraben. Die Lebensmittel waren zur Neige gegangen, wir konnten nicht länger bleiben.

Nachdem wir aus einem engen Tal mit einer tiefen Schlucht am Talausgang herausgekommen waren, was nur möglich war, indem wir die hochgelegenen Berghänge entlangquerten, die Kondornester an der gegenüberliegenden Wand auf gleicher Höhe, öffnete sich vor uns ein weites Tal, das auf unserer Karte als das Tal des Rio Z. bezeichnet war.

Neugierde und die Hoffnung, bald auf einen bewohnten Ort zu stoßen, an dem wir Nahrungsmittel finden konnten, veranlaßten uns, einen anderen Weg für die Rückkehr zu wählen. So hielten wir uns längs des Flusses, obwohl dessen Breite und die starke Strömung ein Durchwaten äußerst problematisch erscheinen ließen.

Von oben hatten wir jedoch die Spuren eines Karrenweges entdeckt. Sicherlich war er seit Jahren nicht mehr befahren worden, aber die Spuren der Räder konnte man noch gut in Sand und Kies und zwischen den dürren, dornigen Büschen erkennen. Nach links verlor er sich im weiten, sumpfigen Grasland am Fuße der nur mittelhohen, aber steilen Berge, auf deren Gipfel die Grenze verläuft. Nach rechts führte der Weg zu den Niederungen des Flusses, und vielleicht lief er das ganze Tal entlang, das sich so weit hinzog, daß man sein Ende nicht erkennen konnte.

Wir hofften, an diesem Weg den *puesto* M. zu finden, die Hirtenunterkunft, die auf unserer alten Karte eingetragen war. Die Karte hatte ein Bergsteiger aus dem Gedächtnis gezeichnet, aber bis jetzt hatte sie sich als ziemlich zuverlässig erwiesen. Es ging bequem bergab, das Gewicht unserer Rucksäcke belastete uns nicht zu sehr. Die früheren Benutzer hatten sich bei der Anlage dieses Weges bemüht, den Höhenunterschied mit weiten Kehren zu bewältigen, und man spazierte dahin wie in einem Park. Bei der letzten Kehre, ehe der Weg auf den Fluß stieß, stand ein hölzernes Ochsenjoch; es war handgearbeitet, noch vollkommen intakt, aber von Wind und Wetter gebleicht, ähnlich den Ästen und Stämmen, die ohne Rinde und in bizarr verrenkten Formen überall verstreut lagen.

Hier waren schon viele Jahre keine Karren mehr durchgekommen, denn kleine Büsche wuchsen auf dem Weg und versperrten den Durchgang. Im Sand zeigten sich jedoch Spuren von Pferdehufen, die in beide Richtungen verliefen, und die Pferdeäpfel deuteten darauf hin, daß der letzte Reiter vor nicht allzu langer Zeit hier vorbeigekommen sein mußte.

Der Karrenweg verlor sich im Kiesbett des Flusses und verschwand, ehe wir noch den *puesto* M. finden konnten. Wir hatten die in der Karte angezeigte Stelle bereits hinter uns gelassen, ohne auf irgendetwas zu stoßen. Immer öfter mußten wir nun unsere Schuhe ausziehen und durch kleine Sumpfgebiete und niedere Nebenarme des Flusses waten.

Auf trockenem Untergrund fanden wir regelmäßig die Spuren der Reiter und Pferde und waren beruhigt; war es doch der Beweis dafür, daß wir trotz allem dem richtigen Weg folgten. Gegen Abend und nach einem ganzen Tagesmarsch ohne Essen – wir besaßen nur noch einige Bonbons und etwas Speckschwarte – gelangten wir an einen felsigen Platz, auf dem das schwarze rußige Mal einer Feuerstelle zu erkennen war. Das Holz war noch etwas warm, aber niemand zeigte sich in der Nähe. Man hörte kein Wiehern und kein Blöken und roch keinen Rauch. Etwas weiter vorne leuchtete eine wunderschöne, grüne Wiese.

Das konnte sehr wohl der Ort eines *puesto* sein, auch wenn er in unserer Karte nicht angezeigt war. Man sah jedoch keine Gebäudereste, nur ein paar Steine ließen auf eine ehemalige Mauer schließen.

In einer Ecke stand ein kleiner Apfelbaum, rührend in seiner Verlassenheit. Irgendetwas verbot uns, unter dem kleinen, kaum verblühten Bäumchen unser Nachtlager aufzuschlagen, und so zogen wir auf den Spuren der Pferde weiter, bis wir mit einbrechender Dunkelheit Schutz unter einem dichten Gebüsch suchten, abseits der Spuren, obwohl die Abdrücke unserer Schuhe unser Versteck verrieten.

Am nächsten Morgen durchwateten wir das eisige, zu dieser Stunde niedrige Wasser des Rio und wanderten an seinem rechten Ufer weiter, wo der Karrenweg wieder aufgetaucht war. Wir aßen die Blätter und Blüten des Löwenzahns, der hier üppig wuchs und ein Zeichen dafür war, daß die Flußufer bestes Weideland waren. Papageienschwärme begleiteten uns und die Hasen, die von uns nichts zu befürchten hatten, da wir nicht in der Lage waren sie zu fangen, sprangen vor unseren Füßen durch das Gras. Wilde Rosen und lästige Pferdebremsen kündigten ein milderes Klima an.

Am späten Nachmittag hoben sich über dem Staub des Weges immer deutlicher die unverkennbaren Umrisse einer Pappelreihe ab: die *estancia!* Wir säuberten uns ein wenig. Angesichts der üblichen großzügigen Gastfreundschaft der *estancias* würden wir sicher etwas zu essen bekommen.

Der Name der *estancia* auf der Karte erübrigte ein langes Grübeln über die Art der Speisen, die uns vorgesetzt werden würden. Da es sich wohl um Besitzer englischer Abstammung handelte, konnten es zu dieser Tageszeit auch Tee und Kekse sein. Aber sicher würde früher oder später ein schöner *asado* zubereitet.

Die Pappeln wurden immer größer. Zu beiden Seiten des Weges tauchten Koppelzäune auf. Aber kein lebendes Wesen war zu sehen; nur die Schwalben flitzten über dem Kiesbett des nahen Flusses hin und her.

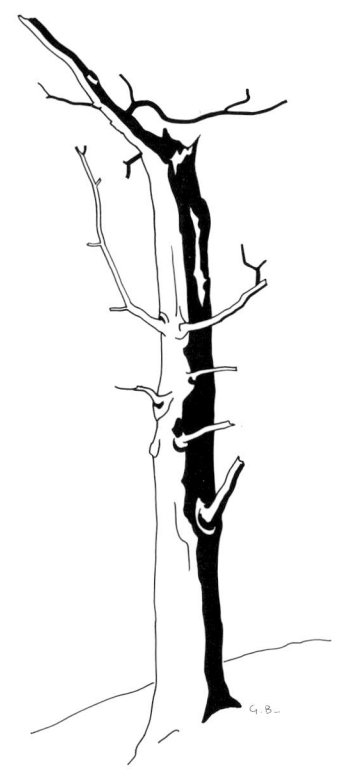

Plötzlich bog der Weg mit den Pferdespuren nach links ab und entfernte sich von der *estancia*.

Jenseits des Holzbalkens der *tranquera*, des Gatters, das den Zugang zur *estancia* darstellte, gab es keine Spuren mehr. Das Gras wuchs dicht und hoch. Alles schien bereits vor langer Zeit verlassen worden zu sein, obwohl auf dem Holzbrett über dem Eingang ein Name frisch eingeschnitten worden war, der dem Namen in unserer Karte nicht entsprach.

Beim Knarren des Gatters erhoben sich die im Gras verborgenen Großtrappen. Die Obstbäume waren verwildert und vom Wind zerzaust; nur die Sträucher der Johannisbeeren und Stachelbeeren trugen kleine, noch unreife Früchte.

Sehr zögernd traten wir ein. Die *estancia* war leer. In einer Ecke entdeckten wir einen *galpón*, einen Bretterverschlag, ziemlich verfallen, obwohl man erkannte, daß er einst sorgfältig gebaut worden war. Die Tür war angelehnt, fast offen. Auf dem Boden lagen Schachteln verstreut und an den Wänden hingen einige Geräte.

Zu essen – leider nichts. Aus den Schachteln quollen Kleidungsstücke, Schulhefte, Spielsachen, Buchhaltungsregister, Lumpen. Und dann: eine große Kiste Bücher, Chemiebücher, Bücher über die Schreinerei, einige Romane. Ein kleiner, schwarz-gelber Band fiel mir ins Auge: »Ernesto Sabato: Hombres y Engranajes«. Ich blätterte darin. Er war vielmals gelesen worden. Vor Hunger fielen wir fast um und es war eigentlich verrückt, unsere Rucksäcke mit einem weiteren Gewicht zu belasten. Bis zu unserem nächsten Lebensmittel-Depot erwartete uns noch ein Tagesmarsch; mit leerem Magen mußte noch ein uns unbekanntes Tal durchwandert, eine unbekannte Bergkette überstiegen werden…

Ich nahm das Buch und wischte den Staub weg, der das Vergessen greifbar machte. Es hatte kein Vergessen verdient, denn es war von bestürzender Aktualität. Die Überlegungen über die internationale politische Situation, über die Verantwortung der Wissenschaftler – ehe er aus ethischen Gründen seine wissenschaftliche Tätigkeit aufgab, war der Schriftsteller Ernesto Sabato Atomphysiker gewesen – paßten haargenau in unsere heutige Zeit, auch wenn sie bereits vor dreißig Jahren geschrieben worden waren.

Ich verstand nicht, warum mir ein solches Buch in die Hände fallen mußte, an einem solchen Ort, in einer solchen Situation. Ich wollte später darüber nachdenken. Jetzt gab es nur Anlaß zu einer Bemerkung über den Wert der Speise, die dem Geist gereicht wird, wenn man auf der Suche nach einem Braten oder wenigstens nach einem Stück Brot ist.

Aber jede Ironie war hier fehl am Platz. Das Ganze war eingebunden in eine seltsame, geheimnisvolle Situation, in die wir Einblick genommen hatten, ohne etwas zu verstehen. Wir fühlten uns unbehaglich, wußten, daß wir so schnell wie möglich von hier verschwinden sollten. Ich verbarg das Buch ganz unten in meinem Rucksack, zwischen Seilen und Strümpfen, und dann flohen wir eiligst vom Rio Z.

Viele Tage waren bereits vergangen, als ich einen alten *peón*, von dem man mir erzählt hatte, daß er auf fast allen *estancias* von Patagonien gearbeitet hätte, nach der *estancia* vom Rio Z. fragte. Ja, er wisse etwas.

Dort hatte es eine Geschichte mit Minen und mit Holz gegeben. Eines Tages wurde der Besitzer in Handschellen abgeführt; er brachte sich dann im Gefängnis der Küstenstadt um. Die Familie verschwand. Später wurde die *estancia* von einer alleinlebenden, sehr seltsamen Witwe gekauft, der inzwischen fast das ganze Tal gehört. Wie es scheint, verbietet sie das Betreten ihres Landes und ist jeden Tag zu Pferd unterwegs, um es zu überwachen.

Es sei besser, meinte der *peón*, den Rio Z. zu meiden.

# Eine *tropilla* wurde gestohlen

Eine *tropilla* wurde gestohlen, eine Schar Pferde. Man weiß nicht, wann es geschah, nicht wieviele Pferde es waren oder wem sie gehörten. Man weiß nur, daß sie gestohlen wurden, und die Nachricht, von den *peones* oder vom Radio verbreitet, läuft von *estancia* zu *estancia*. Sicher ist, daß die Pferde nach Chile gebracht wurden.

Es gibt immer Leute, die Vieh stehlen, um es nach Chile zu schmuggeln. Sie bringen es sogar durch den *Cañadon de la Vara,* wenn sie es von den Weiden der San-Lorenzo-Alm wegholen, obwohl auf der anderen Seite des Cañadon der Gletscher mit den Spalten ist. Meist ziehen sie jedoch hinter der *Sierra Colorada* vorbei, jenseits des *Cerro Pato Raro,* und steigen dann herab in die breiten und waldreichen Täler, von wo aus man die Grenze mühelos und ungesehen passieren kann.

Früher war das anders. Früher gingen sie direkt über die Kordillere, über schwierige Pässe, querten abschüssige Felswände voller Eis und Schnee. Niemand kennt mehr diese Pässe; und wer noch etwas von ihnen weiß, der schweigt. Außerdem kommt heutzutage ohnehin niemand mehr in diese Täler.

In ein Tal steigen manchmal, höchst selten, die *gendarmes,* die Grenzwächter herauf, um den Paß, den *Portezuelo del Rio Bravo* am Grenzstein B 14 auszukundschaften, dem einzigen Grenzstein auf einer Länge von 56 Kilometern Grenze. Ein paar Jahre hindurch lebten dort auch die Bergarbeiter, die Kupfer suchen sollten. Sie haben keines gefunden und sind wieder weggegangen. Geblieben ist nur ein Pferd. Es war die steile Böschung am Seeufer hinabgestürzt, und man hatte es für tot gehalten. Es erholte sich aber und lebt immer noch. Ab und zu wird es von einem der Grenzwächter gesichtet; der erzählt dann den *peones,* das Pferd der *mineros* sei wohlauf, es weide auf den Lichtungen nahe beim *Península*-See und komme auf seiner Suche nach saftigen Gräsern oft bis zum Gletscherrand des *Cerro Tres Hermanos* hinauf.

Bis vor 20 Jahren war das Tal von drei Brüdern bewohnt, *tres hermanos.* Sie waren die Neffen des legendären Pferdediebs Ascensio Brunel, der um die Jahrhundertwende gestorben ist und von dessen Taten auch Pater De Agostini berichtet hat. Die drei Brüder jedoch stahlen kein Vieh wie der berüchtigte Onkel, sie züchteten es. Aber auch sie waren sonderbare Menschen, Einzelgänger. Sie lebten in Blockhütten an den Ufern des *Volcán*- und des *Azara*-Sees, wo sie einige windgeschützte Gebiete ausfindig gemacht hatten.

Sie hatten keine Familie und keine Erben; nach dem Tod des letzten der drei Brüder Brunel verwilderte das Vieh, die Wege und Pfade in den Wäldern wuchsen erneut zu, die Blockhütten vermoderten und stürzten ein. Die *balsa,* ein Floß aus Baumstämmen, mit der sie das Vieh über die Grenze geschafft haben sollen, wurde in einem Unwetter zerstört. Nur ein grob geschnitztes Ruderblatt ist übriggeblieben. Es wurde unter einem Felsüberhang auf den Moränen gefunden, die den Ausfluß des namenlosen Sees mit dem dunklen und kalten Wasser umgeben und trägt ein Datum eingeschnitten, den 19. Januar 1955.

Jenseits eines hochgelegenen Sattels führt oberhalb des Sees ein langgezogenes Tal zu verschiedenen *estancias* und zu einem *pueblo,* einem kleinen Dorf. Man kommt dorthin nach einem Ritt von drei Tagen und zwei Nächten. Aber niemand kennt mehr diesen Übergang, obwohl auf der Paßhöhe die alten Feuerstellen im Schutz der letzten Bäume vom frischen Gras noch nicht ganz bedeckt sind. Niemand erinnert sich an diesen Übergang oder an den See mit dem Floß. Die roten Blumen des Notro leuchten keinem heimlichen Grenzgänger mehr entgegen. Nur die Wolken ziehen über die Grenze und türmen sich an trüben Tagen zwischen den steilen Wänden der Berge.

»Was macht ihr hier?« wollte Don Domingo Parra von den Bergsteigern wissen, nachdem er zwei Tage lang den Gleichgültigen gespielt hatte. »Ihr seid nicht wie die Touristen. Das sind nämlich Leute, die sich zu Hause in ihrem Dorf langweilen und dann hierherkommen und nach Dingen fragen, die es hier nicht gibt, wie Benzin oder eine Gaststätte. Die Touristen stehlen keine Pferde, sie können nicht einmal reiten. Wenn sie wenigstens die Schafe zusammentreiben könnten, dann würden sie sich unterhalten. Und ihr, lebt ihr in einem *pueblo* oder lebt ihr auf dem Land?«

»In einem *pueblo*«, erwiderte etwas verlegen einer der Bergsteiger, der in einer großen Stadt mit Wolkenkratzern zu Hause ist. »Wir brauchen Pferde, um – nun ja, um näher an die Berge heranzukommen. Wir – wollen die Berge fotografieren.«

»Ist gut«, erwiderte Don Parra beruhigt, »dann gehen wir und holen Pferde. Was für Pferde wollt ihr?«

»Vor allem brave, sanfte Pferde, Don Parra, denn in unserem *pueblo* reitet man nicht mehr alle Tage, und wir wissen nicht, wie man wilde Pferde bändigt.«

Don Parra nickte zuerst, schüttelte dann aber den Kopf. Sie waren keine Touristen, aber sie taten trotzdem seltsame Dinge. »Die Berge fotografieren, ist das eine Arbeit?« »Ja, manchmal kann es eine Arbeit sein, nicht immer.« Don Parra verstand das nicht so recht, aber wenigstens wollten sie etwas Ernsthaftes, Wirkliches. Sie wollten Pferde, und sie wollten sogar dafür bezahlen.

Don Domingo Parra hatte die Fünfzig bereits überschritten. Als Krüppel geboren, war er in einem kleinen Bauerndorf jenseits der Grenze aufgewachsen, das man damals nur über Bergpfade erreichte. Seine Verunstaltung hatte ihn zu einem scharfen und etwas philosophischen Beobachter gemacht. Zu Fuß konnte er sich nur hinkend fortbewegen, aber auf dem Pferd war er ein unerreichbarer Artist, ein Meister, wenn es darum ging, zentnerschwere Lasten auf den *pilcheros*, den Lastpferden, sicher zu verteilen.

Vor ein paar Jahren hatte ihm ein Pferd mit einem Nasenstüber die Schneidezähne ausgeschlagen; diese Zahnlücke dämpfte nun sein ansonsten freies und herzliches Lachen. Er hatte es sich angewöhnt, kleine Scherze über seine Mißgeschicke zu machen. Das war seine Art und Weise, mit dem Schicksal und mit seiner Situation fertig zu werden, obwohl er seine Behinderung auf würdige und stolze Weise trug. Neben seinen Pferden besaß er nur eine alte, mit Silber eingelegte Pistole und eine kleine Ledertasche mit einer Ahle aus dem Horn des *huemul*, des Andenhirsches, um die Drähte seiner Weideflächen fest spannen zu können.

Don Domingo Parra war Herr über nichts, außer über seine Zeit. Er verschenkte sie nur, wenn er wollte. Und so hatte er stets abgelehnt, als ihm mehrmals aufgrund seiner Tüchtigkeit bei der Feldarbeit angeboten wurde, als *mensual* zu arbeiten, mit monatlicher Lohnzahlung und einem Minimum an wirtschaftlicher Sicherheit. Er wollte lieber ein *por dia* bleiben, ein Taglöhner, und jeden Tag aufs neue entscheiden, wie und wann er arbeiten wollte.

So sagte er auch den Bergsteigern nicht: »Morgen holen wir die Pferde«, sondern blieb unbestimmt: »Wir werden sehen, ob morgen oder übermorgen; und einer von euch muß mir helfen sie zu holen, denn sie sind auf einer Weide weit weg von hier. Lassen wir für den

Augenblick alles offen, ihr seid meine Gäste.«

Warum die Fremden wohl solche Eile hatten? Er würde sie ein paar Tage hier bei sich behalten, damit sie ihm ein wenig Gesellschaft leisteten in diesem verlassenen Winkel, in den kein *encargado,* kein Verwalter und kein *peón* mehr geschickt werden wollte, und wo nur er, ohne Familie oder andere Bindungen, bereit war zu arbeiten, *por día* selbstverständlich, frei, um von heute auf morgen wegzugehen.

Auch sein Vorgänger hatte es nur eine Woche in dieser Einsamkeit ausgehalten, dann war er wieder verschwunden.

Don Parra hörte kein Radio, denn die Nachrichten kamen aus einer Welt, die nicht die seine war. Er bedauerte jedoch, nicht lesen zu können, denn so konnte er nicht verstehen, was auf den Etiketten ohne Bilder stand. Und weil er so einsam lebte, bestand für ihn das größte Vergnügen darin, jemanden zu haben, dem er seine Geschichten erzählen konnte.

Den Bergsteigern erzählte er viele Geschichten, aber nicht über sich selbst. Es war, als ob er nur Beobachter des Lebens der anderen gewesen wäre. Er erzählte von einem Gefährten, der gestorben war, weil er den für die Lampen bestimmten Alkohol getrunken hatte, und von einem anderen, der in der *estancia* beim Abladen eines Benzintanks von einem Lastwagen getötet worden war. Don Parra mochte keine Lastwagen. Sein Leben spielte sich zu Pferde ab, mit seinem Pferd ging er, wohin immer er wollte.

Ob er nie krank geworden sei bei dem Leben, das er führe, fragten die Fremden. Ja, einmal sei er sehr krank gewesen und 60 Meilen weit zu einem Arzt geritten. Der hatte ihm rote und grüne »Knöpfe« gegeben, die er abwechselnd schlucken sollte. Dann hatte er ihm geraten, nicht mehr zu reiten. Don Parra lächelte still.

»Was macht ihr im Winter?« fragte er die Bergsteiger. Diese wußten nicht, was sie darauf antworten sollten, denn im Winter dachten sie nur an die Berge, die sie im Sommer besteigen wollten. Wie sollten sie ihm das erklären? Aber Don Parra wartete die Antwort gar nicht ab und erzählte von den winterlichen Jagden auf den *león,* den Puma, mit seinen Hunden im tiefen Schnee, und von der Jagd auf den Strauß und den Guanako. Früher teilten die *estancieros* Waffen aus für die Jagd auf den Puma und verteilten Prämien an den, der einen Puma geschossen hatte.

Auf eine Bemerkung der Bergsteiger über die ungleiche Verteilung der Besitztümer antwortete er mit der lapidaren Feststellung: »Wenn die *estancieros* wenig verdienen, arbeiten wir überhaupt nicht mehr, und dann geht es uns noch schlechter.« Die Besucher verstanden, daß dort Fragen fehl am Platze sind, wo man allein das Schicksal als verantwortlich betrachtet für menschliche Geschicke und Ungerechtigkeiten.

Am Abend war Don Parra sehr erfreut, als er sah, wie gut den Besuchern sein sorgfältig zubereiteter *asado* schmeckte. Sie buken Brot, und es war gut gelungen. Vielleicht war einer von ihnen Bäcker in seinem heimatlichen *pueblo*.

Als sich die Bergsteiger zum Schlafen zurückzogen, blieb er noch beim großen Herd sitzen, auf dem die Kanne mit dem immer bereiten, kochenden Wasser stand. Ein schwacher, kaum wahrnehmbarer Schatten von Melancholie lag auf seinem dunklen Gesicht, wie er leicht gebückt den geschnittenen Tabak im dünnen Papier zur Zigarette rollte. Er war so sehr daran gewöhnt, seine geheimsten Empfindungen zu verbergen, daß es ihm auch in den schwierigsten Augenblicken ziemlich gut gelang.

Die Bergsteiger waren zwei Paare, zwei Männer und zwei Frauen. Sie träumten von ihrem Berg und daß Don Parra ihnen endlich die Pferde besorgte. Don Parra träumte von einer Frau, vielleicht auch von einer Familie, aber er war allein.

Als Don Domingo Parra eines schönen Tages die Pferde beisammen hatte, fehlten die Sättel und das Packzeug. Nein, er hatte keine Sättel und kein Packzeug. Vielleicht konnte man das bei Valentin ausleihen, dem Verwalter der *estancia La Escondida,* die in einer Entfernung von 15 Kilometern hinter dem *Cerro Condor* lag, jenseits der Lagune mit den rosafarbenen Flamingos. Da kein handsames Pferd mit Sattel zur Verfügung stand, um dorthin zu reiten, gingen die Bergsteiger zu Fuß; sie wanderten einer hinter dem anderen, auf kaum zu erkennenden Pfaden, über die Ebenen und durch die Täler rund um den *Cerro Condor,* der nach den jüngsten Regenfällen in frischem Grün leuchtete.

Valentin war ein Pferdenarr, und in den Wintermonaten fabrizierte er aus Leder kunstvoll geflochtenes Zaumzeug mit den Initialen seines Namens. Aber seit dem Tag, an dem sich sein Kind mit kochendem Wasser verbrüht hatte und er, um Hilfe zu holen, mit dem Pferd 20 Kilometer weit bis zum nächsten Waldhüterposten reiten mußte, weil der Eigentümer der *estancia* ihm den Lastwagen nicht leihen wollte, seit diesem Tag war ein eigener Lastwagen sein größter Traum. Den hatte er sich vor kurzem gekauft: einen alten, gelben, wunderschönen kleinen Lastwagen. Aber nach zwei Rundfahrten zu den benachbarten *estancias* und nachdem er bereits gelernt hatte, in Kilometern statt in Meilen zu rechnen, hatte der Lastwagen die für ihn fremden und unverständlichen Geräusche eines mißhandelten Getriebes von sich gegeben.

Die Besucher kamen gerade rechtzeitig bei Valentin an, um ihm zu erklären, daß es sich um das Differential handelte, das ohne Öl nun gebrochen war.

Sie erklärten ihm auch, daß es besser gewesen wäre, das Getriebe, statt es trocken laufen zu lassen, mit Hammelfett zu schmieren, mit dem gleichen Fett, in dem Don Parra jeden Morgen seine *tortas* brutzelte und das so schwarz und dick war wie das HD-Getriebespezialöl. Sie konnten ihm das Differential ohne Ersatzteile nicht reparieren, und auf der *Escondida* Ersatzteile zu beschaffen war ungefähr so leicht oder so schwer wie Pfirsiche auf den Mond zu bringen.

Valentin war zutiefst betrübt. Auch wenn zerplatzte Wunschträume nicht gerade das Ende der Welt bedeuten, war er doch stumm und untröstlich. Er hatte bereits davon geträumt, mit dem gelben Lastwagen zu seinem Dorf zu fahren, einer kleinen Ansammlung von Hütten mitten im *mallin,* der sumpfigen, mit Binsen bewachsenen Ebene am Fuße der Kordillere. Zu jenem entfernten und unbekannten chilenischen Dorf, das die Bergsteiger vergebens auf ihrer Karte suchten, führte keine Straße. Aber Valentin hätte den Lastwagen mit der alten großen Fähre, die *pilchero* hieß wie die Lastpferde, über den See gebracht; und alle anderen mit ihren blauen, zweirädrigen Karren hätten ihn bewundert und beneidet. So aber würde sein Lastwagen nie über das türkisfarbene Wasser des Sees fahren, und nie würde Valentin damit nach *Mallin Grande* kommen.

Aus *Mallin Grande* war vor vielen Jahren »Pancho« Gradin zu Fuß gekommen. Er trug einen Anzug zum Wechseln bei sich und ging am Ufer des Sees entlang, bis er zuerst nach *Chile Chico* kam. Dort blieb er einige Zeit und verdiente sich sein Brot, indem er das Schwemmholz vom Ufer des Sees sammelte. Das Holz wurde auf blaue, zweirädrige, von einem Pferd gezogene Karren geladen und in die Häuser des Dorfes oder auf die *estancias* gebracht. *Chile Chico* war erst im Jahr 1928 ein richtiges Dorf geworden und schien noch eine gewisse Entwicklung vor sich zu haben. Es gab dort mehrere aus Ziegelsteinen erbaute Häuser, und auf dem Dorfplatz waren Pinien und Zypressen aus Guaiteca sowie einige Reihen Aprikosenbäume gepflanzt worden. Man hatte auch eine Projektstudie ausgearbeitet für eine Brücke über den Rio Jeinimeini, der oft ganz plötzlich gefährliches Hochwasser führte. Die Studie landete jedoch in den Schubladen der Minister in Santiago und Buenos Aires und blieb dort liegen. An den Furten florierte weiterhin der Schmuggel mit Mehl.

Für Pancho Gradin gab es keine Arbeit, und so wanderte er von *estancia* zu *estancia,* immer zu Fuß, bis in die entferntesten Winkel Patagoniens, über wüstenähnliche Höhen und karge Steppen, auf den alten Pfaden der Tehuelche.

Er war nie mehr nach *Mallin Grande* zurückgekehrt. Ab und zu brachte ihm jemand Nachricht von seiner alten Mutter, die ihn gern wiedergesehen hätte. Aber Pancho Gradin wußte nicht, wie er in sein Dorf hätte zurückkehren sollen; außerdem hatte er versucht alles zu vergessen, was er hinter sich gelassen hatte.

Nach dreißig Jahren Arbeit hatte er es nur zum Besitz von drei Pferden gebracht; und nie hatte er das Reiten gut gelernt. Ihm waren die Arbeiten auf dem Boden lieber und als *por dia* konnte er die Arbeiten zu Pferd vermeiden. Er war nie von einer *estancia* weggegangen, wenn man ihn dort brauchte und hatte keinen *estanciero* während der Schafschur im Stich gelassen. So konnte er sicher sein, daß in einigen Jahren ein gutmütiger *estanciero* ihm eine Liegematte und ein Dach über dem Kopf anbieten würde als Gegenleistung für kleine Arbeiten und er so seine Tage beschließen würde. Er konnte und wollte nicht nach *Mallin Grande* zurückkehren, fast ebenso arm wie er von dort aufgebrochen war.

Pancho Gradin unterschied sich von den anderen *peones*. Nicht nur, weil er nicht reiten konnte und erst recht keine wilden Pferde zu bändigen vermochte, sondern vielmehr durch seine helle Hautfarbe, die blauen Augen und den Haarschopf, der einmal blond gewesen sein mußte. Das war das Erbe seines italienischen Großvaters; außerdem war er der einzige, der die argentinische Gewohnheit des Matetrinkens nicht angenommen hatte.

Zu seinem Unglück liebte er den Wein, der auf den *estancias* so selten zu finden und der für ihn so teuer war. Er erzählte von seinen Reisen zu Fuß, und die anderen hörten ihm zu, wie ein Guanako den Reden eines Kaninchens zuhören mag. Er war jedoch nicht der einzige, der zu Fuß angekommen war; das gleiche war einem deutschen Matrosen, einem Überlebenden des Panzerkreuzers Graf von Spee zugestoßen. Der hatte sich aber bald eine schöne *estancia* 30 Meilen weiter im Süden gebaut und seinen Sohn zum Studieren nach Deutschland geschickt. Ein anderes Mal war ein anderer Deutscher mit einem Fahrrad vorbeigekommen; er hatte sich aber nur kurze Zeit aufgehalten. Ebenfalls nur kurze Zeit war ein anderer geblieben, der von *estancia* zu *estancia* zog und die Klaviere stimmte. Gradin hatte nur wenig mit ihm gesprochen, da der Klavierstimmer nicht mit den *peones* gegessen hatte.

Als die Bergsteiger zu Pancho Gradin kamen, verstand er nicht sofort, was sie von ihm wollten. Aber als sie ihm erzählten, daß sie Angst davor hätten, die Pferde des Don Parra ohne Sattel zu reiten und deshalb zu Fuß bis vom Rincón gekommen waren, um sich bei ihm Sättel und Packzeug zu leihen, da empfand er große Sympathie für sie und bot ihnen sofort auch seinen eigenen Packsattel an. Morgen würde Valentin alles zum *Rincón* bringen, zu Pferd natürlich. Die Bergsteiger machten sich zu Fuß auf den Rückweg, von Pancho Gradin mit verständnisvollem Augenzwinkern verabschiedet.

Niemand schreibt die Geschichte der einsamen *estancias* in den Anden, aber manchmal stößt man durch Zufall in den Büchern auf eine von ihnen. Die *estancia El Rincón* war im alten Buch von Pater De Agostini abgebildet, der einmal dort zu Gast gewesen war: so hatten die Bergsteiger von der *estancia* erfahren. Vom ehemaligen Besitzer, Nicanor Torres, sagt man, daß er in der Nähe der *estancia* begraben sei, doch vielleicht stimmt das nicht.

Die *estancia* hatte mehrmals den Besitzer gewechselt, aber der Name war ihr immer geblieben. *El Rincón* paßte ausgezeichnet zu diesem einsamen Gehöft in einer baumlosen Gegend am Ende der Welt, wo kein Mensch das ganze Jahr über leben wollte.

Der Besitzer lebt ohnehin nie das ganze Jahr auf seiner *estancia*, auch nicht, wenn es eine bequeme *estancia* mit grünen, schattenspendenden Bäumen ist. Den Winter verbringt er in seinem schönen Haus in Buenos Aires oder Bahia Blanca. Einen Verwalter für *El Rincón* zu finden, der bereit war, das ganze Jahr dort zu leben, war äußerst schwierig.

Schließlich landete auf dem *Rincón* ein junger Mann mit araucanischen Gesichtszügen. Er stammte aus Neuquén und er war stark, willig, vertrauenerweckend, an die harte Arbeit in der Einsamkeit gewöhnt: Don Fabián Lautaro. Die Einsamkeit wurde durch eine Ehefrau gemildert, die aus *Mallin Grande* gekommen war, und durch neun Kinder, die alle, eines nach dem anderen, allein mit der Hilfe Don Fabiáns in dieser Einöde geboren worden waren.

Don Fabián wachte über Tausende von Schafen und Kühen, über Fohlen, die er zähmte und zuritt, und über seine Kinder. Das Leben auf *El Rincón* war im Grunde nach seinem Geschmack. Er ritt gern allein mit seinem Pferd über die Weiden, kontrollierte das Vieh und beobachtete alles, die Spuren der Tiere, die Pfeilspitzen der Tehuelche, die Fossilien in den Felsen. Er jagte die verwilderten Stiere, die einst den Brüdern Brunel gehört hatten, um sich das Leder zu beschaffen, mit dem er im Winter Seile und Zaumzeug für die Pferde flocht. Er arbeitete auch am Webrahmen, einem schmalen, senkrecht aufgestellten Webrahmen araucanischer Art, um sich bunte Schärpen zu weben, die er um die Hüften trug.

Seine Frau kochte, spann die Wolle, webte und strickte und zog in ihrem Gemüsegarten hinter dem Haus Radieschen und Stachelbeeren.

Don Fabián Lautaro hatte sich selbst das Lesen und Schreiben beigebracht. Seinen Kindern wollte er eine bessere Zukunft sichern, und deshalb tat er alles, um sie in die Schule zu schicken. Es gab eine Schule für Landwirtschaft und Schafzucht, 300 Kilometer von *El Rincón* entfernt, dorthin brachte er im Sommer seine Kinder und ließ sie in dem der Schule angegliederten Internat. Aber er wußte sehr wohl, daß es allein damit nicht getan war. Sein Drittgeborener, der bereits junge Pferde zureiten konnte, hatte ein Jahr auf den Schulbänken zugebracht, ohne auch nur ein einziges Mal den Mund aufzumachen, und die Lehrer hatten ihn wieder heimgeschickt auf die *estancia*.

Aus dieser Isolierung auszubrechen war nicht leicht, und deshalb dachte Don Lautaro, daß er sich als erstes einen Lieferwagen kaufen mußte, um etwas beweglicher zu sein mit seiner Familie.

Einige Winter hindurch verlegte er sich auf die Jagd nach Silberfüchsen. Auf langen, ermüdenden Streifzügen durch den Schnee kam er bis zum Posadas-See. Mit dem Erlös der Felle kaufte er sich einen Lastwagen und fühlte sich bereits unabhängiger. Der *Rincón* war jedoch auch mit einem Lastwagen eine Art Falle; sein Standort am Ende einer Ebene, die tiefer lag als die sie umgebenden Gebiete, und die steilen, behelfsmäßigen Pisten erlaubten es nicht, die Ebene bei schlechtem Wetter zu verlassen und noch viel weniger im Winter.

Die Ankunft der Bergsteiger war Don Lautaro höchst willkommen. Er bewirtete sie und begleitete sie zu den verschiedenen Lagerplätzen am Fuße der Berge. Regelmäßig erkundigte er sich, ob sie etwas benötigten und brachte ihnen ein Stück Fleisch oder einen Brotlaib als Geschenk, die er an einem Ast über dem Zelt aufhing. Er unterhielt sich gerne mit den Bergsteigern, die von einer Welt jenseits der Kordillere und der Pampa berichteten, wo es leicht war zur Schule zu gehen, wo es elektrisches Licht gab, wo man telefonieren konnte und wo sich die Eltern treffen konnten, um über die Zukunft ihrer Kinder zu beraten.

Eines Tages begleitete er seine Besucher bis zum Tal der wilden Stiere. Um die Stelle besser zu kennzeichnen, an der ein ihm bekannter Pfad abzweigte und durch den Wald steil nach oben kletterte, steckte er einen von Wind und Wetter ausgebleichten Knochen in eine Astgabelung.

Als er einige Schritte in den Wald hineinging, um seinen Besuchern den alten Pfad besser zu zeigen, den er fast verschwunden glaubte, blieb er verblüfft stehen: da waren frische Spuren im

Staub. »Das ist der *león*«, der Puma, erklärte er den Bergsteigern. Über die Hufspuren eines Pferdes verlor er kein Wort; es war besser, nicht zu genau nachzuforschen, denn er hatte bereits erraten, was geschehen sein mußte in diesem Tal, das zu einem verborgenen Paß hinaufführte. Er hatte bereits beschlossen, den *Rincón* zu verlassen; seine Tiere waren alle gekennzeichnet, es fehlte keines, außer den Schafen, die im vergangenen Winter vom *león* gerissen worden waren.

Als die Bergsteiger im folgenden Jahr wiederkamen, trafen sie Don Fabián zu ihrem Bedauern nicht mehr an. Der Besitzer der *estancia* hatte ihn, um auf seine Dienste nicht verzichten zu müssen, auf eine andere *estancia* versetzt, die weniger isoliert war; außerdem hatte er sich angeboten, das klügste der Kinder auf seine Kosten in eine Schule nach Rio Grande zu schikken. So hatte Don Lautaro auf der Suche nach einem besseren Leben ohne großes Bedauern *El Rincón* und der Einsamkeit den Rücken gekehrt.


Das Pferd, das seine Spuren auf dem Pfad zum geheimen Paß hinterlassen hatte, war in jener Nacht bis zum äußersten geritten worden, bis es am Ende seiner Kräfte war. Es war nicht mehr jung und der letzte Galopp über das steinige Flußbett hatte es erschöpft. Man nahm ihm den Sattel ab und ließ es laufen. Das war in der Nähe des Sees, auf dem einst das Floß lag; nun gab es dieses Floß nicht mehr, und das Tier würde den See sicherlich nicht durchschwimmen können. Das Pferd brauchte einige Tage, bis es sich seiner Freiheit bewußt wurde, auch wenn der Gedanke, freigelassen worden zu sein, weil es unnütz war, nicht gerade schmeichelhaft erschien.

Dann begann es jedoch seine Freiheit zu genießen. Es weidete auf den frischen Wiesen des *mallin*, in Gesellschaft der Großtrappen mit ihren eben ausgeschlüpften Jungen, und erinnerte sich an seine Jugendzeit, als es in der Herde im Hochtal des *Rio Furioso* umhergestreift war, mit weicher, wehender Mähne und langem Schweif. Als es eingefangen wurde, war ihm der Schweif gestutzt und die Mähne vollkommen abrasiert worden; nicht einmal die zwei Haarbüschel, die oft die Pferde der chilenischen *peones* trugen, hatte man ihm gelassen. Nun wurde sein Fell jedoch wieder glänzend und die Mähne wuchs nach.

Es erschrak fast zu Tode, als es nach vielen Tagen der Freiheit plötzlich die Bergsteiger aus dem Wald auftauchen sah. Es dauerte ein wenig, bis das Pferd merkte, daß die Fremden nicht in der Lage waren, es einzufangen, geschweige denn, ihm die Fesseln um die Beine zu binden, die es noch mehr haßte als den Sattel. Obwohl es sich immer in gehöriger Entfernung hielt, war es nach einigen Tagen doch ganz glücklich über die neue Gesellschaft; die Großtrappen schwatzten zuviel und außer ihnen gab es nur noch einige Andenhirsche, die jedoch viel zu scheu waren, als daß man mit ihnen hätte Freundschaft schließen können.

Auch die Bergsteiger, die in dem Tal zwei Wochen auf besseres Wetter warten mußten, faßten schließlich Zuneigung zu dem schwarzen Pferd mit der weißen Blesse auf der Stirn und sprachen von fern mit ihm, ohne es zu stören.

Als sie abzogen, wurde es dem Pferd bewußt, daß es sich zwar danach gesehnt hatte, seine Freiheit wieder zu erlangen, aber nicht um den Preis des Alleinseins. Es hatte die Bergsteiger vom Pferd der *mineros* erzählen hören, das im anderen Tal leben sollte, und es beschloß, am Ende des Sommers dorthin zu gehen, um mit einem Freund zusammen zu sein.

Aber der Traum des alten Pferdes sollte sich nicht erfüllen. Der Diebstahl der *tropilla* war angezeigt worden, und eines Tages erschienen im Tal bewaffnete Männer; sie fingen das Pferd und brachten es zur Polizei. Die gab es dem Händler, der jährlich zweimal kam und alte Pferde aufkaufte für die Schlachthäuser in den Küstenstädten.

Das erzählte Don Parra den Bergsteigern, die um ihr schwarzes Pferd trauerten.

# Reisevorschläge

# Allgemeine Informationen

Argentinien ist das europäischste aller südamerikanischen Länder. Man darf jedoch nicht die Effizienz und die Geschwindigkeit erwarten, die in unseren übervölkerten Ländern das Überleben möglich machen. Viele Umstände und Gegebenheiten erinnern an die Länder Europas während der fünfziger Jahre vor dem Wirtschaftswunder und vor dem achtundsechziger Herbst.

In Argentinien retten Großzügigkeit und Improvisationstalent auch die Situationen, die hoffnungslos verfahren erscheinen. Die Initiative des einzelnen und die Solidarität aller helfen auch die schwierigsten Fälle zu lösen, denn man hat noch Raum und Zeit, sich dieser Fälle anzunehmen.

Der Reisende wird immer mit Sympathie und großer Bereitschaft aufgenommen. An ihm liegt es dann, das Land und seine Wirklichkeit verstehen zu lernen, damit eine gegenseitige Verständigung geschaffen werden kann und damit er nicht gewisse Verhaltensweisen hervorruft, die zwischen ironischem Selbstmitleid und irrationalem Nationalismus schwanken. Denn mit dieser Haltung versucht der Lateinamerikaner sich und sein Selbstbewußtsein vor dem überheblichen Hochmut der Reicheren und Glücklicheren zu schützen.

In Chile herrschen größere wirtschaftliche Beschränkungen, und für die nahe Zukunft ist aufgrund der vorhandenen Strukturen auch keine Änderung zu erwarten.

## Einreise in Chile und Argentinien

Deutsche, Schweizer und Österreicher benötigen für Chile und Argentinien kein Visum, wenn die Aufenthaltsdauer 90 Tage nicht übersteigt. Nötig ist dagegen ein gültiger Reisepaß. Man kann die Aufenthaltsdauer einmal um weitere 90 Tage verlängern. Die Ein- und Ausreise muß an einem amtlichen, dafür vorgesehenen Grenzposten erfolgen. Grenzüberschreitungen an nicht für die Ein- und Ausreise vorgesehenen Grenzposten ist nur Bewohnern der anliegenden Staaten erlaubt. Das kompliziert den Zugang zu einigen, unter alpinistischen Gesichtspunkten interessanten Gebieten entlang der Grenze, wo der Berg oft auf chilenischem Staatsgebiet steht, der einfachere Zugang aber von argentinischer Seite aus erfolgt. Wer unbeabsichtigt eine Grenze überschreitet (der Grenzverlauf ist auf den Bergen nicht markiert), der sollte versuchen, auf dem Anmarschweg auch wieder zurückzukehren.

Es ist ratsam, von Europa aus sein Gepäck vollständig bei sich zu haben und nichts vorauszuschicken, denn in diesem Fall sind die Zollformalitäten sehr umständlich und langwierig.

## Reisezeit

Die beste Reisezeit für Patagonien ist der südamerikanische Sommer (Dezember bis Februar). Für die Bergsteiger hat sich in den letzten Jahren die Zeit zwischen Ende Oktober und Mitte Dezember als günstig erwiesen.

Da während der Sommerferien in Argentinien und Chile leicht alle Flüge ausgebucht sind, sollte man auch die Inlandflüge rechtzeitig bestellen, wenn man in der Zeit zwischen Mitte Dezember und Mitte Februar fliegen will. Für Reisende können auch die Monate Februar und März geeignet sein.

**Verkehrsmöglichkeit**

*Straßen*

In Argentinien gibt es zwei wichtige, in Nord-Süd-Richtung verlaufende Verkehrswege nach Patagonien. Auf der atlantischen Seite verbindet die vollständig asphaltierte Ruta Nr. 3 Buenos Aires mit Rio Gallegos (über Bahia Blanca–Viedma–Trelew–Comodoro Rivadavia) und führt dann über ein Stück chilenischen Staatsgebiets nach Ushuaia in Feuerland.

Die Ruta Nr. 40 schlängelt sich am Fuße der Kordillere entlang; sie ist fast ausschließlich Schotterstraße und stellt eine Verbindung zu den kleinen Orten im Innern dar: El Calafate–Tres Lagos–La Riera (Gobernador Gregores)–Perito Moreno–Esquel, und führt dann weiter nach Malargüe und Mendoza.

Im noch wenig erschlossenen chilenischen Gebiet wurde in den letzten Jahren eine Erdstraße gebaut, die Puerto Montt durch Fähren über Coyhaique mit Puerto Ibañez und Chile Chico verbindet. Weiter im Süden verläuft eine gute Straße über 250 km von Puerto Natales (beim Grenzübergang von Rio Turbio nach Argentinien) nach Punta Arenas.

Quer durch das Land verlaufende Straßen gibt es in Chile und Argentinien nur wenige, die dazu noch schlecht ausgebaut sind. In Argentinien bestehen jedoch einige direkte Verbindungen zwischen den Orten an der atlantischen Küste und den Orten im Innern. Außerdem bietet sich in Argentinien auch eher die Möglichkeit, von öffentlichen Verkehrsmitteln Gebrauch zu machen; die Verbindungen erfolgen meist jede zweite Woche, selten täglich.

Leider kann man die Nationalparks nicht mit öffentlichen Verkehrsmitteln erreichen, ebensowenig die meisten interessanten Örtlichkeiten, deshalb muß man Taxis nehmen (Autos oder Kleinbusse). In Chile ist es ähnlich. Dort gibt es gute tägliche Verbindungen zwischen Puerto Natales und Punta Arenas und zweiwöchentlich zwischen Puerto Ibañez und Coyhaique.

Dichter Verkehr herrscht nur auf der Ruta Nr. 3; das ist auch die einzige Straße, bei der das Weiterkommen per Autostop aussichtsreich ist (Lastwagen). Wer in anderen Gebieten *a dedo*, per Autostop, reist, läuft Gefahr, tagelang in verlassenen, unwirtlichen Gegenden herumhängen zu müssen.

**Flugverkehr**

Das Flugzeug ist das beste Verkehrsmittel für Patagonien; es hat dort fast übergangslos Pferd und Ochsenkarren ersetzt.

In Argentinien, wo alle Verkehrswege von Buenos Aires ausgehen und nach Buenos Aires führen, fliegen die zwei nationalen Fluggesellschaften Aerolineas Argentinas und Austral oft mehrmals täglich nach Rio Gallegos, Comodoro Rivadavia, Trelew, Bahía Blanca, Rio Grande, Ushuaia, Neuquén, Bariloche und Esquel. Die LADE, eine von der Armee betriebene Luftlinie, fliegt die kleinen Orte im Landesinnern an und verbindet sie mit dem Luftnetz der großen Gesellschaften. Die Tickets sind sehr preiswert, leider verkehren die Flugzeuge nicht immer. Zur Hochsaison zwischen Dezember und März ist es unbedingt nötig, die Flüge sofort nach Ankunft in Buenos Aires oder von Europa aus vorzubuchen. Die wichtigsten Routen der LADE sind: Rio Gallegos – El Calafate – Gobernador Gregores – Perito Moreno – Comodoro Rivadavia. An diesen Orten kann man auch kleine Privatflugzeuge für touristische Rundflüge finden.

In Chile unterhält die Fluggesellschaft LAN-Chile einen regelmäßigen Flugdienst zwischen Santiago und Punta Arenas, Balmaceda und Puerto Montt. Kleinere Gesellschaften fliegen auch von Coyhaique und Chile Chico aus und stellen oft kleine Flugzeuge für private Flüge zur Verfügung. Punta Arenas wird auch von Lufthansa, Air France und Iberia angeflogen.

*Die Laguna San Rafaél. Foto G. Oyarzún.*

## Schiffsverkehr

Durch die zahlreichen, gut organisierten Flugmöglichkeiten hat der Schiffsverkehr an Bedeutung verloren. Er ist jedoch immer noch interessant, wenn man Land und Leute von einer etwas ungewöhnlicheren Seite aus entdecken will.

Es gibt auf dem Lago Argentino eine Schifffahrtslinie, die Rundfahrten von Punta Bandera (30 Kilometer von Calafate) zum Upsala-Gletscher und zur Onelli-Bucht (Aussteigemöglichkeit) ausführt.

Auf dem Buenos-Aires-See verbindet wöchentlich eine malerische Fähre die einzelnen Orte am Ufer miteinander sowie mit Puerto Ibañez und Chile Chico. Der Buenos-Aires-See ist der größte und vielleicht auch der schönste der patagonischen Seen.

In den Kanälen am Pazifischen Ozean verkehren monatlich dreimal Fähren zwischen Puerto Montt, Puerto Natales und Punta Arenas. Puerto Montt ist auch Ausgangspunkt für andere Schiffe, die verschiedene Küstenorte, die Insel Chiloé und die Laguna San Rafael anfahren, von der aus man Zugang zum Nördlichen Patagonischen Eis hat.

## Unterkunft

Alle Orte mit einem gewissen touristischen Aufkommen verfügen über geeignete Unterkünfte. In den verkehrsreichsten Punkten (Straßenkreuzungen, Eingang zu Nationalparks usw.) sind die »Hosterias« entstanden, die meistens ziemlich teuer sind. Ebenfalls sehr teuer sind die großen Hotels, wo der internationale Tourismus haltmacht.

Es gibt zwei Arten von Campingplätzen, die meist von den Gemeinden oder den Nationalparks verwaltet werden: Campingplätze mit sanitären Einrichtungen und geringen Gebühren

(Calafate, Perito Moreno, Los Antiguos usw.) und Campingplätze ohne sanitäre Einrichtungen, die gratis sind (Gobernador Gregores usw.). Man kann auch gut private Übernachtungsmöglichkeiten finden oder auf Privateigentum sein Zelt aufstellen. In den Orten ohne Fremdenverkehrsamt wendet man sich am besten an die Gemeindeverwaltungen, die in Argentinien und Chile sehr hilfsbereit sind.

### Verpflegung

Selbstversorger, die sich die notwendigen Lebensmittel in Patagonien kaufen wollen, müssen berücksichtigen, daß alles etwas teurer ist, da die Produktionsgebiete weit entfernt liegen. Es ist deshalb ratsam, sich in den Städten an der atlantischen Küste mit allem einzudecken. Der chilenische Teil Patagoniens ist teurer und bietet nur eine begrenzte Auswahl. Ausgezeichnet und reichhaltig, aber immer in Verbindung mit Fleisch, sind die Mahlzeiten, die einem auf den *estancias* angeboten werden.

Eine gewisse Aufmerksamkeit sollte man den in den Supermärkten und Kaufläden angebotenen Lebensmitteln schenken. Die Vorschriften über Zusätze sind in Argentinien und Chile weniger streng als in Europa; neben guten, naturreinen Produkten kann man auch andere finden, denen man besser nicht vertraut.

Während man im argentinischen Teil Patagoniens frisches Obst und Gemüse nur selten findet, ist es in Chile meistens reichlich und in bester Qualität vorhanden (natürliche Düngemittel, wenig Schädlingsbekämpfungsmittel).

Die gesundheitlichen Bedingungen sind annehmbar, denn das Klima Patagoniens ist trocken und frisch, trotz des vielen Staubs (Schutzbrille nicht vergessen). Das Wasser ist trinkbar, leider in vielen Orten sehr salzig oder zu stark gechlort, gut und sauber dagegen im Gebirge.

Auf der chilenischen Seite ist etwas größere Vorsicht geboten; da das Klima hier feuchter ist,

### Kleidung

Die Hauptmerkmale des patagonischen Wetters sind im Sommer der Wind und die plötzlich eintretenden heftigen Regenfälle. Deshalb benötigt man leichte bis warme Kleidung und guten Regen- und Windschutz. Starke Temperaturunterschiede sind häufig.

### Bademöglichkeiten

Die kalten Meeresströmungen, das Entzücken der heimischen Seehunde, sind für das Badevergnügen der menschlichen Rasse nicht besonders geeignet. In der Provinz Chubut gibt es trotzdem einige schöne, gut ausgestattete und viel besuchte Atlantikstrände. Dazu gehören Puerto Madryn, ungefähr 70 Kilometer von den alten walisischen Siedlungen Rawson und Trelew entfernt, wo man noch walisische Architektur und Gastronomie vorfinden kann, und Rada Tilly, 10 Kilometer von Comodoro Rivadavia entfernt. Die Strände sind breit, niemals übervölkert – höchstens verirrt sich ein einsamer Pinguin dorthin. Ein Paradies für Surfer.

Die großen Seen am Fuß der Anden sind zu kalt zum Baden; sie werden von den Gletschern der Kordillere gespeist und sind mit zahlreichen bläulich schimmernden kleinen Eisbergen, den *témpanos,* verziert.

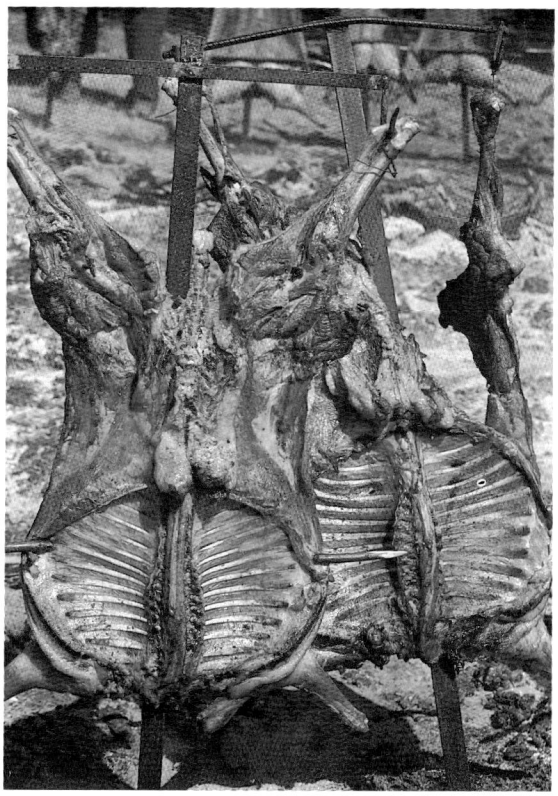

*Lamm am Spieß (asado).*

sollte man die Trinkbarkeit des Wassers in den Orten erst prüfen. Es gab Fälle von Maltafieber und deshalb ist es auch besser, bei den übrigens ausgezeichneten frischen Käsesorten vorsichtig zu sein.

# Auf der Suche nach Naturschönheiten

Zu den eindrucksvollsten Erlebnissen einer Patagonienfahrt gehört ein Besuch bei den patagonischen »Wundern der Natur«. Man sollte sich genügend Zeit dafür nehmen und sich darauf vorbereiten; Informationsmaterial kann man fast überall auch an Ort und Stelle erhalten. Und man sollte die richtige Einstellung für den natürlichen Lebensrhythmus des Landes mitbringen, wozu auch gehört, daß man bei einer Reifenpanne des Minibusses nicht gleich die Lust am Abenteuer verliert.

In den größeren Orten werden manchmal auch tägliche Fahrten mit Führer zu den interessantesten Zielen organisiert.

Einige der einfachsten und reizvollsten Unternehmungen sind folgende:

– Von Puerto Madryn aus: Besuch der Peninsula Valdés, der Valdés-Halbinsel (einzigartiger Liegeplatz für Seeelefanten, Seelöwen und zahlreiche Wasservögel; außerdem reichhaltige Fossilienfunde aus dem Tertiär) und der Pingüinera di Punta Tombo, der Pinguinkolonie von Punta Tombo.

– Von Comodoro Rivadavia aus: Besuch der »Reserva Geologica Bosque Petrificado«, des »Steinernen Waldes« bei Sarmiento (Araukarienfossilien).

– Von Rio Gallegos aus: Pinguinkolonie bei Cabo Virgenes (Nistzone in der Zeit von September bis März); Laguna Azul, die Blaue Lagune inmitten von basaltischen Laven von den jüngeren Ausbrüchen des Pali-Aike (auf dem Grund einer privaten *estancia*).

Von Rio Gallegos aus bestehen gute Verkehrsverbindungen nach Ushuaia (600 Kilometer auf dem Land- und Luftweg); man sollte von hier aus einen Abstecher nach Feuerland nicht versäumen.

– Von Calafate aus (315 Kilometer von Rio Gallegos; Verbindung mit Bussen oder Flugzeugen der LADE): Glaciar Perito Moreno, der Perito-Moreno-Gletscher im Gletschernationalpark; er reicht bis zum waldreichen Vorgebirge. Bootsausflug auf dem Lago Argentino mit Abstecher zur Onelli-Bucht und zum Upsala-Gletscher (teuer aber lohnend).

Wer länger in diesem Gebiet bleiben möchte, sollte zum schön gelegenen Campingplatz »La Jeronima« am Ufer des Lago Roca fahren, ungefähr 65 Kilometer von Calafate entfernt.

– Von Punta Arenas aus: Parque Naciónal Los Pinguinos (mit dem Schiff zwei Stunden von Puntas Arenas); Parque Naciónal Pali-Aike (basaltische Laven).

– Von Caleta Olivia aus (200 Kilometer): Monumento Natural Bosque Petrificado (riesige Araukarienfossilien; für die Strecke ist ein Geländefahrzeug nötig).

# Ausflüge und Touren

Ausflüge und Touren stellen eine Art »Leitfaden« dar für eine Reise nach Patagonien, deren Ziel in erster Linie die Natur ist, eine Natur mit überwältigender Großartigkeit.

Besonders lohnend ist der Besuch der Nationalparks. Wer etwas Bergerfahrung hat und längere Touren nicht scheut, für den wird der Paine-Nationalpark zum unvergeßlichen Erlebnis. Es gibt Ausflugsmöglichkeiten entlang der markierten Wege mit Übernachtungen in unbewirtschafteten Hütten oder Unterständen für die längeren Touren (bis zu 8 Tagen) durch eine Natur, die man mit Recht noch als wild und unberührt bezeichnen kann. Der Gletschernationalpark Los Glaciares bietet Touren in das Gebiet des Fitz Roy und des Cerro Torre bis zu den Basislagern für Bergsteiger im Tal des Torre-Gletschers, des Rio Blanco und zur Piedra del Fraile im Tal des Rio Electrico (Wege und Steige).

Beide Parks verfügen über einen Stützpunkt in Form einer »Hosteria«. Der Perito-Moreno-

*Am Ufer des Volcán-Sees im Naturpark Perito Moreno.*

Park dagegen ist kaum erschlossen und setzt eine gewisse Eigenständigkeit des Reisenden stillschweigend voraus. Es gibt keine markierten Pfade. Der Parkwächter, wenn er anwesend ist, ist in der Regel gern bereit, die Besucher zu den interessantesten Stellen der Parks zu führen.

Eine besonders schöne Fahrt, die einen Überblick verschafft über die ursprüngliche, vom Massentourismus noch nicht berührte Natur Patagoniens, geht von Perito Moreno nach Los Antiguos, weiter durch den Fluß Rio Jeinimeini nach Chile Chico und mit der Fähre über den Buenos-Aires-See bis nach Puerto Ibañez, dann auf dem Landweg weiter nach Coyhaique (von dort kann man mit dem Bus, der Comodoro Rivadavia und Balmaceda über Rio Mayo und Coyhaique verbindet, nach Argentinien zurückfahren). Diese Tour ist den *mochileros (mochila* = Rucksack) bestens bekannt; aber auch wer nicht mit dem Rucksack Kontinente durchwandert, sondern im Hotel übernachtet und auch da manche Unbequemlichkeit in Kauf nehmen muß, wird von dieser Tour und ihrem Reiz verzaubert sein.

Ein anderes, ungewöhnliches Erlebnis stellt die Fahrt von Puerto Montt nach Punta Arenas durch die Kanäle an der Pazifikküste auf der Route der großen Weltumsegler dar. Da die Schiffe nur selten fahren, muß man rechtzeitig buchen.

Von Punta Arenas aus kann man Tagesfahrten zur Otway- und zur Skyring-Bucht unternehmen und von Rio Verde zur Insel Riesco umsteigen. Von Puerto Natales gelangt man per Schiff (45 Kilometer) zu den Gletschern des Monte Balmaceda; man kann auch Schiffe finden, die zum berühmten »Canal de las Montañas« fahren. Wer über ein Schlauchboot mit Außenbordmotor verfügt, kann viele dieser Strecken selbst fahren, muß dafür jedoch zuerst die Genehmigung beim Schiffahrtsamt in Puerto Natales einholen.

*Nach der Durchquerung eines Flusses.*

# Begegnung mit der Kultur des Landes

Patagonien hat eine verhältnismäßig junge Geschichte, aber seine Kultur verdient es, daß man sich eingehend mit ihr befaßt. Der Übergang von der Nomadenkultur oder der jungsteinzeitlichen Kultur in das hochtechnisierte Datenzeitalter vollzog sich hier in weniger als hundert Jahren. Das ist der Grund für eine gewisse Unausgewogenheit, es ist aber auch der Grund dafür, daß in Patagonien bis heute Werte erhalten wurden, die in andern Ländern längst untergegangen sind.

Die Zeugnisse der prähistorischen Vergangenheit sind bedeutsam, originell und auch unter ästhetischen Aspekten charakteristisch; man könnte fast sagen, daß in Patagonien nur die nomadisierenden Tehuelche genügend Zeit und Lust hatten, sich mit künstlerischen Ausdrucksformen zu befassen. Ein Besuch in der »*Cueva de las manos*«, der Höhle der Hände, sollte nicht versäumt werden. Man kann die Höhle an einem Tag von Perito Moreno aus besichtigen. Es gibt noch andere Orte mit Felszeichnungen und Höhlenmalereien, unter anderem im Perito-Moreno-Nationalpark und im Hinterland von Chile Chico. Zahlreich sind auch die »*picaderos*«, die Orte, an denen die Tehuelche ihre Steinwerkzeuge bearbeiteten; man kann sogar noch Splitter und Werkzeugteile finden (Hochplateaus des Buenos-Aires-Sees, im Gebiet des Cardiél-Sees, auf der »*La Cruzada*« genannten Route, die zwischen dem Posadas-See und dem Belgrano-See über die Berge führt).

Es wurden Reservate beim Cardiél-See und bei Las Heras eingerichtet, wo noch einige Familien der letzten, reinrassigen Tehuelche leben. Man sieht jedoch nur noch einen schwachen Abglanz ihrer alten, nun endgültig verschwundenen Nomadenkultur.

Die vielfach unternommenen Bemühungen, das alte Kulturgut der Tehuelche zu retten, führen oft zu einer etwas zweifelhaften Vermischung mit der sogenannten Landesfolklore.

Aus der Kolonialzeit gibt es nur wenige Zeugnisse, denn die Spanier waren allein daran interessiert, einige strategisch wichtige Punkte an der Atlantikküste und in der Magellanstraße in Besitz zu nehmen. Erst im Jahr 1778 befahl der spanische Vizekönig von Rio de la Plata, die Atlantikküste zu bevölkern, um zu verhindern, daß die Engländer sich dort niederließen. So wurde 1780 der Hafen San Julián gegründet, aber bereits 1784 wieder aufgegeben, da die Bewohner einer nach dem andern vom Skorbut dahingerafft wurden. Von der Kolonie und ihren charakteristischen Holzbauten ist keine Spur übriggeblieben.

Die Besiedlung und eigentliche Besitznahme des Gebietes erfolgte erst, nachdem Chile und Argentinien ihre Unabhängigkeit vom spanischen Mutterland erfochten hatten. Zeugnis dieser Besitznahme ist das 1843 errichtete Fuerte Bulnes, das Fort der chilenischen Garnison an der Magellanstraße, 54 Kilometer vom heutigen Punta Arenas entfernt.

Im Jahr 1885 gründeten die Argentinier in einem Gebiet, das die Spanier bereits entdeckt, aber nie besiedelt hatten, die Stadt Rio Gallegos.

Charakteristisch für die ersten Siedlungen sind die schachbrettartig angeordneten Grundrisse der Städte mit ihren gleichförmigen und gleich großen Häuserblocks, den *cuadras*.

Da diese Ansiedlungen meistens Pionischarakter hatten, gibt es nur wenige Gebäude aus den *adobe* genannten Ziegelsteinen, in denen der Einfluß der spanischen Kolonialarchitektur noch sehr deutlich zu spüren ist. Weniger offensichtlich ist in der Architektur der britische Einfluß, der zumindest im wirtschaftlichen Bereich sehr intensiv war. Man denke nur an die Häfen und Eisenbahnen (auch die kleinen patagonischen Eisenbahnlinien für den Fleisch- und Kohletransport, an die eine ausgestellte Lokomotive in Puerto Natales erinnert), sie waren fest in englischer Hand.

Jedes Städtchen, jedes Dorf hat versucht, sein »erstes Haus« intakt zu erhalten. Diese Häuser wurden meist um die letzte Jahrhundertwende errichtet. Manche sind aus Lehmschlamm erbaut, wie in Calafate (1912), aber der größte Teil entstand aus Baumstämmen und Brettern und wurde mit Blech verkleidet. Das Blech gewann man aus alten Fässern und Büchsen, man klopfte es glatt und oft wurde es grün oder blau angestrichen. Diese Häuser sind ein Beweis für die unendliche Geduld und den Einfallsreichtum der Pioniere, aber auch für die Geschicklichkeit ihrer heutigen Bewohner.

Die ursprünglichste Stadt ist Puerto Natales mit seinen Häusern aus Holz und Blech, die ein wenig an Norwegen erinnern, eingebettet in eine großartige Landschaft aus Bergen und Meer. In Punta Arenas dagegen spürt man die Atmosphäre jener heruntergekommenen Hafenstädte, die immer noch einen Schimmer ihrer einstigen Größe und Bedeutung bewahren.

Das Heute wird durch die Bohrtürme symbolisiert, durch die Fischverarbeitungsfabriken, durch Kohlebergwerke und Schafzucht.

Einige Aspekte der Schafzucht sind auch für den Touristen interessant. Ein Besuch auf einer *estancia* ist empfehlenswert, damit man sich eine Vorstellung machen kann von dem Leben, das der größte Teil der patagonischen Bevölkerung führt. Vor allem die *esquila*, die Schafschur, ist

*Vor dem Rodeo.*

ein Ereignis. Sie findet im Januar statt und ist heutzutage fast ganz automatisiert, von der Schur bis zur Verpackung der Wolle in große Ballen; aber für den Besucher, der an europäische Herden gewöhnt ist, bewahrt sie immer noch einen höchst malerischen und ungewöhnlichen Reiz. Sie ist auch eine gute Gelegenheit, um sich der Abgeschiedenheit bewußt zu werden, in der die Bewohner einer *estancia* leben und die nur wenig gemildert wird durch das Funkgerät, mit dem alle *estancias* untereinander in Verbindung stehen.

Eine andere Gelegenheit, die man nicht versäumen sollte, sind die Volksfeste, vor allem in Chile. Meist sind sie mit Viehausstellungen und mit Rodeos verbunden. Dabei werden Pferderennen und Geschicklichkeitsspiele veranstaltet, aber auch Glücksspiele wie die *taba*. Bei diesem Spiel muß ein spitzer Knochen, der auf einer Seite mit Bronze, auf der anderen mit Blech bedeckt ist, so geworfen werden, daß er mit der Bronzeseite nach oben im Boden stecken bleibt. Es sind typische Szenen aus dem Leben der Gauchos, wie man sie auch in Büchern beschrieben finden kann. Aber es ist doch etwas anderes, solche Bilder auch einmal persönlich gesehen zu haben.

Es gibt keine bestimmten Reiserouten, auf denen man Einblick in das alltägliche Leben in Patagonien gewinnen kann. Man muß sich einfach die Zeit nehmen und in jedem Ort, in jedem Dorf nach Möglichkeiten suchen, um das Land noch ein bißchen besser kennenzulernen.

*Beim Taba-Spiel.*

# Patagonien in den Büchern

Eine weitere Seite Patagoniens, die man nicht vernachlässigen sollte, ist die Literatur über das Land. Zum Abschluß sei hier ein kurzer Abriß über diese Literatur gegeben, damit sich der zukünftige Reisende mit Hilfe des gedruckten Papiers ein wenig mit dem Land vertraut machen kann, noch ehe er sein Flugticket in Händen hält.

Die Bergsteiger, die aus Patagonien zurückkehrten, haben sich meistens auf eine sachliche Beschreibung ihrer Klettertouren beschränkt. Aus dieser Produktion, die verhältnismäßig umfangreich ist verglichen mit der Zahl der Besucher, stechen zwei Bücher hervor: »La conquête del Fitz Roy« von Azéma und »Land of tempest« von Shipton, die beide in flüssigem Stil ihre mitreißenden Abenteuer beschreiben. Unserem heutigen Empfinden noch verwandter sind die Kurzgeschichte »Peón del Rojo« von Tejada Flores, einem der Erstbesteiger der Kalifornierführe zum Fitz Roy, und einige Schriften von Reinhard Karl, darunter als letzte »Patagonien«, nach seinem Tode veröffentlicht in »Berge auf Kodachrome«. Der beste Bildband neueren Datums ist zweifellos »La mia Patagonia« von Walter Bonatti.

Zu den Werken, die mehr nach geographischen Gesichtspunkten ausgerichtet sind, die aber für die Bergsteiger einen wichtigen Anhaltspunkt darstellen, gehört »Ande Patagoniche« des Salesianerpaters De Agostini. Es ist in Form eines Tagebuchs geschrieben, in dem alle Bemerkungen, Beobachtungen und Erfahrungen enthalten sind; man liest es noch heute mit größtem Interesse und zieht es zu Rate, vor allem wegen seines ausgezeichneten Kartenmaterials und des immer noch gültigen photographischen Teils, der als Grundinformation weiter unübertroffen bleibt. Das Buch besitzt außerdem noch einen Anhang mit einem geschichtlichen Abriß, der das Resultat langer, persönlicher Studien ist.

Patagonien hat noch nie die großen Schriftsteller angezogen. Es diente höchstens als Symbol für eine verlassene Region am Ende der Welt, geeignet, um die verlorene Geistigkeit wiederzufinden (Ernesto Sabato); oder es war Ausdruck der beängstigenden Isolierung, die aufgrund einer nicht stattfindenden Entwicklung des Individuums und der Gesellschaft entsteht (Martinez Estrada).

Nur ein großer Dichter hat Patagonien beschrieben, hauptsächlich das nördliche chilenische Patagonien, aus dem er stammte: Pablo Neruda (1904–1973). Neben seinem sozialen Empfinden, seinem politischen Engagement, beide deutlich spürbar in seinen Werken, kommt hier auch der in Botanik bewanderte Neruda zum Vorschein und seine Fähigkeit, sich mit der Natur zu identifizieren. Seine Naturbeschreibungen mit dem Hauptthema der Wälder – »*el fragrante, el silencioso, el enmarañado bosque chileno*«, der duftende, schweigende, dichte chilenische Wald –, offenbaren in Lyrik und Prosa höchst expressionistische Züge.

Wer sich einem geschichtlichen Zeitraum gern durch gleichzeitiges Lesen verschiedener, andersdenkender Autoren nähert, der nehme ein Buch von Neruda und dann lese er »Cile e Patagonia«, den Reisebericht von Appelius (1930). Von einigen etwas ärgerlichen Passagen abgesehen, ist eine solche Parallel-Lektüre ein interes-

*Fähre über den Rio La Leona.*

santer Beweis dafür, wie sehr bei einer Reise die Brille der vorgefaßten Meinungen den Blick einengen kann. Andererseits wird deutlich, und das ist ein Trost, wie entgegen aller Meinungen und aller Indoktrination die Schönheiten der Natur von der Seele des Reisenden Besitz ergreifen. Eine weitere lohnende Parallel-Lektüre ist »Los vengadores de la Patagonia trágica« von Bayer und »La Patagonia vieja« von Madsen, die unter entgegengesetzten Gesichtspunkten das Leben im Patagonien der zwanziger Jahre beschreiben; die Suche nach Objektivität bei beiden Autoren gibt Grund zu sozial-politischen Überlegungen.

Ein altes, historisches Problem ist das der Indios. Es wurde in Werken mit vorwiegend völkerkundlichem Charakter behandelt, die oft die menschlichen und sozialen Aspekte der Ausrottung umgingen wie die Katze den berühmten heißen Brei. Unter den Zeugnissen dieser Epoche findet man eine größere Menschlichkeit in dem schönen Band von Onelli »Trepando los Andes«.

Auch der französische Schriftsteller Raspail gehört in die Reihen der Völkerkundler. Für sein Buch »Moi, Antoine de Tounens, roi de Patagonie« erhielt er 1981 den Preis der Académie Française und mit »Qui se souvient des hommes« den Chateaubriand-Preis im Jahr 1986. Dieses Buch erzählt die Geschichte der Alakaluf-Indianer, die vor ungefähr 2000 Jahren über die Beringstraße eingewandert sind und, von kriegerischen Stämmen immer weiter nach Süden gedrängt, schließlich in den Kanälen Patagoniens an der Pazifikküste landeten.

Sehr spärlich sind die von den Abenteurern hinterlassenen Schriften. Dazu gehört die Erzählung »Als Pelzjäger in Feuerland« von Weber, der sich 1915 nach der Selbstversenkung des deutschen Schiffes »Dresden« in der Bucht der Insel Santa Inés an Land retten konnte. Nach dem Krieg kommt er in seiner Heimat nicht mehr zurecht, deshalb kehrt er zurück und verbringt den Rest seines Lebens als Seehundjäger in den Fjorden Patagoniens und Feuerlands.

Interessant ist auch die Lektüre von »Silberkondor über Feuerland« des deutschen Piloten Plüschow, der nach seiner ersten Erfahrung ein zweites Mal nach Patagonien zurückkehrte und 1931 in den Lago Argentino stürzte. Das Steuerseil seines Flugzeugs, das er nach Patagonien gebracht hatte, wo es per Hand zusammengesetzt worden war, war gerissen. Dieses heute vergessene Buch hatte bei seinem Erscheinen im Jahr 1929 einen großen Erfolg: 180 000 Exemplare.

Unter den Büchern mit Berichten über die großen Reisen vergangener Zeiten darf man »Darwin and the Beagle« von Morehead nicht vergessen. Das Buch rekonstruiert die Reise Darwins entlang der südamerikanischen Küste in den Jahren 1831 bis 1836. Dann ist da noch der Band »Aconcagua and Tierra del Fuego« von Sir Martin Conway, der als erster diese fernen Länder für die Bergsteiger entdeckte.

An diese Reihe schließt 70 Jahre später das bekannte Buch von Bruce Chatwin »In Patagonia« an. Mit echt britischem Humor, aber auch mit einer gewissen Distanz und einem Anflug von kolonialer Überheblichkeit erzählt es von Begegnungen und Erlebnissen in Patagonien.

Zwischen Forschung, Alpinismus und Philosophie muß man das Reisebuch »Südamerika« des Schweizer Geologen Arnold Heim ansiedeln. Es berichtet von den Erfahrungen eines sensiblen, großherzigen Weltenbummlers, der offene Augen hat für die Schönheiten der Natur, für bergsteigerische Herausforderungen, aber auch für die Probleme der Menschen.

Patagonien könnte in Zukunft in der Literatur noch viel besser vertreten sein, und nicht nur in der Reiseliteratur. Auch andere Schriftsteller könnten sich in den Worten Jean Raspails wiedererkennen: »Vor dreißig Jahren, als junger Schriftsteller und Entdecker, machte ich eine lange Reise, der später eine zweite folgte. Patagonien beschäftigt alle meine Gedanken, nimmt Besitz von den Regalen meiner Bibliothek, bevölkert meine Schränke, erregt meine Einbildungskraft und erstreckt sich sogar auf die Romane, die ich schreibe. Es ist für mich zur zweiten Heimat geworden, ja sogar zur ersten, wenn mein Land Frankreich sich zu weit von meiner Vorstellung eines Vaterlandes entfernt.

Patagonien ist eine Heimat für die Seele und den Geist. Man kann es ganz anfüllen mit den eigenen Traumbildern...«

# Bergsteigen in den Südlichen Patagonischen Anden

»Hunderte von Gipfeln, von leuchtenden, eisbepanzerten Massiven, von kühnen Spitzen aus Granit und Schiefer wurden noch nie bestiegen und bleiben weiterhin eingehüllt in ihr dunkles und stürmisches Geheimnis.«

A. M. De Agostini

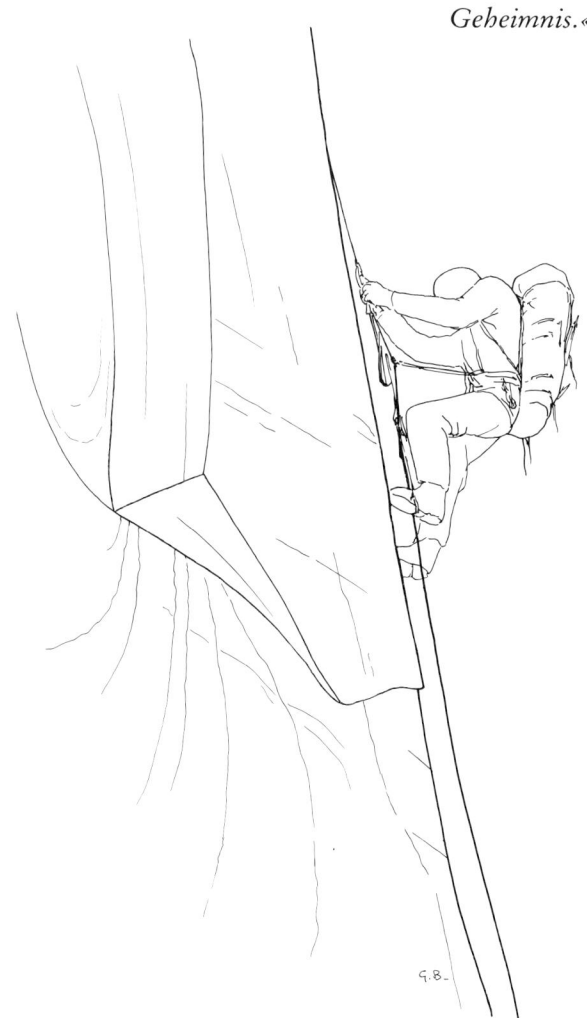

*In diesem Teil des Buches haben wir versucht, die Südpatagonischen Anden unter dem alpinistischen Gesichtspunkt zu behandeln.*

*Wir haben eine Einteilung in Berggruppen vorgenommen, und zwar nicht nur nach ihrer geographischen Lage, sondern auch unter Berücksichtigung der Zustiegsmöglichkeiten und der Stützpunkte. Neben weitgehend unbekannten Bergmassiven wurden auch andere abgehandelt, über die bereits eine Bibliographie besteht, wie der Fitz Roy, das Paine-Massiv, der Cerro Torre.*

*Die Weitläufigkeit des Landes und die Tatsache, daß seine verschiedenen Gebiete in sehr unterschiedlichem Maße besucht werden, machen eine einheitliche Beschreibung unmöglich; gerade diese Unausgewogenheit jedoch ist symptomatisch für den Charakter des Landes und seines Alpinismus und läßt Raum für eigene Vorstellungen und Initiative.*

*Wir wollen unsere Leser darauf hinweisen, daß wir mit diesem Teil des Buches keine Routenbeschreibungen liefern möchten, sondern eine Dokumentation. Mit anregenden Berichten, seltsamen Anekdoten, Skizzen, Zeichnungen, Karten, Fotos und zahlreichen Hinweisen auf die einschlägige Literatur haben wir versucht, dem Bergsteiger einen umfassenden Überblick zu geben. Es wurden nur die Gipfel aufgeführt, die bestiegen wurden oder deren Besteigung versucht wurde.*

*Nachdem die bis heute existierende Chronik des patagonischen Alpinismus noch nie einer kritischen Prüfung unterzogen wurde, hat uns dieser erste Versuch vor einige Probleme gestellt. Trotz vieler, vor Ort durchgeführter Nachforschungen, trotz jahrelanger Suche nach Unterlagen und Berichten, waren wir oft beim Schreiben des Buches auf Interpretationen und Vermutungen angewiesen, die sich in Zukunft durchaus als unrichtig erweisen könnten. Die von uns aufgestellte zeitliche Aufeinanderfolge der Ereignisse erhebt keinen Anspruch auf Richtigkeit. Wenn wir an der Zuverlässigkeit einer Nachricht oder ihrer Quelle zweifelten, z. B. bei Zweitbegehungen oder Wiederholungen, haben wir es vorgezogen, diese Nachricht nicht zu berücksichtigen.*

*Vor ein besonderes Problem stellte uns die Frage, ob wir Besteigungen, die nicht bis zum Gipfel führten, angeben sollten. Wir haben uns dann entschlossen, alle vor der Erstbesteigung stattgefundenen Versuche zu verzeichnen, da sie von historischem Interesse sind, und die späteren als Versuche zu betrachten und wegzulassen. Es wurden zwar auch die neuen Routen und Varianten genannt, deren Erschließer den Gipfel nicht erreichten, die Besteigung aber trotzdem als vollendet erklärten; das mag nicht ganz korrekt erscheinen und kann zu Ungerechtigkeiten führen in bezug auf Bergsteiger, die ihre Besteigung nur als Versuch betrachten, obwohl sie die größten Schwierigkeiten schon überwunden hatten und deren Versuche hier nicht erwähnt werden. Eine zukünftige Prüfung aller Berichte über Besteigungen könnte dazu noch einige, als vollendete Besteigungen bezeichnete, nur als Versuche bewerten.*

*Jedenfalls war die kritische Durchsicht der vorhandenen Dokumentation nicht einfach. Die Informationen sind selten vollständig, manchmal wenig zuverlässg, oft widersprüchlich und erscheinen meist in aller Welt in Zeitungen und Zeitschriften von manchmal nur lokaler Verbreitung. Zudem wurde aus nationalistischen Überzeugungen oder Interessen der Sponsoren die eine oder andere Besteigung in aller Öffentlichkeit bekanntgemacht, während andere, oft wichtigere unbeachtet blieben.*

*Andererseits ist beim Bergsteigen niemand verpflichtet, Informationen zu liefern, und die Geschichtsschreibung belohnt im allgemeinen die Bescheidenheit nicht.*

*Aus allen diesen Gründen ist die Arbeit der wenigen Patagonien-Chronisten höchst lobenswert, auch wenn sie gezwungenermaßen lückenhaft und nicht immer richtig ist. Hier muß besonders die Tätigkeit von Evelio Echevarria (Chile) und Voislav Arko (Argentinien) erwähnt werden, die seit Jahrzehnten die Entwicklung des Alpinismus in Patagonien verfolgen und mit den wichtigsten Fachzeitschriften zusammenarbeiten. Ihrem Werk verdanken wir es, daß wir Berichte vergleichen und persönlich erhaltene Informationen vervollständigen konnten.*

*Wir haben in unser Buch auch einige schematische Darstellungen der schönsten und bedeutsamsten Besteigungen aufgenommen, und wir sind der Meinung, daß manche davon in Zukunft zu klassischen Zielen des Alpinismus in Patagonien werden können. Absichtlich weggelassen haben wir alle Angaben für die Zustiege und Hinweise auf bisher ungelöste große und kleine Probleme, denn ihre individuelle Lösung sollte Teil eines Alpinismus bleiben, den man noch mit dem Begriff »Abenteuer« verbinden kann.*

*Schließlich haben wir auch versucht, die Herkunft der in Patagonien tätigen Bergsteiger, die nicht aus Italien stammen, anzugeben; nicht um chauvinistische Tendenzen zu fördern, sondern um daran zu erinnern, daß Patagonien kein alpinistisches »Niemandsland« ist, das »kolonisiert« werden kann. Patagonien hat immer Menschen jeder Herkunft fasziniert, und viele große Unternehmungen sind dem kosmopolitischen Alpinismus Chiles und Argentiniens zu verdanken, der in Europa fast unbekannt ist, und der doch große Achtung verdient; vor allem auch, wenn man das Verhältnis zwischen der dortigen oft sehr fortschrittlichen Auffassung vom Bergsteigen und der zur Verfügung stehenden Ausrüstung betrachtet. Angesichts dieser Diskrepanz müßten wir in Europa eigentlich vor Scham erröten.*

Anmerkung:
C = Cerro (Spitze, Gipfel)
CB = campo base (Basislager)
CAB = Club Andino Bariloche
CABA = Centro Andino Buenos Aires
* = aus Gründen der besseren Unterscheidung in diesem Buch vorgeschlagener Name
Für jede Besteigung wurde nur die wichtigste Literatur angegeben.

Bei der Abfassung dieser Übersicht haben wir uns auch der selbstlosen Mitarbeit zahlreicher Freunde und Bekannter bedient. Von allen, die uns mit Unterlagen und Berichten geholfen haben, möchten wir unseren besonderen Dank folgenden Personen aussprechen:

Cristina Agüed, Voislav Arko, Marco Ballerini, Graziano Bianchi, Anders Bolinder, Walter Bonatti, Jim Bridwell, Adams Carter, Bernard Domenech, Casimiro Ferrari, Danielle Fillon (ENSA), José Luis Fonrouge, Luciano Ghigo (CISDAE), Alan Kearney, Bobby Knight, Leo Lebon, Cesare Maestri, Mario Mànica, Massimo Marcheggiani, Giuliano Maresi, Domenico Mottinelli (Bibliothek des CAI), Elio Orlandi, Gastón Oyarzún, Michel Piola, Peter Podgornik, Gianluigi Quarti, Angelo Recalcati, Hidetaro Sakagami, Ermanno Salvaterra, Franci Savenc, Pedro Skvarča, Nicole Simond (ENSA), Dante Taldo, Eduardo (»Poly«) und Alberto Tarditti, Mirella Tenderini, Paolo Vitali, Ken Wilson.

Nie werden wir die Großherzigkeit vergessen, die uns Pippo Frasson und Thomas Wüschner entgegenbrachten, denen beide die Berge zum Verhängnis wurden, sowie die Hilfsbereitschaft von Corrado und Francesca Tumaini, von Paola und Giancarlo Castelli, von Daniele Ribola, Mario Verín und von Angelo Todisco, von dessen geschickten Händen unsere liebsten Ausrüstungsstücke stammen.

Unser Dank gebührt auch allen, die uns großzügig und spontan in Chile und Argentinien während unserer Expeditionen und Reisen geholfen haben: Pater Juan Corti, den Leitern und Aufsehern der Nationalparks, der Gendarmeria Nacionál und den Familien Battegazzore, Cofré, Centéleghe, Di Martino, Gotti, Guatti, Rivas, Sanchez, Sanes und Serrano.

# Trends der bergsteigerischen Entwicklung in den achtziger Jahren

Heute kann man die Zeit der großen geographischen Forschungsreisen wie auch der spektakulären Erstbesteigungen als abgeschlossen betrachten. Trotzdem gibt es noch eine Reihe lohnender Ziele für Bergsteiger, die Neuland lieben: Man denke nur, daß sich zwei Gebirgszüge über 300 Kilometer hin parallel erstrecken, mit Dutzenden von herrlichen Gipfeln, die noch nie bestiegen wurden, denen sich selten ein Mensch genähert hat. Hier sind die Begriffe »Abenteuer« und »Neuland« noch nicht abgenützt, hier bewahrt das Bergsteigen noch seine ursprünglichen Werte.

Die bestehenden technischen Schwierigkeiten stellen heute sowieso kein unüberwindliches Hindernis mehr dar, weder im Fels noch im Eis. Die Technologie hat auch im Alpinismus enorme Fortschritte gemacht und nur selten verzichtet jemand auf den Gebrauch moderner künstlicher Hilfsmittel (Bohrhaken und Spit werden allgemein eingesetzt). Den echten alpinen Stil, wobei eine Seilschaft nur auf sich selbst angewiesen ist, findet man selten; häufiger ist ein sogenannter halb-alpiner Stil, zu dem Fixseile gehören, Basislagerhilfe und Funkkontakte, die natürlich den Wert der bergsteigerischen Unternehmungen etwas herabsetzen.

Wiederholungen sind eigentlich selten. Die gefragteste und am häufigsten versuchte ist die Kompressor-Route von Maestri auf dem Ostgrat des Cerro Torre, die einen relativ kurzen Zustieg hat und ziemlich gut versichert ist.

Unter den in den letzten Jahren meist günstigen Wetterbedingungen wurden einige der »großen Probleme« gelöst; technisch schwierige Felswände wie am Cerro Piergiorgio und an den Paine-Türmen konnten bezwungen werden.

Routen von extremem Schwierigkeitsgrad in Fels und Eis, meist mit erheblichen Gefahren verbunden, wurden auf dem Torre Egger und in der Ostwand, der Nordostwand und der Südwand des Cerro Torre eröffnet.

Im allgemeinen wird eher danach getrachtet, neue Führen auf bereits bekannte Gipfel zu eröffnen, als noch unbekannte Berge aufzusuchen. Manchmal gehen diese neuen Führen nicht bis auf den Gipfel. Man darf wohl sagen, daß es zumindest historisch verfrüht ist, den heutigen aktuellen Entwicklungstrend des europäischen oder kalifornischen Alpinismus nach Patagonien verpflanzen zu wollen. Hier gibt es zur Zeit noch andere Horizonte, andere grandiose Möglichkeiten, ohne daß man darauf angewiesen ist, auf der Suche nach den »letzten Grenzen« eine Route neben der anderen zu eröffnen, ohne den Gipfel in Betracht zu ziehen.

Gerade in Patagonien sollte man sich die Besteigung bis zum Gipfel auch zum sportlichen Ziel setzen. Die häufigsten Hindernisse, die diese Berge ihrem Besteiger in den Weg legen und die wiederum ihren besonderen Reiz ausmachen, sind nicht die technischen Schwierigkeiten. Es ist vielmehr die Natur selbst. Es sind die Anwege durch Wälder und Sümpfe, durch Flußläufe und über Geröllhalden; es sind Regen, Schnee und Sturm, die dem Menschen und seinem Tun eine Grenze setzen. Die Abgeschiedenheit und Einsamkeit verlangt vom Menschen eine stabile psychische Verfassung. Wenn in den jüngsten Erzählungen über alpinistische Unternehmungen vom Gebrauch von Tranquilizern berichtet wird, so ist das ein Beweis dafür, daß auch technisch versierte Kletterer nicht immer die nötige psychische Ausgewogenheit besitzen, um mit dieser Natur in Einklang zu leben. Die Bergmassive im Inneren des Patagonischen Eises und auf den Inseln des pazifischen Archipels sind gerade deshalb weniger besucht, weil hier die Natur dem Menschen größere Schwierigkeiten entgegenstellt, als am östlichen Rand der Kordillere, wo zudem noch das Klima angenehmer ist.

Aus diesen Gründen kann man auch heute noch in Patagonien eine Route nur dann als wirklich sportlich vollendet betrachten, wenn sie auf den Gipfel führt.

Umstritten ist dagegen das Problem der Eispilze auf dem Gipfel selbst, die sich je nach Jahreszeit ändern und manchmal auch ganz fehlen können. Ihre Besteigung kann leicht sein, meist ist sie jedoch gefährlich und manchmal unmöglich.

Die Liebhaber Patagoniens hegen seltsame, zwiespältige Gefühle gegenüber Stürmen und Unwetter. Sind sie gezwungen, aufgrund des schlechten Wetters eine Besteigung aufzugeben und auf halbem Weg umzukehren, dann verfluchen sie es. Aber sie wissen auch, daß gerade dieses schlechte Wetter das Land vor kommerziellem Alpinismus und allen seinen negativen Folgeerscheinungen bisher einigermaßen bewahrt hat und noch das normale, individuelle Bergsteigen ermöglicht.

Abgesehen von einzelnen Großexpeditionen und aus Sponsorgründen organisierten Publicity-Ereignissen führte der patagonische Alpinismus bis heute ein »Leben am Rande«. Er bewahrte sich dabei seine Originalität und seine Freiheit.

Die Zukunft liegt in der Hand der Bergsteiger selbst. Eine der letzten Domänen des klassischen Abenteuers nicht zu verderben, das ist ihre eigentliche Verantwortung und Aufgabe. Ansätze für drastische Verbote sind leider schon vorhanden.

Mit unserem heutigen Lebensstandard in Europa hat es niemand mehr nötig, sich eine Reise nach Patagonien besonders sponsern zu lassen und dann dort das Geld zu verschleudern. Auch sind die großen Expeditionen mit zahlreichen Teilnehmern, bei denen die Umwelt geschädigt und der Kontakt zu den Einwohnern des Landes beeinträchtigt wird, nicht mehr sinnvoll. Die großzügige Gastfreundschaft der Patagonier ist zwar sprichwörtlich, angesichts der in Massen organisierten ausländischen Besucher werden aber die Bewohner des Landes zu Überlegungen veranlaßt, die den Besuchern weder zur Gunst noch zur Ehre gereichen.

Eine Selbstbeschränkung in den technischen und organisatorischen Mitteln ist heute sowieso unerläßlich, will man nicht nur die Umwelt, sondern auch den sportlichen Sinn der Unternehmungen bewahren.

*»Sind Führerwerke für Bergsteiger in Chile notwendig? ... Die schreckliche Verschmutzung, unter der die Täler der Cordillera Blanca in Peru leiden, zeigt uns, welcher Menschenschlag die Andengebiete Chiles besuchen wird. Das Seltsame dabei ist, daß diese Menschen aus Ländern kommen, in denen die Tradition der Naturparks seit Jahren fest verwurzelt ist. Die Schäden, die sie anrichten, sind also willkürlich, sie entstehen aus Verantwortungslosigkeit und aus Verachtung gegenüber den lateinamerikanischen Ländern.«*

*Evelio Echevarria C. (1983)*

# Die Berggruppen der Südlichen Patagonischen Anden

Nördliches Patagonisches Eis
     I.   San Valentín-Arenales

Zwischen dem Nördlichen und dem Südlichen Patagonischen Eis,
im Vergleich zur Achse der Kordillere etwas nach Osten vorgeschoben:
     II.   Cerro Castillo
     III.   San Lorenzo

Südliches Patagonisches Eis:
     IV.   San Martin – O'Higgins (im Osten)
     V.   Berge des Bernardo-Fjords (im Westen)
     VI.   Cordón Lautaro (im Westen)
     VII.   Gruppe Piramide – Gorra Blanca (im Osten)
     VIII.   Cordón Mariano Moreno (im Inneren)
     IX.   Cordón Marconi (im Osten)
     X.   Fitz-Roy-Gruppe (im Osten)
     XI.   Cerro Torre – Cordón Adela (im Osten)
     XII.   Cerro Campana – Cerro Norte (im Osten)
     XIII.   Riso Patrón (im Westen)
     XIV.   Gruppe Murallón – Roma (im Inneren)
     XV.   Berge des Penguin-, des Europa- und des San-Andres-Fjords (im Westen)
     XVI.   Gruppe Mayo – Cervantes – Cubo (im Osten)
     XVII.   Paine-Gruppe
     XVIII.   Mano del Diablo – Balmaceda (im Westen)

Vom Südlichen Patagonischen Eis abgetrennte Halbinseln,
südlich des Seno Ultima Esperanza (Letzte-Hoffnung-Bucht):
     XIX.   Sarmiento-Burney-Gruppen

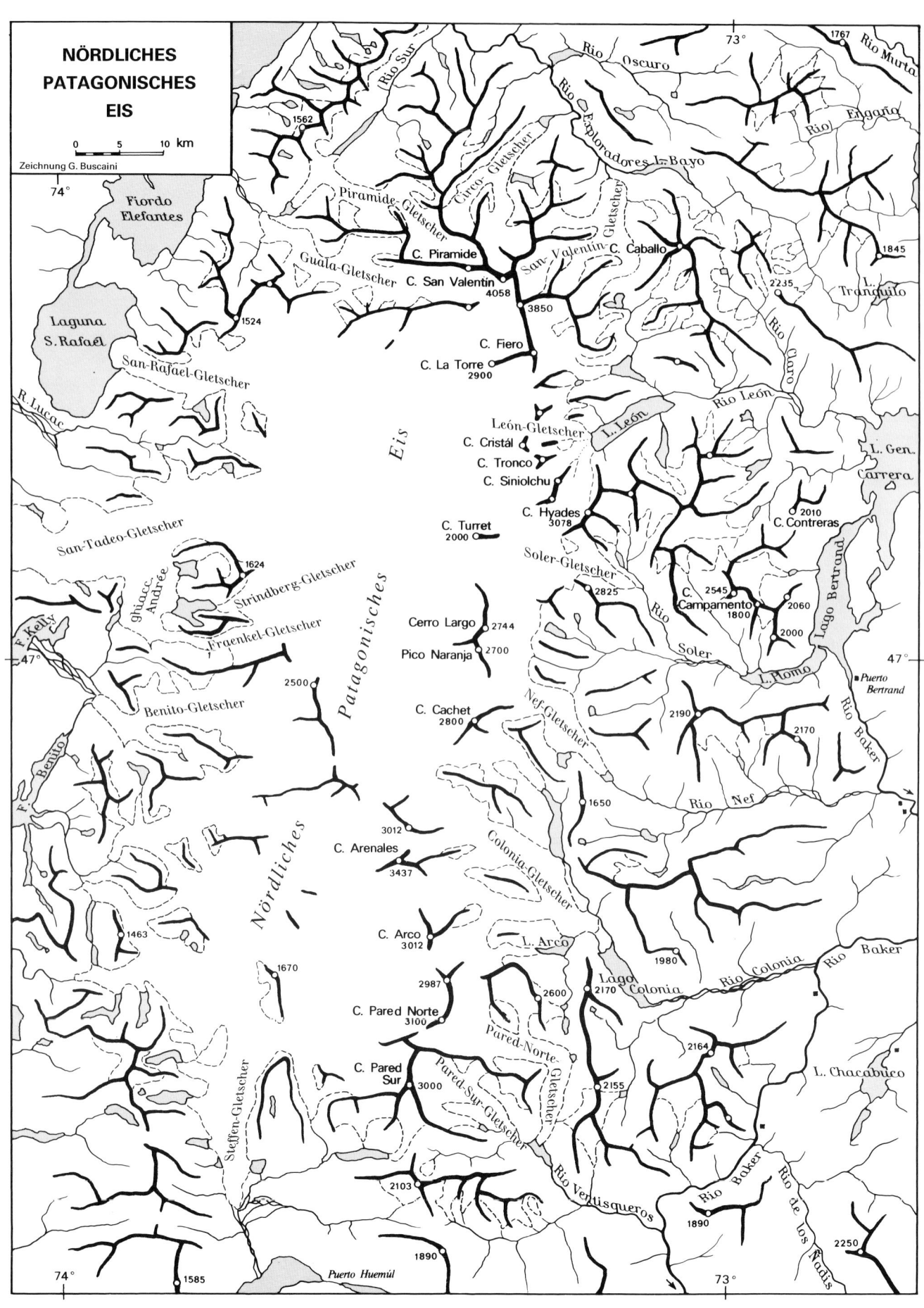

# Das Nördliche Patagonische Eis und die Gruppe des Cerro San Valentín

Zwischen dem Rio Huemules auf 45°50' südlicher Breite und dem Baker-Kanal auf dem 48. südlichen Breitengrad befindet sich die Kordillere ausschließlich auf chilenischem Gebiet. Ihr Verlauf ist meist unregelmäßig.

Ein großer Teil der zum Pazifik gewandten Kordillere wird von der Halbinsel Taitao und ihren Inseln eingenommen, deren Erhebungen bis auf 1900 m ansteigen. Taitao ist mit dem Festland durch einen schmalen und sumpfigen Isthmus verbunden, der durch Moränenablagerungen zwischen dem Golf von Penas und der nördlich davon gelegenen Lagune San Rafaél entstanden ist.

Die Lagune steht durch den schmalen und durch seine Untiefen für die Schiffahrt äußerst gefährlichen Rio Témpanos mit dem langen Elefanten-Fjord in Verbindung, der Taitao im Norden vom Festland trennt.

Südlich der Lagune San Rafaél erstreckt sich das Nördliche Patagonische Eis mit dem höchsten Berg der gesamten Südpatagonischen Anden, dem Cerro San Valentín. Diese Eisfläche ist ungefähr 100 Kilometer lang und 45 Kilometer breit und liegt durchschnittlich 1500 m über dem Meer.

Von dem im Nordostzipfel der Eisdecke gelegenen San Valentín aus zieht sich eine Reihe mächtiger Gipfel an der Ostflanke des Nördlichen Patagonischen Eises hin; ihre Höhe beträgt zwischen 2400 und 3300 m, nach Osten hin stürzen sie mit Gletschern und steilen Felswänden über 2000 m ab. Ihre östlichen Seitenkämme umschließen die Nebentäler des Rio Baker und des Buenos-Aires-Sees, in deren oberen Talabschnitten sich große Gletscherseen befinden.

Gegen Süden reicht die Eisdecke mit dem Steffen-Gletscher fast bis in den gleichnamigen Fjord, der mit dem Baker-Kanal verbunden ist.

Auf der Westseite senkt sich das Patagonische Eis, in mehrere Gletscherzungen aufgeteilt, bis zu den Buchten des Pazifik. Die beiden wichtigsten Gletscher, der San-Rafaél- und der San-Tadeo-Gletscher (auch San-Quintín-Gletscher genannt), sind zugleich die längsten und reichen mit ihren Stirnseiten bis zum Meer. Kolibris und Papageien leben am Rande dieser Gletscher, Fuchsien und Farnkräuter wuchern in der Nähe des ewigen Eises und betonen die ungewöhnliche Kombination von Gletschern in Meeresnähe auf einer geographischen Breite, die in der nördlichen Hemisphäre jener der Schweiz entspricht.

Eindrucksvoll und großartig sind die Berge, aus denen sich die Kette am Ostrand des Nördlichen Patagonischen Eises zusammensetzt. Sie bestehen aus Granitgestein, Migmatit und Quarzphylliten. Einige erreichen mit ihren eisbedeckten Spitzen Höhen von mehr als 3000 m.

Die Kette kann in Nord-Süd-Richtung in drei Abschnitte eingeteilt werden:

a) vom Cerro San Valentín bis zum Cerro Hyades, mit den am Fuß der Berge gelegenen Seen Norte, Fiero, León und Sur;

b) vom Cerro Largo bis zum Cerro Cachet, mit dem Quellgebiet des Rio Solér (südlicher Quellfluß) und des Rio Nef;

c) vom Cerro Arenales bis zum Cerro Pared Sur, zwischen dem Colonia-Gletscher, dem Rio Pared Sur und den Windungen des Rio Baker.

Zwischen der aus den genannten Abschnitten bestehenden Kette, dem Buenos-Aires-See mit seinen Buchten im Osten und dem Rio Baker südöstlich, erheben sich einige Berggruppen bis zu 2000 m, mit verschiedenen kleinen Gletschern. Sie bestehen zum größten Teil aus Quarzphylliten und Lavaschichten und nur selten aus granitischen Gesteinen. Von Norden nach Süden unterscheidet man:

1) die Gruppe des Cerro Helbling zwischen Rio Exploradores und Rio León;
2) die Gruppe La Torre – Cordón Contreras zwischen Rio León und Rio Solér;
3) Cordón Solér zwischen Rio Solér und Rio Nef;
4) die Gruppe des Cerro Tres Picos zwischen Rio Nef und Rio Colonia;
5) die Gruppe des Cerro Desfiladero zwischen Rio Colonia und Rio Baker.

Im Südwesten, ungefähr zwischen dem Steffen-Fjord und dem Jesuitas-Fjord und seiner Verlängerung, dem Benito-Fjord, erheben sich noch Berge bis in eine Höhe von 1500 m, meist sind sie jedoch ohne Eisbedeckung. Einige dieser aus Granit bestehenden Gipfel zeigen kühne Formen. Sie wurden von H. N. Pallin »Jesuitas Mountains« genannt, der Name wurde jedoch nicht mehr verwendet; außerdem sind keine Besteigungen bekannt.

Alle diese Berge sind nur wenig bekannt und werden spärlich besucht; schuld daran sind wohl das besonders regnerische Wetter und die schwierigen Zugangswege, sowohl vom Land als auch vom Meer aus. Die Karten sind in den Details noch sehr lückenhaft und auf die angegebenen Höhen kann man sich nicht vollständig verlassen. Einige Bezeichnungen wurden im Lauf der Zeit verändert (aus dem Rio de la Deltas wurde zuerst der Rio Leones und dann der Rio León, der Lago Solér wurde zum Lago Bertrand, der manchmal auch Beltran genannt wird). Verwirrung stifteten auch die Berichte der wenigen Expeditionen, die im Abschnitt San Valentín–Hyades (AAJ, 1971, 429–430) tätig waren.

Abgesehen von den kurzen Aufzeichnungen Darwins und Fitz Roys, die im Jahr 1834 mit der *Beagle* an der Pazifikküste entlangsegelten, und der Entdeckung der Lagune San Rafaél im Jahr 1871 durch die Korvette *Chacabuco,* begann die Erforschung dieses Gebiets erst 1899, als eine von Hans Steffen und Ricardo Michell geleitete Expedition den Rio Baker entlang ins Innere der Kordillere vordrang und die Nebentäler des Rio Baker entdeckte. In den Jahren 1901 und 1902 gelangten noch weitere Forschungsexpeditionen bis zum Cochrane- bzw. Pueyrredón-See.

Man wußte jedoch nicht, ob die Gletscherzungen nördlich des Rio Baker von einer Eisdecke ähnlich dem Südlichen Patagonischen Eis stammten. Um dieses geographische Geheimnis zu lösen, machten sich im Sommer 1920–21 fast gleichzeitig Friedrich Reichert, der nach Argentinien verpflanzte deutsche Bergsteiger, und der berühmte Polarforscher Otto Nordenskjöld auf den Weg. Während Reichert den Zugang von der Lagune San Rafaél wählte, die in der Nähe des von ihm so umworbenen San Valentín lag, brach Nordenskjöld zur Kelly-Bucht auf und versuchte den Aufstieg über den San-Tadeo-Gletscher. Begleitet wurde er von einem Geologen, einem Zoologen und dem englischen Kartographen H. N. Pallin. Ständige Wolkenbrüche und undurchdringlich dichte Regenwälder mit wucherndem, lebendem und totem

*Der San Valentín von Südwesten. Rechts der Cuerno de Plata. Foto der Erstbesteiger.*

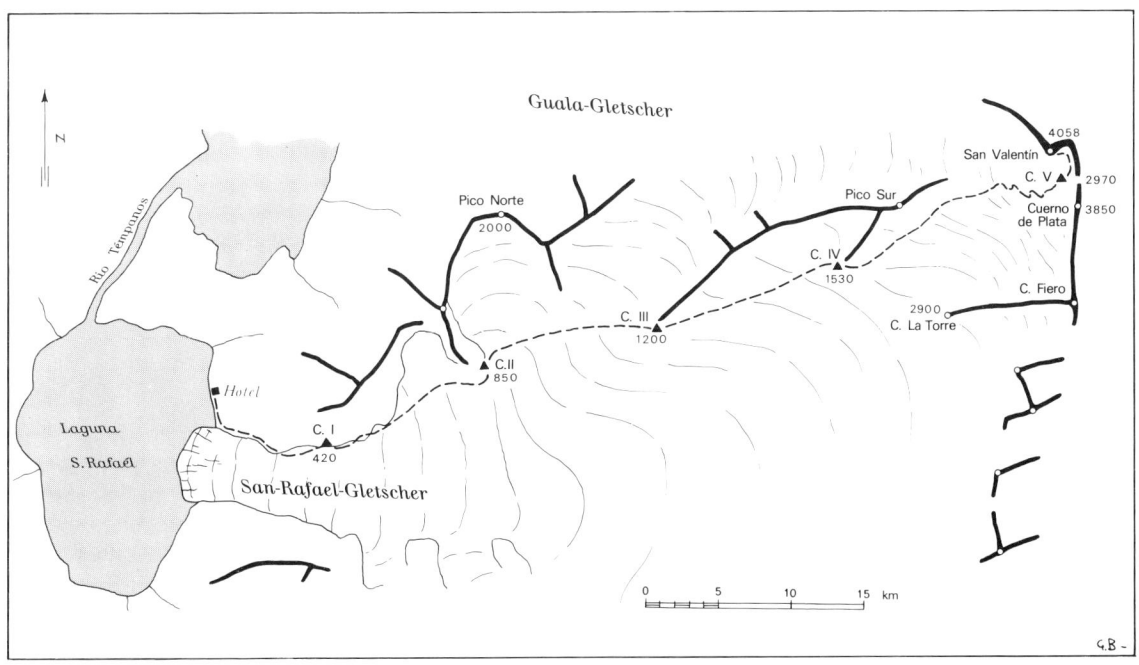

*San Valentín, Route der Erstbesteiger.*

Unterholz, die bereits Darwin beeindruckt hatten, setzten der Vermessung Grenzen. Der sumpfige Boden und die glazialen Schlammbänke behinderten sowohl das Weiterkommen zu Fuß wie auch die Schiffahrt. Bereits Fitz Roy hatte diese Bucht als die ödeste und ungastlichste Bucht der ganzen Küste beschrieben (AJ 1933, 62–79).

Trotzdem drangen Pallin und Nordenskjöld über den Andrée-Gletscher vor, einen Zweig des San-Tadeo-Gletschers, und bestiegen am 31.12.1920 »den höchsten Gipfel des Gebiets« sowie den »nahegelegenen Zwillingsgipfel«. Von diesem aus konnten sie die Kette beobachten, welche die Wasserscheide zwischen den Ozeanen bildet und ungefähr 60 Kilometer weiter südlich erkannten sie den kathedralähnlichen Gipfel des San Valentín. Nordenskjöld war somit mit einigen Tagen Vorsprung vor Reichert der erste, der das geographische Geheimnis des Hielo Patagonico Norte, des Nördlichen Patagonischen Eises lüftete.

Die folgenden Forschungsfahrten waren fast alle mit dem Versuch verbunden, den San Valentín zu besteigen, folglich werden sie auch in der alpinistischen Geschichte dieses faszinierenden Berges erwähnt. Sie waren jedoch nicht besonders zahlreich; Ausgangspunkt im Westen war die Lagune San Rafaél, im Osten der León-See.

Der León-See mit seinen unzugänglichen Ufern und dem gleichnamigen Gletscher, dessen Stirnseite weit in den See hineinragt, versperrt den Zugang zum Nördlichen Patagonischen Eis. Als Reichert den See 1938/39 entdeckte, versuchte er vergebens, ihn auf einem selbstgebauten Floß zu überqueren.

Arnold Heim, der bekannte Schweizer Geologe, der sich in dieses Gebiet verliebte, leitete zwei Expeditionen dorthin. Die Ergebnisse der geographischen und geologischen Untersuchungen waren ergiebiger als die alpinistischen Erfolge (sie werden bei der Beschreibung der einzelnen Gipfel erwähnt), aber auch die abenteuerlichen Seiten der Unternehmen sind bemerkenswert. Bei der ersten Expedition 1939/40 wurde für die Fahrten auf dem León-See ein Faltboot verwendet, mit dem die Bergsteiger ständig Gefahr liefen, in die eiskalten Fluten des Sees gekippt zu werden. Bei der zweiten Expedition im Sommer 1945/46 hatte sich Heim in Bariloche ein viereinhalb Meter langes und 80 Kilogramm schweres Holzboot mit vier Rudern bauen lassen. Es wurde zuerst mit einem Lastwagen und dann mit einem Ochsenkarren an Ort und Stelle gebracht. Bei der Rückkehr fuhr ein Mitglied der Expedition, der aus Barcelona stammende, erst seit kurzem in Bariloche lebende Spanier Augusto Vallmitjana allein mit dem Boot den Hochwasser führenden Rio León herunter (geschätzte Wassermenge 100 cbm in der Sekunde). Von Puerto León aus ruderte er 29 Stunden allein auf dem aufgewühlten See bis nach Chile Chico. Bei seiner Ankunft soll er ausgerufen haben: »nunca mas!« (nie wieder!). In der Zwischenzeit erreichte ein anderes Mitglied der

Expedition, José Studer, Schuhmacher aus der Schweiz und Meister über die 10 000-Meter-Distanz, zu Fuß Chile Chico von Porto León aus und über die Fähre von Desague: 180 Kilometer in dreieinhalb Tagen, mit Flußdurchquerungen, für die man zuerst ein Pferd finden mußte.

Pater De Agostini gelangte im Jahr 1941 vom Cochrane- bzw. Pueyrredón-See aus zum Bertrand-See; 1942 drang er vom Bertrand-See aus in das Tal des Rio Colonia vor, in dem er einige Aussichtsgipfel bestieg. Er zeichnete die jahreszeitlich auftretenden Überschwemmungen durch den Rio Colonia auf, als deren Ursache später die plötzlichen Entleerungen der glazialen Seen erkannt wurden, die durch das teilweise Nachgeben von Moränenbögen eintreten (Arco-See). Etwas weniger katastrophale Überschwemmungen sind in verschiedenen Tälern an der Ostseite der Kordillere ziemlich häufig (Rio Nef, Rio Ibañez).

Im Jahr 1943 entdeckte Augusto Gross, ein in Chile lebender Deutscher, eine Verbindung zwischen Puerto Tranquilo und dem Exploradores-Fjord. Er überwand eine nur 80 m über dem Meeresspiegel liegende Schwelle und folgte dem alten Lauf des Rio Exploradores, in den der Circo-Gletscher und der San-Valentín-Este-Gletscher münden. Diese Route am Rio Exploradores entlang stellt die nördliche Grenze des Hielo Patagonico Norte, des Nördlichen Patagonischen Eises dar.

Zwei kleine Expeditionen des CABA setzten 1959 und 1960 die Erkundungen im Gebiet des Fiero- und des León-Sees fort. Ebenfalls an der Ostseite des Patagonischen Eises schlug im Jahr 1958 eine große chilenisch-japanische Expedition ihr Basislager auf, der im Sommer 1969/70 eine neuseeländische folgte. Im Kelly-Fjord verbrachte 1972/73 eine große englische Militärexpedition fünf Monate.

Ein großartiges Unternehmen gelang 1963/64 Shipton und seinen drei Gefährten: die erste Durchquerung des Nördlichen Patagonischen Eises von der Lagune San Rafaél zum Colonia-See. Im Sommer 1981/82 drangen japanische Glaziologen von der Universität Hokkaido vom Steffen-Fjord den gleichnamigen Gletscher entlang vor und bestiegen einen 1670 m hohen Gipfel auf der linken Seite seines Firngebiets. Nach nicht bestätigten Berichten sollen in den letzten Jahren mehrmals Seilschaften auf die östlich gelegenen Berge vorgedrungen sein. Die zurückhaltende Berichterstattung könnte damit zusammenhängen, daß man eventuelle Schwierigkeiten mit den Behörden vermeiden will.

*Durchquerungen des Nördlichen Patagonischen Eises*

Im Sommer 1963/64 führte Eric Shipton mit Eduardo García, Cedomir Marangunic und Miguel Gomez die erste Durchquerung von Nordwesten nach Südosten durch. Er brach von der Lagune San Rafaél auf und stieg zum Colonia-See hinab. Die Durchquerung dauerte vom 25.11.1963 bis zum 2.1.1964. Mitgeführt wurden Ski, Schlitten und ein Gummiboot für die zu überquerenden Flüsse und Seen. Die Gruppe bestieg den Cerro Arenales und den Cerro Arco. Auf dem Colonia-See erwies sich das Gummiboot als zu klein und da die vier Bergsteiger wegen des stürmischen Wetters nicht mehrere Fahrten wagen konnten, bauten sie aus den Skiern und den Luftmatratzen ein Floß; dieses Floß wurde an das Boot gebunden und mit Hilfe der aus Windjacken gefertigten Segel ruderten und »segelten« sie sechs Meilen auf dem Colonia-See und weitere zehn Meilen auf dem Colonia-Fluß. Darauf überquerten sie den Rio Baker und gelangten zum Polizeiposten beim Rio Cochrane (AJ 1964, 183–190).

Im Sommer 1972/73 hielt sich eine englische, aus elf Personen bestehende Militärexpedition fünf Monate lang in der Kelly-Bucht auf. Mit Hilfe von Hubschraubern wurde ein vorgerücktes Basislager auf dem Andrée-Gletscher errichtet. Der Zweck dieses Unternehmens waren wissenschaftliche Aufnahmen. Peter Breadmore, John Bank und Crispin H. Agnew führten eine Nord-Süd-Durchquerung vom Andrée-Gletscher bis zum Steffen-Gletscher durch, mit abenteuerlichem Rückweg über den Benito-Gletscher. Die größten Schwierigkeiten bestanden darin, bei kontinuierlich schlechtem Wetter die Einsattelungen zwischen den Gletschern und die Eisflanken beim Abstieg zu finden (AJ 1974, 42–46).

Den Chilenen Gino Casassa und Rodrigo Mújica gelang zusammen mit Bonnie Schwahn (USA) am 28.11.1985 eine Ost-West-Durchquerung mit Rückkehr. Sie brachen mit Langlaufskiern vom Fuß des Cerro Largo auf und gelangten bis zur Schneegrenze auf dem San-Quintín-Gletscher (= San Tadeo) (AAJ 1987, 206).

*»Kein schöneres Gletschergebirge ist mir auf der ganzen Erde bekannt, auch nicht im Himalaya, als dieses vom Sturm gepeitschte Hochgebirge des südlichen Patagonien.«*

Arnold Heim

*»Wir führten einige Besteigungen durch, die es uns erlaubten, die Beschaffenheit des Tales und eines Teils der Ausläufer der Großen Kordillere zu erforschen, deren Erhabenheit uns überraschte und begeisterte.«*

A. M. De Agostini

*»Das ist eine der zauberhaftesten Regionen der Erde, auch wenn sie von ihren Liebhabern eine gewisse Dosis an Stoizismus verlangt.«*
                                          Eric Shipton

*»Zu den letzten alpinistischen Unternehmungen der Erde werden vermutlich die Versuche gehören, unter den klimatischen Bedingungen Westpatagoniens diese Berge, die fast senkrecht in den Himmel reichen, von Westen zu besteigen.«*
                                          H. N. Pallin

## I San Valentín – Arenales

### a) Vom San Valentín zum Hyades

Dieser Abschnitt ist der bekannteste im Bereich des Nördlichen Patagonischen Eises. Eine Reihe herrlicher Gipfel wird vom höchsten Berg, dem San Valentín, überragt.

### San Valentín 4058 m, möglicherweise nur 3876 m

Mächtige vergletscherte Felskuppe mit nach Nordosten vorgeschobener Schulter. Kühn und großartig steht er einem Berg des Himalaya in nichts nach. Im äußersten Norden des Nördlichen Patagonischen Eises gelegen, erkennt man ihn sofort auch von weitem.

Die in den Grenzkarten von 1902 eingetragene Höhe von 4058 m erscheint etwas zu hoch, verglichen mit den 3976 m, die 1921 von Nordenskjöld gemessen und von Lliboutry 1956 bestätigt wurden; aber auch, wenn man die geringere Angabe berücksichtigt, bleibt der San Valentín der höchste Berg der südpatagonischen Anden.

Der erste Besteigungsversuch wird 1921 von Friedrich Reichert unternommen, der bei dieser wissenschaftlichen Expedition mit dem chilenischen Träger Antonio Llan Llan bis zu den weiten Flächen des Nördlichen Patagonischen Eises gelangt, wobei er von der Lagune San Rafaél aufbricht und den gleichnamigen Gletscher 18 Kilometer weit emporsteigt.

Der zweite Versuch findet ebenfalls unter der Führung Friedrich Reicherts im Jahr 1939 statt. Reichert versucht mit einer Gruppe von fünf Bergsteigern, darunter die Botanikerin Ilse von Rentzel, den Zustieg von Osten her, muß jedoch beim León-See aufgeben, der sich als ein unumgehbares Hindernis erweist.

Im Sommer 1939/40 überquert der bekannte Schweizer Geologe Arnold Heim zusammen mit dem aus der Schweiz stammenden Hermann Hess und Wilhelm Schmitt, einem in Chile eingebürgerten Deutschen, im Kajak den León-See. Mit Skiern erreichen sie daraufhin den Sattel, der den Zugang zur Eisdecke bildet.

Bald danach, noch im Jahr 1940, macht sich eine dritte Expedition unter Friedrich Reichert auf, ebenfalls mit Skiern versehen. Von der Lagune San Rafaél aus gelangt Reichert mit sechs Gefährten bis zum Fuß des Berges, einem Sattel auf dem *divortium glacia-*

*Blick vom Gipfel des San Valentín nach Nordwesten. Foto der Erstbesteiger.*

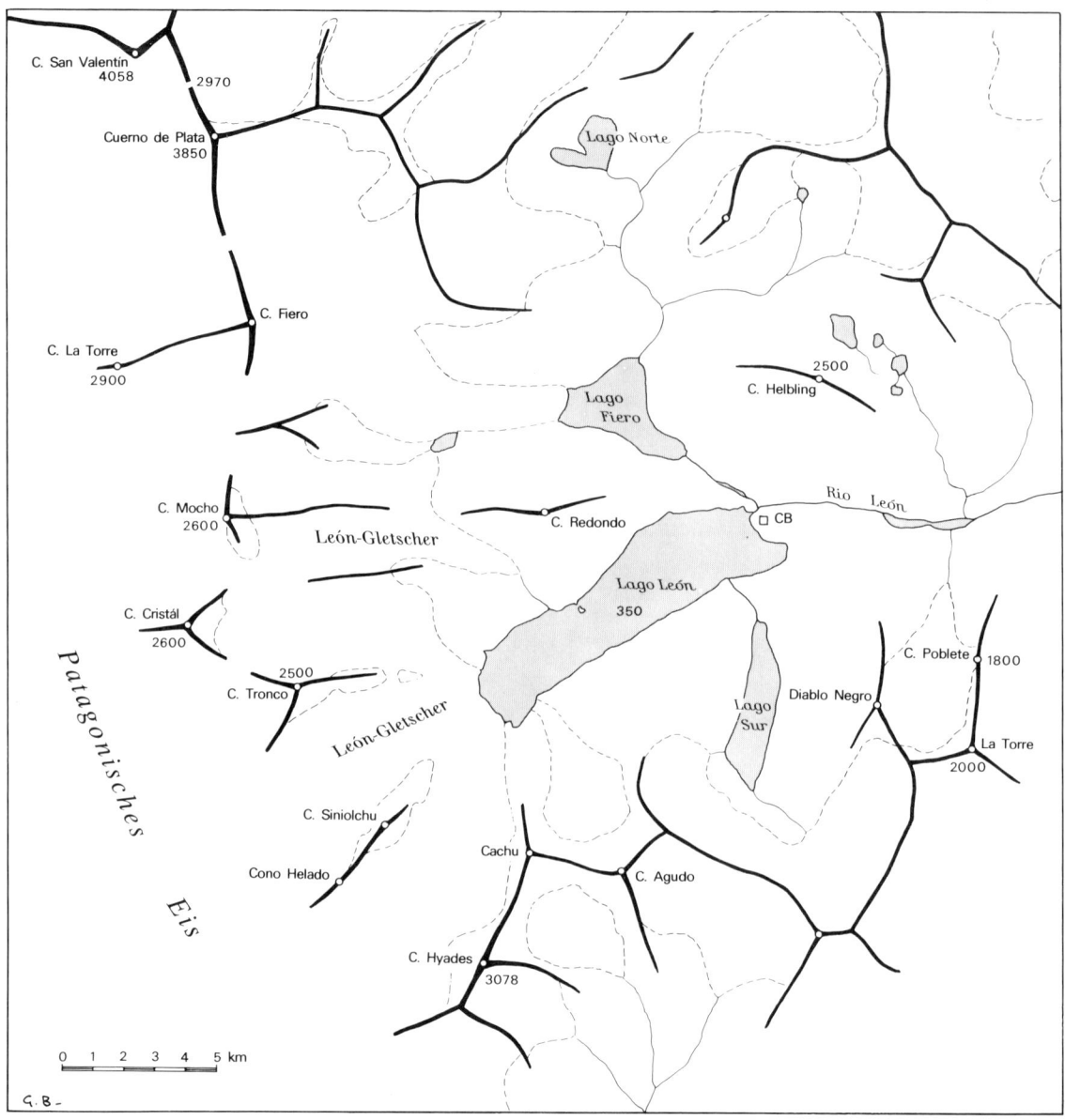

*Das Gebiet um den León-See.*

rum, der Eisscheide, von der aus man zum Fiero-See absteigen kann.

Den weiter nördlich gelegenen Sattel zwischen San Valentín und Cuerno de Plata auf 2970 m Höhe erreicht im Sommer 1941/42 Hermann Hess mit drei Gefährten: In zwei Monaten gibt es nur drei aufeinanderfolgende Tage mit gutem Wetter; die Gruppe gibt den Plan auf, über die Südwand weiterzukommen.

Im Sommer 1945/46 kehrt Arnold Heim, begleitet von J. Studer, H. Schmoll und A. Vallmitjana, zum León-See zurück. Sie erreichen den schneebedeckten Sattel im Südwesten des Cerro Cristál (Paso Cristál oder Portezuelo León), können aber wegen des schlechten Wetters nicht weiter (BdW 1948, 372–377; Heim, 1940, 1953).

Die Erstbesteigung des Gipfels im Jahr 1952 durch alle Mitglieder der Expedition des CAB ist eine der größten Leistungen des klassischen argentinischen Alpinismus.

Die neuseeländische Expedition von 1969/70 mit ihrem Basislager am León-See versucht eine Wiederbegehung, bei der Gordon Vickers, Ray Vickers, Paddy Gresham und der Chilene Claudio Lucero (mit Skiern bis auf 3400 m) von Süden zu »einem Paß zwischen dem Nordrücken und dem Gipfel« kamen (AAJ 1971, 429 f., AL 1970, 224–230), aber »das Wetter machte ein Vordringen bis zum Gipfel unmöglich« (NZAJ 1970).

Erstbesteigung: 18.12.1952 durch Expeditionsteilnehmer des CAB. Dinko Bertoncelj, Birger Lantschner und Tonček Pangerc über den ganzen SW-Grat; Gregorio Ezquerra und Carlos Sonntag über die S-Wand; Otto Meiling und Juan J. Neumayer über den SW-Grat, die S-Wand und den SO-Grat. Aufbruch von der Lagune San Rafaél. Einrichtung von zwei Lagern auf dem San-Rafaél-Gletscher und von drei Lagern auf dem Patagonischen Eis, mit einer Gesamtstrecke von 45 km (auf Skiern zurückgelegt) bis zum Fuß der S-Wand. Sehr gefährlich sind die Eisüberhänge in der S-Wand (An. CAB 1954, 3–48; RM 1953, 287–289).

Zweitbesteigung: Guillermo Zampieri, Mario Gutierrez, Busaco und Gefährten vom CAB, im Sommer 1985–86.

Dritte Besteigung: Philippe Modéré und Gefährten (Frankreich), 31.12.1986, mit vier Lagern (M. Mag. 1987/91, 96–105).

Vierte (und erste Winterbesteigung): Casimiro Ferrari, Giuliano Maresi, Egidio Spreafico und Carlo Buzzi, 7.8.1989. Von der Laguna San Rafaél mit Ski und Schlitten in fünf Tagen Anmarsch; Aufstieg über den SW-Grat, Abstieg über die S-Wand.

*Cuerno de Plata* 3850 m

Von Heim »Silberhorn« genannt (1953), von Hess »Titlis« und »Tararua« von den Neuseeländern (AAJ 1971, 429 f.). Hier wird die spanische Übersetzung von »Silberhorn« verwendet, die von den drei genannten die passendste ist.

Erstbesteigung: 20.12.1969 durch die Neuseeländer Paddy Gresham und Dave Launder. Mit Skiern bis zum Sattel auf 2900 m zwischen Cuerno de Plata e Cerro Fiero, dann über den leichten und schneebedeckten S-Grat (NZAJ 1970, 336–354; AJ 1970, 224–230).

*Cerro Fiero 3300 m, möglicherweise nur 2950 m*

Erstbesteigung: Bob Gunn und John Nankervis, 20.12.1969, mit Ski bis unterhalb der N-Flanke, Aufstieg ohne Schwierigkeiten bis zum großen Gipfelplateau (NZAJ 1970, 336–354; AJ 1970, 224–230).

Zweitbesteigung und erste im Winter: Dino Piazza und Giorgio Sacerdoti, 7.8.1989.

*Pico Sur 3300 m, möglicherweise nur 3100 m*

Erhebung, in die der Grat gipfelt, der sich vom San Valentín nach SW erstreckt. Der Name wurde von der CAB-Expedition 1952 vorgeschlagen, von den Erstbesteigern danach in Pamir geändert.

Erstbesteigung: Claudio Lucero (Chile) und Ray Vickers (NZ), 24.12.1969, über den vereisten O-Grat, leicht bis auf die letzten 100 m, wo man nach N queren muß, um den Gipfel zu erreichen (NZAJ 1970, 336–354; AJ 1970, 224–230).

*Cerro La Torre 2900 m*

Schöne Pyramide am westlichen Ende des Grats, der vom Cerro Fiero abzweigt. Der Name wurde von der CAB-Expedition 1952 eingeführt. Die neuseeländische Expedition änderte den Namen in Torre Theo Tobler, zur Erinnerung an einen Kameraden, der 1968 beim Versuch, den Cuerno de Plata zu bezwingen, abgestürzt war.

Erstbesteigung: Dave Launder, Bob Gunn, Alan Bibby und John Nankervis, 23.12.1969. Mit Ski bis zum Sattel zwischen La Torre und Cerro Fiero, dann über den steilen und mit Eispilzen bewehrten O-Grat (NZAJ 1970; AJ 1970).

Zweitbesteigung(?): Nach nicht bestätigten Nachrichten haben P. Abdenur und J. Siles im Januar 1986 eine Besteigung durchgeführt (Anti-Suyu, 1986/1, 36).

*Cerro Mocho 2600 m*

Gegen NO bricht eine von einem Rißsystem durchzogene Granitwand ab.

Erstbesteigung: Alan Bibby, John Nankervis, Dave Launder, 2.1.1970, über die leichte, schneebedeckte SW-Wand (NZAJ 1970).

*Cerro Cristál 2600 m*

Schöner Berg mit Doppelgipfel.

Erstbesteigung: Bob Gunn, Alan Bibby, John Nankervis und Dave Launder, 2.1.1970, über den vereisten, von N erreichbaren W-Grat, schwierig (NZAJ 1970, 336–354; AJ 1970, 224–230).

*Cerro Tronco 2500 m*

Weist gegen Osten mit breitem Schneehut bedeckte Granitwände auf.

Erstbesteigung: Hermann Hess und Heriberto Schmoll, 25.12.1945, mit Skiern bis zum Paso Cristál 2000 m (entspricht Portezuolo León). (Heim, 1953).

*Cerro Siniolchu 2400 oder 2600 m*

Erhebt sich mit seinen schönen, gezackten Graten über dem León-Sur-Gletscher.

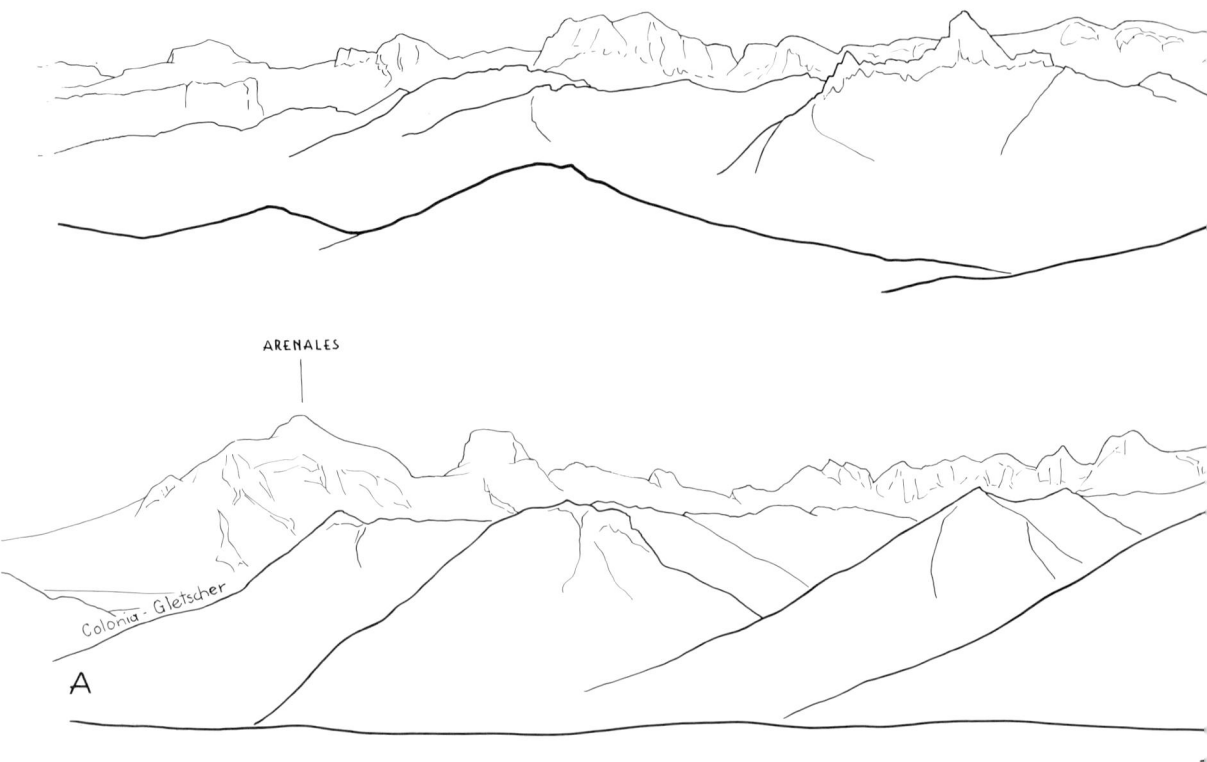

*Ansicht der Gruppe San Valentín–Arenales von Ostsüdost.*

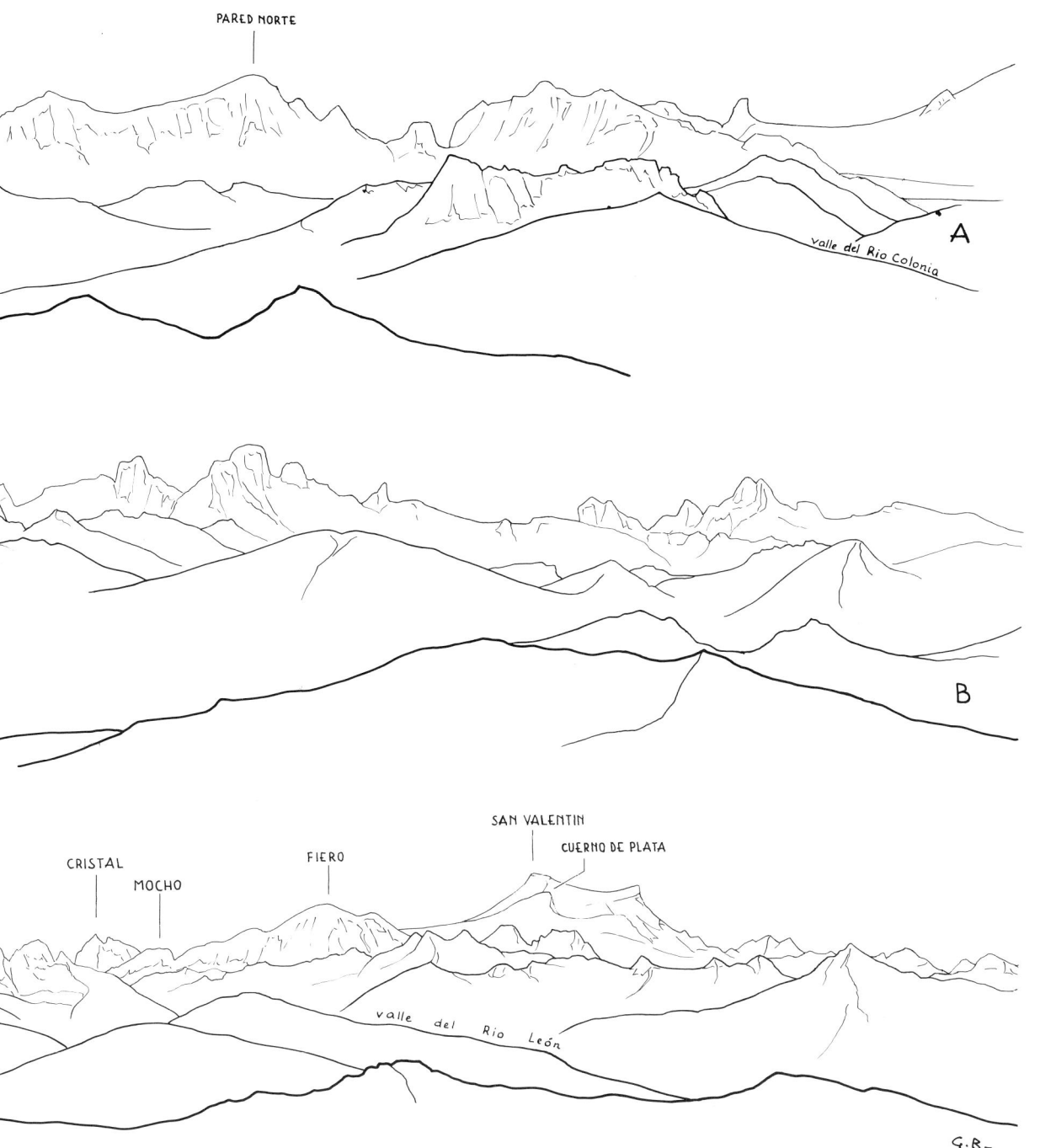

Erstbesteigung: die Neuseeländer Alan Bibby und Bob Gunn, 8.1.1970, über den von der N-Wand aus erreichten W-Grat (NZAJ 1970, 336–354; AJ 1970, 224–230).

*Cono Helado 2400 m, möglicherweise auch höher, jedoch unter 3000 m*

Erstbesteigung: Bob Gunn, Alan Bibby, John Nankervis und Dave Launder, 6.1.1970, über die leichte, schneebedeckte N-Wand (NZAJ 1970).

*Cerro Turret 2000 m*

Alleinstehender felsiger Gipfel, westlich vom Cono Helado.

Erstbesteigung: John Nankervis und Dave Launder, 8.1.1970, über die leichte O-Wand, kombiniertes Gelände (AJ 1970).

*Cerro Hyades 3078 m*

Große, schneebedeckte Pyramide. 1960 kommt eine von Hermann Joos geführte Expedition des CABA bis auf 1900 m, Zugang vom León-See durch das Tal des Cerro Condores (An. CAB 1960).

Erstbesteigung: Alan Bibby, Bob Gunn, Dave Launder und John Nankervis, 7.1.1970, über die schneebedeckte N-Wand, leicht (NZAJ 1970, 336–354).

Zweitbesteigung: Tom Clarkson und Geoff Spearpoint, 15.1.1973, über den von Eismauern unterbrochenen SW-Grat (auf 2700 m). Aus vier Mitgliedern bestehende Expedition, Aufbruch vom Rio Solér. Schwierig ist die Überwindung des Eisbruches zwischen 2100 und 2700 m. Paul Milson und Jan Thorne müssen zwei Stunden vor dem Gipfel umkehren. Alle vier werden durch einen Schlechtwettereinbruch beim Abstieg acht Tage lang festgehalten, zwei Teilnehmer tragen Erfrierungen davon. Abstieg ohne fremde Hilfe (NZAJ 1973, 16–22).

*Cerro Agudo 2600 m, möglicherweise weniger*

Entspricht dem von A. Heim Cerro Aguja genannten Berg (1953). Granitpyramide mit Doppelgipfel oberhalb des León-Sees. Brüchiger Fels.

Erstbesteigung: Gordon Vickers, Ray Vickers und Paddy Gresham, 8.1.1970, über den vom Gletscher aus erreichten S-Grat auf 2300 m, kombiniert, lang und ausgesetzt. Am Tag zuvor hatten sie mit Claudio Lucero die NW-Wand versucht und waren bis auf 100 m (sehr schwierig) an den Gipfel herangekommen; ein Steinschlag verletzte Claudio Lucero und zwang die Gruppe zur Umkehr (NZAJ 1970, 336–354).

Zweitbesteigung: Dave Bamford und Tom Clarkson, 29.1.1973, über den S-Grat (NZAJ 1973, 16–22).

*Cachu 2600 m, möglicherweise weniger*

Nordwestlich des Cerro Agudo, bricht gegen den León-Gletscher mit zinnengekrönten Felswänden ab.

Erstbesteigung: Hermann Hess und Wilhelm Schmitt, 16.1.1950. (Heim, 1953).

*b) Vom Cerro Largo zum Cerro Cachet*

Eine neuseeländische Expedition mit Robert Gunn, David Clark, David Launder, Ray Molineaux und Newell Palmer, begleitet von dem Chilenen Rómulo Tarsetti, war im Sommer 1971/72 im Gebiet zwischen dem Rio Solér und dem Nef-Gletscher 70 Tage lang unterwegs.

Bestiegen wurden der *Cerro Cachet* 2800 m, ein anderer Gipfel westlich davon und der auf 2700 m geschätzte Gipfel im SW des Cerro Largo. Der Versuch am Cerro Largo mit 2744 m mißlang (AJ 1973, 252).

Weiter wird von der Besteigung eines kleineren Aussichtsgipfels mit 2100 m »hinter« dem Cerro Largo durch eine neuseeländische Expedition berichtet; diese Gruppe erreichte 1979 das Nördliche Patagonische Eis vom Südarm des Rio Solér aus über den Nef-Gletscher (NZAJ 1979, 62–63). Die Spitze des Cerro Largo mit 2700 m, *Pico Naranja* genannt, wurde am 1.12.1985 von Gino Casassa und Rodrigo Mújica (beide aus Chile) und Bonnie Schwahn (USA) mit Langlaufskier erreicht (AAJ 1987, 206).

*c) Vom Cerro Arenales zum Cerro Pared Sur*

*Cerro Arenales 3437 m*

Mächtige Eispyramide im Firngebiet des Steffen-Gletschers.

Erst- und Zweitbesteigung: Clausen, Emmanji, Tagaki am 6.3.1958, und Mills, Morita, Piderit am 8.3.1958. Chilenisch-japanische Expedition mit 16 Teilnehmern (An. CAB 1960, 39; AJ 1958, 259).

Dritte Besteigung: Eric Shipton (GB), Eduardo Garcia und Cedomir Marangunic (Chile), Miguel Gomez (E), am 27.12.1963 (AJ 1964, 183–190).

*Cerro Arco 3012 m*

Erstbesteigung: Eric Shipton, Eduardo Garcia, Cedomir Marangunic, Miguel Gomez am 25.12.1963 (AJ 1964, 183–190). Ein Versuch war von der chilenisch-japanischen Expedition 1958 unternommen worden (AJ 1958, 259).

*Präandine Gruppen*

1) *Cerro Helbling*, 2500 m, bestiegen von Hermann Joos mit der CABA-Expedition am 30.1.1959 (An. CAB 1960).

2) *Cerro Poblete,* 1800 m, aus Quarzphylliten hervorragender Granitberg mit kleiner Eiskuppel, von Arnold Heim am 31.12.1945 bestiegen. Weiter südlich erhebt sich die von Reichert La Torre genannte Spitze (2000 m), die vielleicht identisch ist mit Heims Diablo Negro (1953). Cerro 2545 m, von Dave Bamford und Tom Clarkson am 7.2.1973 bestiegen. Beide bestiegen am 12.2.1973 auch eine schwierige Spitze oberhalb des Plomo-Sees und versuchten den Cerro Campamento 1800 m (NZAJ 1973).

## II Cerro Castillo (de Coyhaique)

Diese Berge liegen im Norden des Buenos-Aires-Sees, der in Chile den Namen General-Carrera-See führt. Sie reichen im Westen bis an die Gipfel des Nördlichen Patagonischen Eises, während sie nördlich vom Rio Huemules und der Verwaltungsgrenze zwischen den beiden Provinzen Aysen und General Carrera begrenzt werden; ihre Ausläufer reichen fast bis zur Breite von Puerto Aisen.

Wenig bekannt, trotz des relativ einfachen Zugangs (die Fähre auf dem See führt zu den bewohnten Orten am See, fahrbare Wege zweigen von der auch touristisch viel befahrenen Straße zwischen Puerto Ibañez und Coyhaique ab), erscheinen die Bergketten sowohl als mächtige Massive mit Gletschern im oberen Teil sowie als mit Zacken und schroffen Felstürmen bewehrtes Gebirge.

Oberhalb des Nordufers des Buenos-Aires-Sees und des Ortes Puerto Cristál bestieg im Dezember 1939 Arnold Heim während einer geologischen Erkundung des Silva-Bergwerks einen 1939 m hohen Berg (mit Marmorgestein). Zwei weiteren, nahegelegenen Gipfeln gab er die Namen *Cerro Gótico,* 2500 m (Marmortürme) und *Cerro Pintado* (von Marmorgestein bedeckter Granit mit schwarzen Dioritgängen) (Heim, 1953).

Der bekannteste und markanteste Gipfel, der bereits vom Buenos-Aires-See aus gesehen werden kann, ist der Cerro Castillo. Er weist tatsächlich die Form eines zinnenbewehrten Schlosses *(castillo)* auf und beherrscht das flache Tal des Rio Ibañez.

Am Ende dieses Tals erhebt sich der Hudson-Cerro, ein 2500 m hoher Stratovulkan; von seinem letzten Ausbruch im Jahr 1971 zeugen noch die Bimssteine auf den Hängen des Cerro Castillo.

*Cerro Castillo, Südwände.*

*Gipfel nördlich des Cerro Castillo (links der Cerro Palo).*

Im Inneren des Gebiets gibt es noch einige wilde, kaum zugängliche Berge, meist aus mit Laven bedecktem Granit, über deren Erkundung nichts bekannt ist.

Der Buenos-Aires-See bildet eine sehr deutliche botanische und geographische Grenze: Nördlich ist das Klima feuchter und die Vegetation üppiger. Sümpfe sind häufig und dort wächst die *caña colihue*, eine bambusähnliche Art, die so dicht wuchert, daß sie manchmal ein Durchkommen zu Fuß oder zu Pferd unmöglich macht. Das Tal wird im Hochsommer manchmal von gewaltigen Hochwassern überflutet.

### Cerro Castillo 2675 m

Charakteristischer und faszinierender Berg, dessen Gipfelgrate mit bizarren Basalttürmen geschmückt sind, auf der linken Seite des Rio Ibañez bei Villa Castillo gelegen. Da man das Massiv bereits vom Buenos-Aires-See aus sehen kann, wurde es wahrscheinlich öfter »im Vorbeigehen« von Bergsteigern ins Auge gefaßt und bestiegen.

Erstbesteigung: Die Chilenen Gastón Oyarzún, Osvaldo Latorre, Antonio Marcel, Raul Aguilera, durch die W-Wand (Fels IV., Eis) am 10.2.1966 (An. Chile 1963, 181).

Zweitbesteigung: Nick Groves (GB) bis zum Gipfel und Tom Clarkson, Mick Searle, John Mayrick und Lauchi Duff bis 20 m unterhalb des Gipfels, am 4.2.1976 (AAJ 1977, 234–235).

Drittbesteigung: Tone Golnar (JU), Ljubo Hansel (JU), Chil Kyan-Son (S-Korea), Dave Waugh (Neuseeland), 5.12.1982, Erstbegehung der Eisrinne der SO-Wand (durchschnittliche Neigung 55°, stellenweise bis zu 90 Grad, 650 m, TD). Abseilen in 16 Seillängen über die gleiche Route (AAJ 1984, 220; Mountain 1983/20, 11).

Die W-Wand, die man von Villa Castillo durch das Tal Estero del Bosque erreicht, ist sehr breit und von mehreren Eis- und Schneerinnen voller Geröll und Steilstufen durchzogen. Die mittlere Rinne, die bis zum Gipfelgrat in 2570 m Höhe reicht (wohin auch die Eisrinne der SO-Wand führt), ist eine sehr logische Route (Höhenunterschied ungefähr 800 m, Neigung stellenweise bis zu 55°, AD-). Sie wurde wahrscheinlich bereits vor dem Durchstieg von Gino Buscaini und Silvia Metzeltin vom 26.1.1987 begangen. Auch die Neuseeländer Dave Bamford und Tom

Clarkson folgten auf der W-Flanke »steilen und schwierigen Eisrinnen« und erreichten am 14.3.1973 den Gipfelgrat 100 m unterhalb des Gipfels (NZAJ 1983, 16–22).

In der Umgebung des Cerro Castillo wurden einige andere Berge auf der linken Seite des Rio Ibañez erstiegen:

*Cerro Peñon 2035 m,* im NO des Cerro Castillo: Dave Waugh (Neuseeland), 1982 (AAJ 1984, 220).

*Cerro Palo 2320 m,* schwarzer, charakteristischer Turm am Ende des Tales Estero del Bosque (gegenüber Cerro Castillo):
 Erstbesteigung: Nick Groves (GB) und Lauchi Duff (Neuseeland), 5.2.1976.
 Zweitbesteigung: Mick Searle (GB) und Tom Clarkson (Neuseeland), 6.2.1976. »Der ungefähr 400 m hohe Felsturm im oberen Teil bietet die schönste Kletterei der gesamten Kette« (AAJ 1977, 235).

*Orographischer Knoten ca. 2250 m,* im ONO des Cerro Castillo (östlich des ca. 2000 m hoch gelegenen Sattels zwischen dem Tal Estero del Bosque und dem zum La-Paloma-See führenden großen Tal). Vom Sattel über S-Wand und S-Grat, AD; Walter Bonatti und Rossana Podestà, Gino Buscaini und Silvia Metzeltin, 11.12.1987).

*Cerro Puntudo 2061 m* (möglicherweise höher) im W des Cerro Palo:
 Erstbesteigung: Gastón Oyarzún, Osvaldo Latorre, Antonio Marcel, Raul Aguilera (Chile), 1966 (An. Chile 1963–67, 181).
 Zweitbesteigung: John Myrick, Mick Searle, Tom Clarkson, Amber Clarkson, 8.2.1976 (AAJ 1977, 235).

*Cerro Feo 2300 m,* im NNW des Cerro Puntudo:
 Erstbesteigung: Lauchi Duff und Nick Groves, 9.2.1977, brüchiger Fels (AAJ 1977, 235).

Es ist nicht ganz klar, welcher Berg der »falsche Cerro Castillo« ist, den die Neuseeländer Tom Clarkson, Geoff Spearpoint und Dave Bafmord im Dezember 1972 erstiegen, wobei sie »einen vereisten Wasserfall von 6000 Fuß überwanden und einen 300 Fuß hohen Felsturm erkletterten« (NZAJ 1973, 16–22).

## III San Lorenzo

Die San-Lorenzo-Gruppe ist gegenüber der Achse der Kordillere leicht nach Osten verschoben, hält aber im wesentlichen die Nord-Süd-Streichrichtung der Kordillere ein. Sie liegt zwischen dem 47. und 48. südlichen Breitengrad und schließt damit an das Gebiet an, in dem der Rio Baker (der Abfluß des Buenos-Aires-Sees) und der Rio Bravo die Trennung zwischen Nördlichem und Südlichem Patagonischem Eis bilden.

Das Gebirge besteht aus der Hauptkette des San Lorenzo und verschiedenen kleineren Ketten. Gegen Norden erstreckt es sich bis zum Pueyrredon-See; jenseits dieses Sees und der Niederung des Paso Roballo (Grenzübergang) erhebt sich der Monte Zeballos, der den westlichen Abbruch der großen vulkanischen Hochebene des Buenos-Aires-Sees bildet.

Gegen Süden und Südosten zieht sich der San Lorenzo mit dem Massiv des Penitentes, mit Nebenkämmen und vereinzelten Gipfeln bis zum Rio Mayer hin (in der Gegend von Tucu Tucu und der Nordostecke des San-Martin-Sees).

Die Grenze zwischen Chile und Argentinien verläuft über den mit 3706 m höchsten Gipfel der Gruppe, der in Argentinien San Lorenzo und in Chile Cochrane genannt wird. Unter den Bergsteigern hat sich jedoch allgemein die Bezeichnung San Lorenzo durchgesetzt. Er ist der zweithöchste Berg der Südlichen Patagonischen Anden.

*In der Westrinne des Cerro Castillo.*

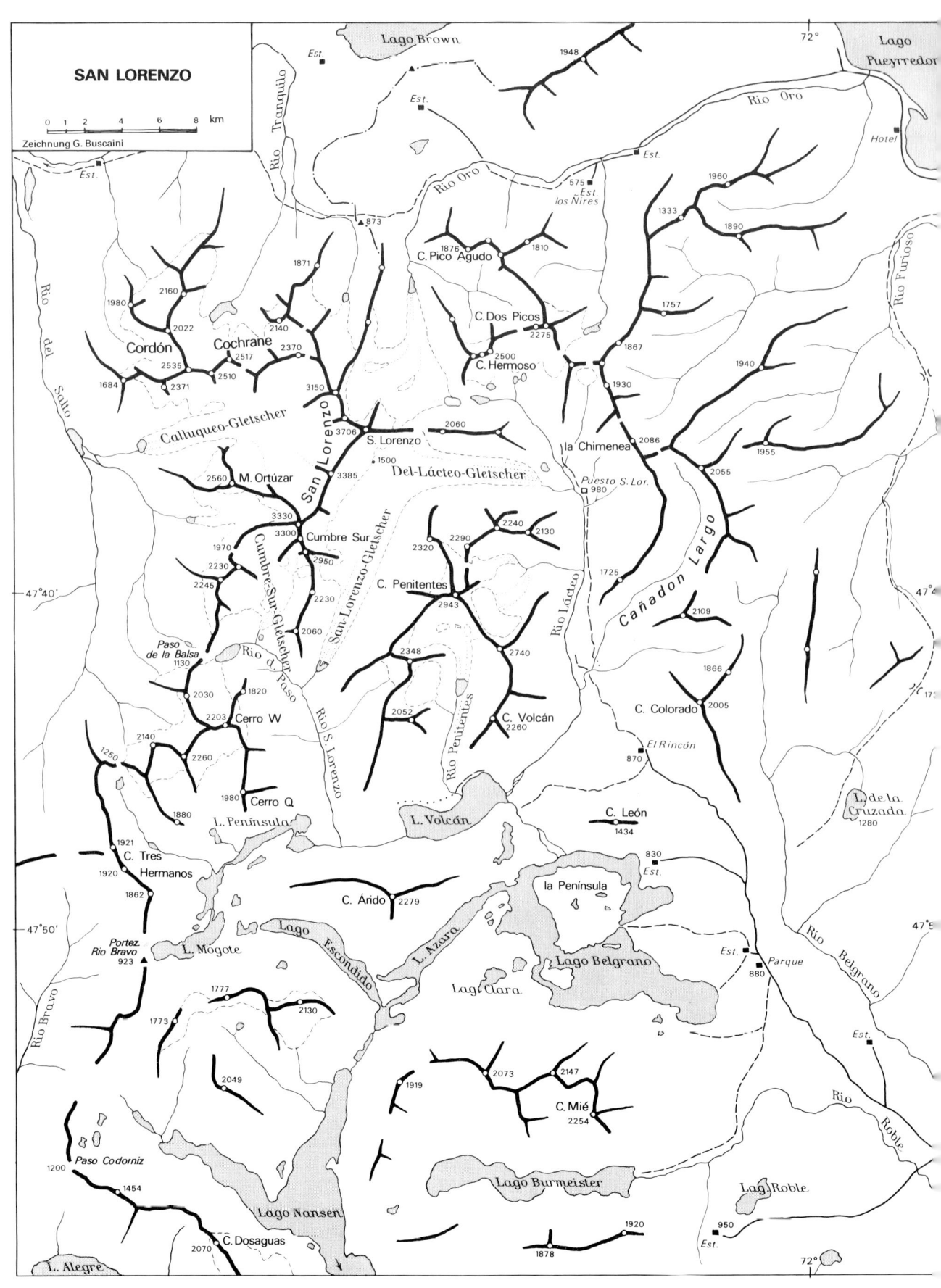

An die auf chilenischem Gebiet liegende Westflanke schließen sich andere Ketten an, wie die Cochrane-Kette mit schönen Eisgipfeln und großen, schwarzen, manchmal nahezu abschreckend wirkenden Felsentürmen.

Auf der Ostseite erstrecken sich mit Schutt bedeckte Gebirgsketten, meist nur bis in den Spätfrühling schneebedeckt, aus denen sich kleine basaltische Felstürme oder Gratwände erheben. Im Südosten liegt der Perito-Moreno-Nationalpark, der die Gebiete um den Nansen- und den Belgrano-See umfaßt. Die für Bergsteiger interessanten Gipfel befinden sich außerhalb des Parks.

Der Zugang zur San-Lorenzo-Gruppe ist heute verhältnismäßig einfach, denn auch noch die entferntesten estancias sind auf guten Pisten zu erreichen: von Gobernador Gregores bis zu Las Horquetas und zum Perito-Moreno-Nationalpark (Belgrano-See) oder von Perito Moreno oder Gobernador Gregores bis nach Bajo Caracoles, dann vorbei am Posadas-See und in das Tal Rio Oro. Auf der chilenischen Seite führt der Zugang über Coyhaique-Cochrane (Flugzeug, Straße) und Arroyo S. Lorenzo.

Die Begehung des Hauptgipfels des San Lorenzo im Jahr 1943 war die Krönung im Bergsteigerleben

*San Lorenzo von Norden. Links der Hauptgipfel, in der Mitte der Hombro Norte.*

*San Lorenzo, Hauptgipfel. Links Seitenansicht des Ostgrats.*

des Salesianerpaters De Agostini; zugleich stellte sie den Schlußpunkt in seiner langjährigen Tätigkeit als Erforscher der patagonischen Berge dar; er war zu diesem Zeitpunkt immerhin 60 Jahre alt! Die von ihm eröffnete Route weist keine hohen technischen Schwierigkeiten auf, aber sie ist sehr lang, stark den Westwinden ausgesetzt und ziemlich kompliziert. Pater De Agostini fand sie nach vier Erkundungsfahrten und tatsächlich ist sie eine Synthese aus Intuition und genauen topographischen Ermittlungen. Sie wurde trotz mehrerer Versuche nur selten wiederholt.

Die schönste Anstiegsroute auf den Hauptgipfel führt über den Ostgrat; sie wurde mehrmals versucht (J. Fonrouge, A. Rosasco; von Japanern; G. Vieiro und Gefährten 1976; Südafrikaner 1980; G. Buscaini und S. Metzeltin 1985), ehe sie 1986 zwei südafrikanischen Seilschaften gelang und 1987 im Direktanstieg zwei Seilschaften aus Lecco. Der Fels des San Lorenzo und einiger umliegender Gipfel besteht zum Teil aus Granit, Rhyolit und Andesit und ist oft sehr brüchig. Bei den benachbarten Bergketten herrschen Schiefer vor.

Einige Nebengipfel, wie der Cerro Hermoso und der Cerro Penitentes bieten Anstiegsmöglichkeiten mit herrlichem Rundblick.

*San Lorenzo, Hombro Norte (Nord-Schulter) 3150 m*

Ungefähr 2,5 km vom Hauptgipfel entfernt, endet der Nordgrat des San Lorenzo in einem weiten, von allen Seiten durch Felsen gestützten Eisplateau. Die De-Agostini-Route stößt, von Westen kommend, auf den südwestlichen Teil des Plateaus und führt dann weiter nach Süden über den 3567 m hohen nordwestlichen Vorgipfel.

Erstbegehung der Nordwand: Timothy Rawson, John Hauf, Tom Walter am 3.3.1987, vom Basislager De Agostini Rio Tranquilo (= Arroyo San Lorenzo). Eistürme, Eis, Zacken und Vorsprünge; ein Abbruch von mehr als 40 m mit Neigung von 70 bis 90 Grad; Schneegrat bis zu den Eiswächten am Rand des Plateaus. Abstieg über die Westseite (AAJ 1988, 173–174).

*San Lorenzo, Cumbre Principál 3706 m*

Erstbesteigung: Alberto De Agostini mit Alex Hemmi und Heribert Schmoll vom CAB, 17.12.1943. Von

*Auf dem Ostgrat des San Lorenzo, Hauptgipfel.*

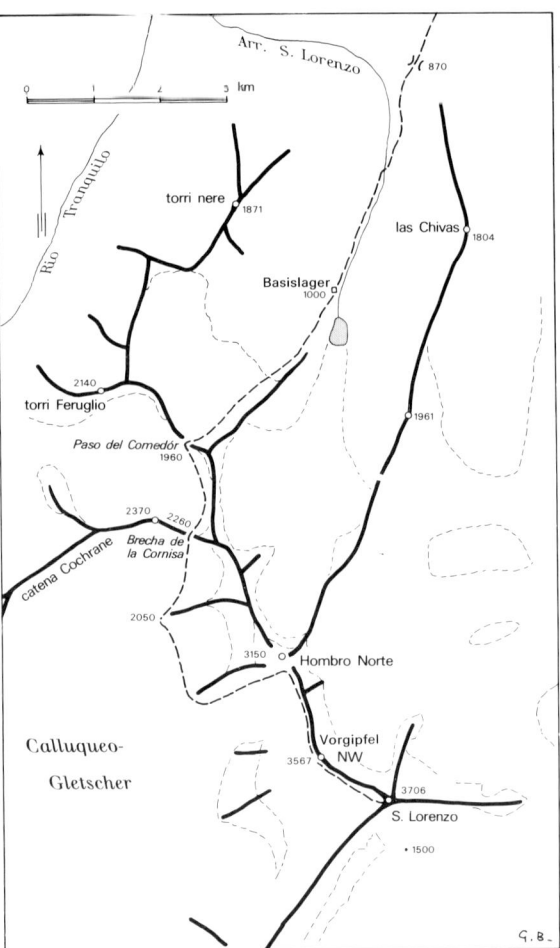

*San Lorenzo, Hauptgipfel; Verlauf der De-Agostini-Führe.*

Rio Oro und Rio Tranquilo (= Arroyo S. Lorenzo) auf der Nordseite der Kette, über Westhang und Nordgrat. Höhenunterschied vom Basislager Rio Tranquilo ungefähr 3000 m über eine Strecke von 15 Kilometern. AD (De Agostini 1949, 293–318; RM 1947, 369–371).

Zweitbesteigung: Die Argentinier J. Gross, H. Corbella, G. Krings vom CABA 1955 über die De-Agostini-Führe.

– 1958 kamen Juan Neumayer, Otto Meiling und Conrado Stiler vom CAB bis auf 3000 m (An. CAB 1958, 78).

– 1972 folgten die Neuseeländer Bill Stephenson und Peter Barry der De-Agostini-Führe bis zum nordwestlichen Vorgipfel 3567 m (NZAJ 1972; An. Chile 1973–1977, 199).

Dritte Besteigung: Am 15.1.1983 durch die Argentinier Alex Scheuer, Jorge Rivero, Mario Gutierrez, Tulio Calderón, Oscar Grizzi, Guillermo Zampieri vom CAB über die De-Agostini-Führe.

Vierte Besteigung und Erstbesteigung über den Ostgrat: Die Südafrikaner Paul Fatti, Erwin Müller, Russel Dodding und Hans Peter Bokker, 15.1.1986 (acht Tage Anstieg und vier Tage Abstieg auf derselben Route). Höhenunterschied vom Basislager (Rio Lacteo) 2700 m, vom Gletscher aus 2000 m, Länge des Grats 3000 m. Vorherrschend Eis, TD + (MCSA 1985, erschienen 1987, 46–55; AAJ 1987, 208–209).

Fünfte Besteigung: Gino Buscaini, Silvia Metzeltin und Cristina Agüed (Argentinien) über die De-Agostini-Führe am 10.12.1986. Von Puesto S. Lorenzo über Rio Tranquilo (AAJ 1987, 209).

Sechste Besteigung und Zweitbesteigung über den Ostgrat: Direktanstieg über die Gratschneide (Fels bis V): Casimiro Ferrari, Danilo Valsecchi, Annibale Borghetti, Maurizio Villa, Auf- und Abstieg in sechs Tagen, auf dem Gipfel am 18.1.1987 (AAJ 1987, 209).

## San Lorenzo, Cumbre Sur* 3300 m

Die Hauptkette des San Lorenzo erstreckt sich mit einem langen Grat in südlicher Richtung. Die letzte Erhebung dieses Grats ist ein schöner Gipfel, dessen Spitze aus einer Eiskappe besteht, ungefähr 7 km vom Hauptgipfel des San Lorenzo entfernt.

Erstbesteigung: Gino Buscaini und Silvia Metzeltin, An- und Abstieg über die Südwand und den Westgrat in drei Tagen; auf dem Gipfel am 15.1.1986. Höhenunterschied vom Basislager 2300 m, Höhenunterschied der Wand 1700 m. Schnee und Eis, D, stellenweise bis zu 80 Grad im Bereich der Eisbrüche

*In der Südwand der Cumbre Sur.*

(LSc 1.8.1986; RdM 1986/78, 75; AAJ 1987, 207–208).

## Cerro Piramide 2060 m

Von der Talsohle aus erscheint er deutlich als Pyramide; tatsächlich handelt es sich jedoch um die letzte Schulter der Gratabzweigungen am S-Ende der San-Lorenzo-Kette. Einmaliger Aussichtsgipfel.

*Der Calluqueo-Gletscher auf der Westseite des San Lorenzo.*

Erstbesteigung: Gino Buscaini, Silvia Metzeltin, Cristina Agüed (Argentinien), Eduardo Tarditti (Argentinien), 7.1.1987. Über den Südhang, Höhenunterschied vom Talboden ungefähr 1100 m, leicht.

*Cerro Penitentes 2943 m*

Mächtiges, dem San Lorenzo vorgelagertes Massiv. Brüchiger Fels, verschiedene Möglichkeiten auf Eis und Schnee.

Erstbesteigung: Die Südafrikaner Paul Fatti, John Moss, Geoff Pallister, Richard Smithers, 1980, von Norden über die Schneerinne (MCSA 1981, 6–13; 1985, 46–55).

Zweitbesteigung: Gino Buscaini und Silvia Metzeltin, 22.1.1985, von Norden, vermutlich auf derselben Route. AD-.

*Cerro de los Pedreros* 2290 m*

Süd-Ost-Querung, leicht.

*Cerro de las Agujas Sueltas* 2240 m*

West-Ost-Querung, leicht, zwei Seillängen mit Schwierigkeitsgrad IV.

*Piramide Bella Vista* 2130 m*

West-Ost-Querung, leicht.

Diese Gipfel begrenzen gegen Norden das östliche Trogtal des Penitentes-Massivs. Sie wurden von Gino Buscaini und Silvia Metzeltin am 22. und 23.1.1985 überschritten.

*Cerro Hermoso 2500 m*

Dieser Berg trägt seinen Namen »Schöner Gipfel« völlig zu Recht. Er besitzt in den herrlichen Südwänden einige elegante Routen auf Eis und Schnee. Er ist in Ost-West-Richtung ausgerichtet. Auf seinem Gipfelgrat erheben sich der felsige Westgipfel, der höhere mittlere Gipfel und der schneebedeckte Ostgipfel. Die nördlichen Hänge beherbergen einige Gletscherreste und große Schuttfelder.

Hauptgipfel ungefähr 2500 m.

Erstbesteigung: Die Argentinier Héctor Cuiñas, Jorge Jasson, Guillermo Vieiro, 1976. Durch die Eisrinne, Neigung bis 60°, Anstieg auf den Südostgrat; Abstieg über den Ostgipfel. Höhenunterschied vom Talboden ungefähr 1500 m (Andinismo 1977, 16–18).

Ostgipfel ungefähr 2430 m.

Erstbesteigung unbekannt. 1977 und 1985 einige Male von Südafrikanern erreicht, 1985 von Gino Buscaini und Silvia Metzeltin, 1986 von den Argentiniern Cristina Agüed und Eduardo Tarditti, jeweils über die Südwand und den südöstlichen Gipfelgrat. Höhenunterschied vom Talboden ungefähr 1400 m. AD.

*Die Südost-Wand des Monte Ortúzar.*

*Cerro Arido 2250 m*

Aussichtsberg im Nationalpark.

Erstbesteigung: Lothar Herold, Erwin Parusel (Argentinien) 6.2.1955, über den nordwestlichen Teil des Ostgrats, Abstieg in nördlicher Richtung. Leicht. Von der estancia La Oriental, mit Boot über den Belgrano-See (An. CAB 1957, 15–23).

*Cerro Aspero 2075 m*

Aussichtsberg im Nationalpark.

Erstbesteigung: Erwin Parusel (Argentinien), 13.2.1955, von Südosten, leicht. Von der estancia La Oriental, mit Boot über den Escondido- und den Azara-See (An. CAB 1957, 15–23).

*Cerro Q 1980 m*

Erstbesteigung: G. Maioli, A. Pietrelli (CABA), 6.2.1983. Über den Gletscher, ohne besondere Schwierigkeiten.

*Cerro W 2205 m*

Erstbesteigung: G. Maioli, A. Pietrelli (CABA), 7.2.1983. Über steilen Gletscher voller Gletscherspalten. Umgetauft auf Cerro Compañeros.*

Diese beiden Berge liegen oberhalb bzw. beim Grat, der die argentinisch-chilenische Grenze bildet zwischen Portezuelo Rio Bravo (Hito N.1) im Süden und dem Paso de la Balsa* im Norden.

Hinter dem Portezuelo Rio Bravo erhebt sich der Cerro Tres Hermanos, dessen Bezeichnung an die drei Brüder Brunel erinnert, die Neffen des legendären Banditen Ascensio Brunel, die sich an den Ufern des Volcán- und des Azara-Sees niedergelassen hatten. Ihre Weiden und Hütten sind heute verlassen (An. CAB 1957, 21).

*La Chimenea\* 2086 m*

Eigenartige, weithin sichtbare Basaltspitze, die sich von den Hängen (Quarzit- und Phyllitgestein) östlich des Puesto San Lorenzo erhebt. Sie ist durch einen großen Kamin in zwei Teile geteilt und mit verschiedenen Türmchen bekrönt. Die Bezeichnung ist in der estancia El Rincón gebräuchlich.

Erstbesteigung: Gino Buscaini und Silvia Metzeltin, 20.12.1986, Ostwand, 50 m, III.

*Cerro Dos Picos\* 2275 m*

Schöner Gipfel mit zwei Spitzen, östlich des Cerro Hermoso, von diesem durch eine leicht zu überschreitende Gratsenke (Gletscher südseitig) getrennt,

*Blick zum Cordón Cochrane.*

*Cerro Hermoso und San Lorenzo von Nordosten.*

Paso Hermoso* genannt. In den Berichten der südafrikanischen Erst- und Zweitbesteiger wird der Berg als »twin peak« bezeichnet.

Erstbesteigung: Richard Hoare und Greg Moseley, 1977; Ostspitze.

Zweitbesteigung: Paul Fatti, John Moss, Richard Smithers, Geoff Pallister, 1980; Westspitze (MCSA 1981, 6–15).

Drittbesteigung: Gino Buscaini und Silvia Metzeltin, 26.1.1985. Von Paso Hermoso, leicht, zwei Seillängen mit IV., zur Westspitze.

*Cordón Cochrane ungefähr 2600 m*

Auf chilenischem Gebiet zwischen dem San Lorenzo und dem Rio del Salto gelegene Kette.

Der Nordturm (Torre Norte) des Cochrane mit 2520 m wurde am 12.2.1967 von den Chilenen Eduardo Garcia, Luis Latorre und Erling Villalobos erstiegen, »unter einigen technischen Schwierigkeiten«, mit zwei Lagern und nach zwei Versuchen (AJ 1967, 147; An. Chile 1963–67, 181). Die Chilenen erkundeten auch die Täler Jaramillo und Año Nuevo.

Im Dezember 1971 bestiegen die Neuseeländer Peter Barry und Bill Stephenson vier Gipfel des Cordón Cochrane: den Gipfel ganz im Osten (vom Hochtal des Rio Tranquilo aus gesehen links), Höhe ungefähr 2500 m, und drei weitere Gipfel »auf dem Westgrat vom selben Tal« (An. Chile 1963–67, 199).

*Cordón Feruglio*

Vom »Paso del Comedor« zweigt eine Kette mit Gruppen von schwarzen Andesit-Türmen nach Norden ab. Die nördlichste von diesen Gruppen wurde von De Agostini »Torri Feruglio« getauft, im Andenken an den Geologen Egidio Feruglio (1897–1954), der das erste umfassende Werk über die Geologie Patagoniens schrieb.

Mit Skiern wurden vom Rio Tranquilo (= Arroyo San Lorenzo) aus der orographische Knoten, ca. 2070 m, zwischen den »Torri Feruglio« und dem »Paso del Comedor« (3.8.1989), und der Gipfel, ca. 1850 m im SW der »Torri Nere«, (2.8.1989) von Gino Buscaini, Lucia Castelli, Silvia Metzeltin und Angelo Todisco, bestiegen (lohnende Abfahrten).

*Gebiet um den Cardiel-See*

Im NO des Cardiel-Sees erhebt sich ein eigenartiger Gipfel aus säulenförmigem Basaltgestein, der *Cerro Negro,* ca. 800 m. Erreichbar über leicht begehbare Rinnen auf der O-Seite. Über die N-Wand, ca. 100 m von II bis V, Gino Buscaini und Silvia Metzeltin, 10.1.1988.

*Gebiet Paso Roballo – Monte Zeballos*

*Cerro Colorado – ca. 2500 m*

Am Rande des öden, vulkanischen Hochplateaus des Buenos-Aires-Sees, von Osten leicht erreichbar, mit langem Zugang über die Hochebene und über Grate. Einmaliger Aussichtsgipfel, von Osten bereits seit langem bestiegen. Über den SW-Hang, N-Grat und die Schneewand im NNO: Gino Buscaini und Silvia Metzeltin 18.12.1987 und Walter Bonatti 19.12.1987.

*Colmillo oder Pan de Azucar – ca. 1200 m*

Dieser alleinstehende, rundliche Gipfel (»Zuckerhut«) erhebt sich aus der Hochebene nordöstlich des Paso Roballo. Über den N-Hang bereits von einheimischen Hirten bestiegen. Über die W-Wand, 300 m, III: Walter Bonatti, Gino Buscaini, Silvia Metzeltin, 20.12.1987.

*Cerro Hermoso von Südosten.*

# Das Südliche Patagonische Eis

*Die von der Kordillere herabgleitenden Gletscher »üben auf meine Phantasie die mächtigste Anziehung aus, die ich je für Unbekanntes verspürt habe«.*
*Carlo M. Moyano*
(Offizier der Argentinischen Marine, Begleiter Francisco P. Morenos bei den Forschungsfahrten von 1876 bis 1884)

Das Südliche Patagonische Eis erstreckt sich über eine Länge von ca. 330 km vom Baker-Kanal (48. Breitengrad) bis zur Letzten-Hoffnung-Bucht des Unión-Kanal (ca. 52. Breitengrad). Es bedeckt eine Fläche von 13500 Quadratkilometer und liegt durchschnittlich 1500 m über dem Meer.

Die Mulde zwischen dem Andrew-Fjord in der Seno-Peel-Bucht und dem Mayo-Fjord im Lago Argentino stellt eine deutliche Trennungslinie dar. Nördlich dieses Einschnitts zieht sich über 230 km eine gleichförmige, bis zu 80 km breite Eisfläche hin, deren Kennzeichen weite Hochebenen im Innern, deutliche Erhebungen zwischen den sogenannten »Korridoren« und periphere Gebirgszüge im Osten und Westen sind.

Eine Hochebene besonderer Art ist der *Paso de los cuatro glaciares* (Paß der vier Gletscher), auch *Plateau* genannt. Von ihm gehen vier Gletscher ab: der Chico-Gletscher im Osten, der Viedma-Gletscher im Süden, der Pio-XI-Gletscher im Westen und gegen Norden der Corredor Hicken (zwischen Cordón GAEA und Volcán Lautaro), der die Verbindung zum Jorge-Montt-Gletscher bildet.

Der *Paso de los cuatro glaciares* wird vom Pio-XI-Gletscher durch die etwas höhere Senke des Paso Moreno getrennt, der mit 1710 m zwischen dem Cerro Kölliker im Norden und den Ausläufern des Cordón Mariano Moreno im Süden liegt.

Die von De Agostini verwendete Bezeichnung *Paso de los cinco glaciares* (Paß der fünf Gletscher) ist nicht ganz richtig, da der fünfte Gletscher, der Marconi-Gletscher, von der Gorra Blanca aus zum Rio Electrico herunterreicht und durch einen echten Paß, den Marconi-Paß (1500 m), von der etwas niedriger liegenden Hochebene getrennt wird.

Drei weitere Hochebenen flankieren die westlichen Gebirgsketten; sie heißen, von Norden nach Süden, Caupolicán-, Italia- und Japón-Plateau. Die ausgedehnteste Hochebene trägt keinen Namen und befindet sich im nördlichen Teil, der das gesamte Gebiet zwischen dem Jorge-Montt-Gletscher und dem Corredor Hicken umfaßt.

Südlich der Andrew-Mayo-Mulde ragen von der Oberfläche des Patagonischen Eises, das hier nur mehr 30 km breit ist, zahlreiche einzelne Erhebungen empor, die ungefähr 100 km weiter im Süden mit dem Cerro Balmaceda enden. Trotz der orographischen Diskontinuität ist die Ausrichtung der peripheren Gebirgszüge noch zu erkennen und auch die glazialen Plateaus stehen noch miteinander in Verbindung. Der Andrew-Fjord und der Calvo-Fjord umschließen eine Hochebene (»Altoplano Polonia« im Südteil), deren Zentrum durch den Reichert-Paß im Firngebiet des Moreno-Gletschers gekennzeichnet ist. Südlich des Calvo-Fjords zieht sich ein langer, gewundener Korridor bis zum Tyndall-Gletscher hin, während ein enger, weiter westlich gelegener letzter Arm zum Balmaceda-Gletscher führt. Die Expeditionen, die in den Jahren 1914 bis 1949 zur Erkundung in das Südliche Patagonische Eis vordrangen, lieferten die entscheidenden geographischen Kenntnisse. Die von der US-Luftfahrt im Sommer 1944/45 durchgeführte Luftbilderhebung trug dazu bei, daß die letzten weißen Flecken auf der Landkarte Patagoniens verschwunden sind. Bis heute jedoch können einige Gebiete, die weder von Bergsteigern noch von Karthographen oder Wissenschaftlern besucht wurden, in gewissem Sinne als *inexplorado* gelten.

Als das Patagonische Eis seine Anziehungskraft für die Geographen verloren hatte, gewann die sportliche Herausforderung immer mehr die Oberhand. Die Durchquerungen des Eisfeldes aus sportlichen Gründen wurden immer häufiger, trotzdem blieb allen Unternehmungen immer noch etwas Geheimnisvolles, Faszinierendes zu eigen.

Diese Durchquerungen kann man in mancher Hinsicht mit den Forschungsreisen in den Polargebieten vergleichen. Auf dem Patagonischen Eis liegen jedoch die durchschnittlichen Temperaturen im Sommer bei

0 °C, so daß sich auf der Oberfläche der Gletscher oft weicher, nasser Schnee befindet. Diesem an sich nicht so extremen Klima stellt sich eine andere Schwierigkeit entgegen: der Zugang über die seitlichen Gletscherzungen, die meist voller Eisspalten und Eisbrüche sind. Zwischen den Gletschern und den Kanälen des pazifischen Ozeans bilden die dichten, sumpfigen Regenwälder ein weiteres Hindernis.

Durchquerungen des Patagonischen Eises werden als vollendet betrachtet, wenn sie von der Stirn der Gletscher auf der Ausgangsseite bis zur Gletscherstirn auf der Ankunftsseite gehen. Streng betrachtet müßten diese Unternehmungen vom Wasserspiegel des Pazifik bis zu den vorandinen Seen führen.

In westöstlicher Richtung wurden zahlreiche Durchquerungen vollendet; fast immer verliefen Hin- und Rückweg auf derselben Route (somit sind es Doppeldurchquerungen). In nordsüdlicher Richtung wurden bis heute nur wenige, aber bedeutende Teildurchquerungen ausgeführt.

Alle Durchquerungen unterschieden sich voneinander, sie wurden unterschiedlich organisiert, unterschiedlich ausgerüstet. Die Expeditionen mit Ausgangspunkt an der pazifischen Küste wurden von der chilenischen Marine meist hilfreich unterstützt. Die spartanisch ausgerüsteten, gut aufeinander abgestimmten Gruppen von drei bis vier Teilnehmern bei den Expeditionen von Tilman, Shipton und Mac Sweeney haben hervorragende Ergebnisse erzielt und stellen eigentlich die klassische und umweltfreundlichere Linie dar, an die man sich in der auch heutzutage noch großen Herausforderung einer Durchquerung des Patagonischen Eises halten sollte.

Wir nennen in diesem Kapitel alle teilweisen und vollendeten Durchquerungen, von denen wir Kenntnis haben. Nicht eingeschlossen sind dabei die Überschreitungen längs der östlichen Randgebirge zwischen dem Marconi- und dem Viento-Paß (und umgekehrt). Diese Strecke wurde in den letzten Jahren mehrere Male begangen, meist mit Skiern. Auch wenn sie eines der schönsten Bergerlebnisse der Welt darstellt, weist sie doch nicht die Schwierigkeiten auf, die zu einer echten Durchquerung fern von allen Orientierungshilfen und Ausweichmöglichkeiten gehören. Auch die teilweisen Durchquerungen, die als Zustieg zu den Bergen im Innern des Patagonischen Eises (Volcán Lautaro, Mariano Moreno, usw.) durchgeführt wurden, haben wir in unserer Aufzählung ausgelassen.

Im Mittelteil des Südlichen Patagonischen Eises wurden vier Unterkünfte für Glaziologen eingerichtet, die Schutz bieten (die »Pascal-Hütte«, eine Hütte am Westfuß des Cerro Campana, am nunatak Viedma und am Paso del Viento).

Wo wir nichts anderes vermerkt haben, stammt die wichtigste Literatur von De Agostini (1949), Lliboutry (1956), An. CAB 1963, 71–72 und Martinić (1982). Der Vollständigkeit halber sei hier hinzugefügt, daß an kleinen, spartanischen Expeditionen auch zwei Frauen teilnahmen: Ilse von Rentzel im Jahr 1933 (an sie erinnert der Cerro Ilse bei der Gorra Blanca) und Jaquetta Smith im Jahr 1979.

**1913/14:** *Erste Expedition zum Südlichen Patagonischen Eis,* mit wissenschaftlichen Aufgaben unter der Schirmherrschaft der »Comisión Flora Argentina«. Friedrich Reichert und Cristobal Hicken dringen vom Moreno-Gletscher bis zum Plateau und bis zur Wasserscheide mit dem Andrew-Fjord vor; den Paß nennen sie Paso San Andrés, da sie glauben, er führe zum gleichnamigen Fjord; später wurde er in Paso Reichert umgetauft.

**1915/16:** Expedition der »Sociedad Cientifica Alemana« von Buenos Aires, angeregt von Reichert. Lutz Witte und Alfredo Kölliker in Begleitung von Silbermann und Diener kommen durch das Tal des Rio Tunel und erreichen über den Paso del Viento den Fuß des Cordón Moreno. Sie finden den *Paso de los cuatro glaciares.* An dieser Expedition nahmen auch Franz Kühn und der Maler und Photograph Hans Joergensen teil, der einen Photoapparat und Bildplatten von der Größe 18×24 mit sich führte. Die Anreise vom Atlantik erfolgte in einem Ochsenkarren, dann mit Pferden, die erst noch gezähmt werden mußten. Mit den Skiern wurden einfache Schlitten für das Eis gebaut. Dabei fand auch die Besteigung des Cerro Huemúl statt (BdW 1948, 370–372, 427–435).

**1930/31:** Alberto Maria De Agostini gelingt beinahe die erste Ost-West-Durchquerung. Er dringt vom Upsala-Gletscher in nordwestlicher Richtung vor und kommt bis auf 6 km (= Sichtweite) an den Falcón-Fjord heran. Der Geologe Egidio Feruglio und die Bergführer L. Bron und E. Croux begleiten ihn. Sie besteigen den Monte Torino.

**1932/33:** Friedrich Reichert, Ilse von Rentzel, Juan Neumayer und Arturo Donat kommen vom O'Higgins-Gletscher (San-Martín-See) und erreichen, am Fuß des Volcán Lautaro vorbei, die Wasserscheide.

**1934/35:** Alberto Maria De Agostini gelangt mit Luigi Carrel und Giuseppe Pellissier vom Rio Electrico zum Marconi-Paß.

**1943/44:** Alberto Maria De Agostini dringt von der Mayo-Bucht aus den Ameghino-Gletscher entlang vor.

**1948/49:** Hector Gianolini (CAB) und der englische Glaziologe John Mercer brechen vom Rio Electrico

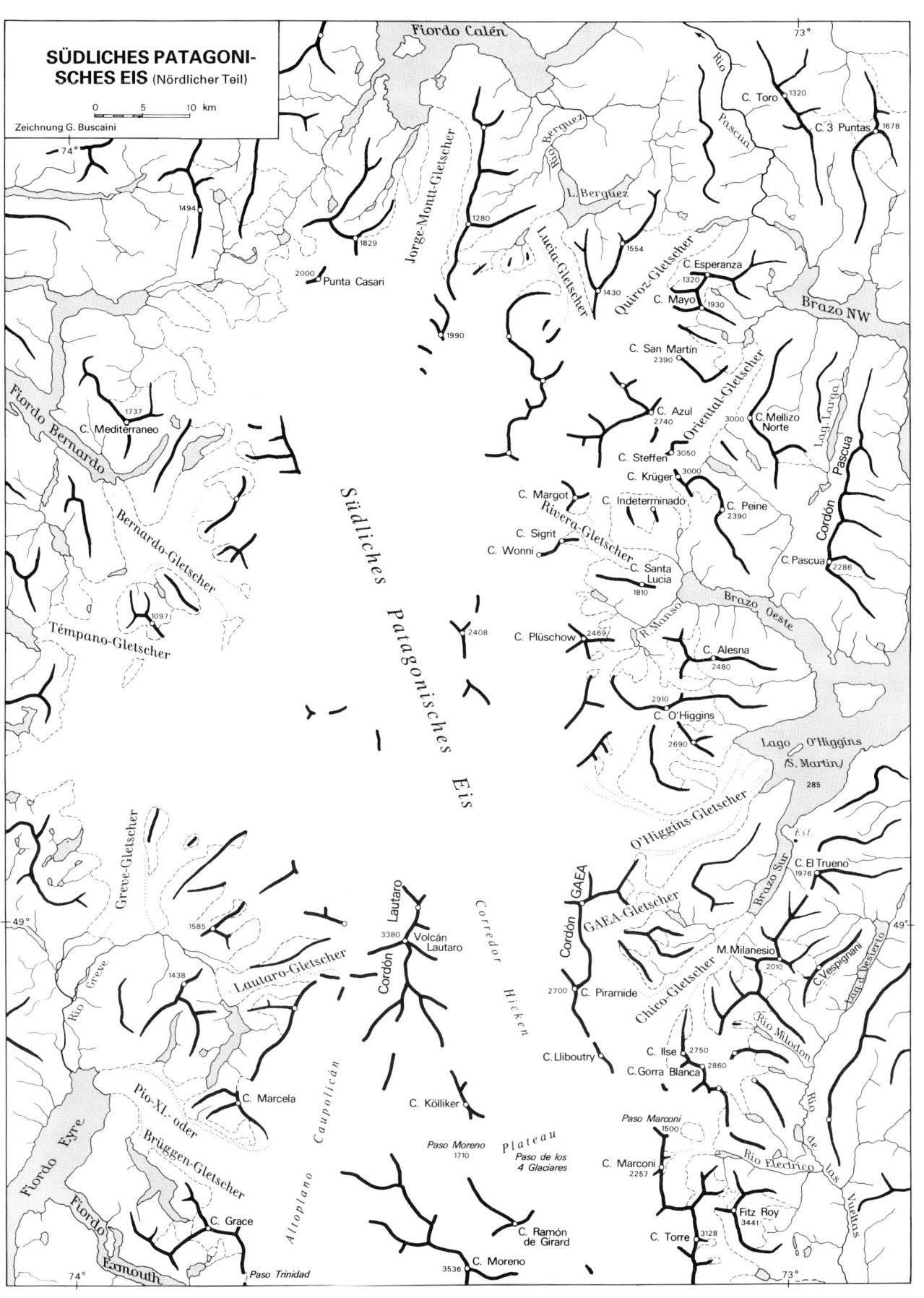

auf und gelangen etwas über den *Paso de los cuatro glaciares* hinaus. Gianolini hatte im Jahr 1948 zusammen mit dem Photographen N. Standhardt eine vorbereitende Expedition durchgeführt.

1951/52: *Erste Ost-West-Durchquerung des Eises* durch die argentinische Expedition mit Bruno Guth, Emiliano Huerta, Mario Bertone, Arrigo Bianchi, Folco Doro, Antonio Ruiz. Vom Rio Electrico kommen sie über den Marconi-Paß bis in Sichtweite des Exmouth-Fjords. Sie »taufen« die Caupolicán-Hochebene und den Cerro Lautaro. Besteigungen des Cerro Marconi Norte und des Domo Blanco (An. CAB 1953, 12–14; RM 1953, 95–101; 1954, 33–34).

1955/56: *Erste vollendete West-Ost-Durchquerung:* Harold William Tilman kommt, ohne wissenschaftlichen Auftrag, aber unter Schirmherrschaft der Royal Geographical Society von London mit seinem Boot »Mischief« direkt aus England und führt die ganze Durchquerung vom Calvo-Fjord bis zum Lago Argentino durch, in dem er ein Bad nimmt. Die Strecke stimmt ungefähr mit dem von Reichert 1914 ausgekundschafteten Verlauf überein. Begleitet wird er von Charles Mariott (der jedoch im letzten der 11 Lager zurückbleibt) und dem Chilenen Jorge Quinteros. Die für Hin- und Rückweg benötigte Zeit: vom 17.12.1955 bis zum 27.1.1956 (Tilman 1957; Lliboutry 1956; AJ 1956, 271–278).

1958/59: In den Monaten Januar und Februar 1959 besucht die sogenannte »Expedición polaca« (polnische Expedition) des CABA unter der Leitung von Jorge Peterek das Nährgebiet der Gletscher Frías, Cubo und Dickson südwestlich der Lagune Frías.

1960/61: *Erste teilweise Nord-Süd-Durchquerung:* Eric Shipton mit Jack Ewer (GB) und den Chilenen Eduardo Garcia und Cedomir Marangunic. Shipton war auf Erkundungszügen bereits im Sommer 1958/59 über den Viedma-Gletscher und 1959/60 über den O'Higgins-Gletscher vorgedrungen. Die Gruppe bricht von Punta Arenas mit einem Schiff der chilenischen Marine auf; sie berührt Puerto Eden (wo noch Alakaluf-Indios leben) und fährt durch den Baker-Kanal in den Calén-Fjord ein. Mitgebracht werden 500 Kilogramm Gepäck; Schlitten, aber keine Skier. Die Vier steigen zum Patagonischen Eis über den Jorge-Montt-Gletscher auf. Nach 52 Tagen treffen sie vom Upsala-Gletscher kommend in der estancia Cristina ein. Sie besteigen bei der Durchquerung den Cerro Don Bosco und gelangen bis auf 25 m auf den Gipfel des Murallon (Shipton, 1963; AJ 1962, 250–258).

1961: *Erste Winter-Erkundung:* Carlos Sonntag und Teodoro Sifuentes erreichen am 1.7.1961 den *Paso de los cuatro glaciares* (Expedition mit zwölf Teilnehmern; An. CAB 1963, 16–31; An. CAB 1982, 24).

1961/62: West-Ost-Durchquerung: Die Chilenen Claudio Lucero, C. Vasquez, E. Siquez, F. Fuentes betreten das Eis beim Témpano-Fjord (den sie Yel-

*Blick von der Gorra Blanca: Der Chico-Gletscher, im Hintergrund das O'Higgins-Massiv.*

cho-Fjord nennen) und verlassen es beim San-Martín-See (AJ 1962, 353).

1962/63: West-Ost-Durchquerung: Die Chilenen Eduardo Garcia, Cedomir Marangunic, A. Yanez und R. Martinez kommen vom Exmouth-Fjord und verlassen das Eis beim Electrico-See (Vervollständigung der Guth-Strecke von 1951/52), (AAJ 1963, 516).

1968/69: Durchquerung von Nordwesten nach Südosten: Eine japanische Expedition, bestehend aus I. Ikawa, S. Iwata, M. Maekawa, K. Matsunaga und H. Sakagami erreicht mit 600 Kilogramm Gepäck den Exmouth-Fjord von Puerto Eden aus. Die Teilnehmer überqueren mit Schlitten und Ski den Sattel zwischen Cordón Mariano Moreno und Cordón Riso Patrón, den sie Paso de Rokko* nennen (ca. 2000 m; sie sehen *huemules!*); sie besteigen einen Gipfel des Cordón Riso Patrón (nicht den Hauptgipfel). Zwei Monate nach ihrer Ankunft im Exmouth-Fjord erreichen sie am 7. März die estancia Cristina, wobei sie nur noch 9 Kilogramm Gepäck pro Person mit sich führen. Sie schlugen 11 Lager auf (AJ 1970, 230–234).

1971/72: Nord-Süd-Durchquerung vom Falcón-Fjord zum Europa-Fjord: Sie gelingt der japanischen Expedition mit T. Takeuchi, T. Yoshizawa, T. Tsusuki. Nach fast einmonatigem Aufenthalt in Santiago, um die Erlaubnis vom chilenischen Außenministerium zu erhalten, werden die Japaner von der chilenischen Marine nach Puerto Eden begleitet. Sie führen 800 Kilogramm Gepäck mit sich. Sie legen im Europa-Fjord ein Lebensmitteldepot an und brechen am 3. Dezember vom Falcón-Fjord auf. Nach ca. 100 km Luftlinie (ca. 400 Wegkilometer) beschließen sie, die Durchquerung zu unterbrechen. Auf dem Rückweg bereitet ihnen der Abstieg zum Europa-Fjord große Schwierigkeiten. Sie treffen am 17. Februar dort ein. Die von ihnen begangene Hochebene nennen sie Japón (AJ 1974, 237–245; Sangaku 1972, 13–16, 89–102).

1976 (Juli/August): Teilweise Winterdurchquerung in Süd-Nord-Richtung; Aufbruch bei der *estancia* Cristina, Ankunft am Marconi-Paß, ausgeführt von Pedro Skvarča (CAB) und Hendrik Smith in sechs Tagen.

1977: West-Ost-Durchquerung von der Trinidad-Bucht am 13.4.1977 bis zur Piedra del Fraile, 28.4.1977. Die Schotten Doual Anderson, William Jeffrey und David Neilson, mit Skiern und Schlitten (bis zu 1 m Neuschnee).

1979/80: Nord-Süd-Durchquerung vom Jorge-Montt-Gletscher aus zum Upsala-Gletscher (Shipton-Route 1960/61); sie gelingt der neuseeländischen Expedition mit Gerry Mac Sweeney, Paddy Gresham, Chris Backmann und Jaquetta Smith, mit Skiern und Schlitten (NZAJ 1980, 96).

1982/83: West-Ost-Durchquerung, mit Aufbruch vom Falcón-Fjord und Ankunft über den Viedma-Gletscher, ausgeführt von der französischen Expedition mit Jean Marc Boivin, Jean Louis Etienne, Dominique Marchal und Bernard Prudhomme. Die 80 km lange Strecke wird in acht Tagen zurückgelegt (nur Hinweg) (AAJ 1984, 218; Baudy 1983, M. Mag. 1983/51, 84–90).

1982/83: Durchquerung in südnördlicher Richtung von der Letzten-Hoffnung-Bucht zum Dickson-Gletscher (erste Durchquerung im Gebiet südlich des Calvo-Fjords), nach Einrichtung von Depots auf dem Landweg am Dickson-See und auf dem Wasserweg am Europa- und Falcón-Fjord (die während der Durchquerung jedoch nicht berührt wurden). Die Franzosen Jean Louis Hourcadette, Bertrand Doligez, Roger Hémon, Marc Roquefère, mit Skiern und Schlitten. Im Gebiet Cubo-Stokes werden auch einige Besteigungen durchgeführt (Hourcadette, 1985; Revista Andina, Santiago, Nr. 100/Dezember 1983, 36).

1985 (südlicher Winter): Winterdurchquerung (teilweise) in nordsüdlicher Richtung, mit Aufbruch vom Marconi-Paß und Ankunft in der estancia Cristina, ausgeführt von Giuliano Giongo allein, mit Skiern und Schlitten (AJ 1986, 220; AAJ 1986, 207; RdM 1986/77, 88–89; 1986/78, 76–77; 1986/81, 74).

1986/87: Nord-Süd-Durchquerung vom Viento-Paß zum Upsala-Gletscher, mit Ankunft in der estancia Cristina: Giuseppe Alippi (Det), Carlo Buzzi, Luciano Bertolina, Luigi Corti, Giuliano Maresi, Roberto Maresi, Luciano Spadaccini, Egidio Spreafico, vom 20. bis zum 25.12.1986. Erstes Biwak bei der Lagune Toro, II. auf der Moräne, III. am nunatak Viedma, IV. am Fuß des Cerro Campana, V. bei der Schutzhütte Pascal. Ohne Ski und Schlitten.

1988: Erste Winterdurchquerung in West-Ost-Richtung; Casimiro Ferrari und sieben Gefährten im August, mit Besteigung des Cerro Riso Patrón, vom Falcón-Fjord zur estancia Cristina.

## IV San Martín – O'Higgins

Dieser Gebirgszug bildet die östliche Begrenzung im nördlichen Abschnitt des Südlichen Patagonischen Eises, ungefähr auf der Höhe des Sees, der in Chile O'Higgins-See und in Argentinien San-Martín-See genannt wird. Der Zugang zu diesem Massiv ist kompliziert, denn man benötigt Motorboote für die Überquerung des Sees und eine Erlaubnis für die Grenzüberschreitung, die Ausländern nicht immer gewährt wird.

Der San-Martín-O'Higgins-See weist von allen patagonischen Seen die meisten Verzweigungen auf. Seine Arme (*brazos*) gleichen miteinander verbundenen, dicht von Bergen umschlossenen Fjorden. Er ist stark den Winden ausgesetzt und die Schiffahrt auf dem See kann sehr schwierig sein. Obwohl er östlich der Längsachse der Kordillere liegt, mündet sein Abfluß, der große Rio Pascua, westlich der Kordillere in den Baker-Kanal im Pazifischen Ozean.

Die Berge dieses Massivs bilden keine zusammenhängende Kette, sondern einzelne, durch Gletscherzungen voneinander getrennte kleine Gruppen. Diese Gletscher zu begehen, ist besonders in ihren unteren Abschnitten wegen der zahlreichen Spalten und Eisbrüche sehr beschwerlich. Den besten Zugang zum Südlichen Patagonischen Eis findet man über dem südöstlich gelegenen Gletscher Ventisquero O'Higgins, auch wenn man bei diesem Gletscher seit Jahren einen deutlichen Rückzug feststellen kann.

Im Sommer 1932/33 besuchten Friedrich Reichert, Ilse von Rentzel, Juan Neumayer und Arturo Donat den mittleren Teil dieser Berge. Sie stiegen auf der rechten Seite des O'Higgins-Gletschers auf und erforschten den Gebirgszug zwischen dem O'Higgins- und dem Chico-Gletscher. Zu Ehren der kurz zuvor gegründeten Argentinischen Geographischen Gesellschaft nannten sie eine Kette Cordón GAEA; der höchste Gipfel ist der Cerro Piramide mit 2700 m, ein schöner, eisbedeckter Berg. Die Vier erkundeten auch den Korridor zwischen dem Cordón GAEA und dem Cordón Lautaro und benannten ihn nach dem Botaniker Cristobal Hicken, der sie bei früheren Expeditionen in Patagonien begleitet hatte. Wegen eines Schlechtwettereinbruchs mußten sie 16 Tage auf dem Patagonischen Eis in zwei kleinen Zelten ausharren, aber beim ersten Aufklaren setzten sie ihren Weg fort und überquerten die ozeanische Wasserscheide, bis sie in Sichtweite der Eyre-Bucht gelangten. Auf dieser Expedition erkannte Reichert auch die vulkanische Beschaffenheit des Lautaro.

Pater De Agostini bestieg in den Jahren 1937 und 1940 einige Aussichtsgipfel in der Umgebung der (heute verlassenen) *estancia* La Ramona. Es folgte 1955 eine Erkundung durch den Argentinier F. Memelsdorf. Im Winter 1962 schlug die argentinische Expedition unter Joaquín Hardt am Ufer des Brazo Oeste ihr Lager auf; obwohl die Argentinier große Schwierigkeiten zu bewältigen hatten – der Winter war sehr schneearm, so daß Skier nicht benützt werden konnten und die Steigeisen im harten Eis ruiniert wurden –, gelang ihnen doch eine gründliche Erforschung des Gebietes. Sie zeichneten eine erste topographische Karte, gaben einige Namen und lösten endlich das Mißverständnis der Mellizos (= Zwillinge). Die echten Mellizos, ein Berg mit einem Doppelgipfel von ungefähr 3000 m Höhe, sind die auf den chilenischen Luftaufnahmen »Mellizo norte« genannten Berge und nicht die beiden weiter südlich gelegenen Gipfel, die später Steffen und Krüger genannt

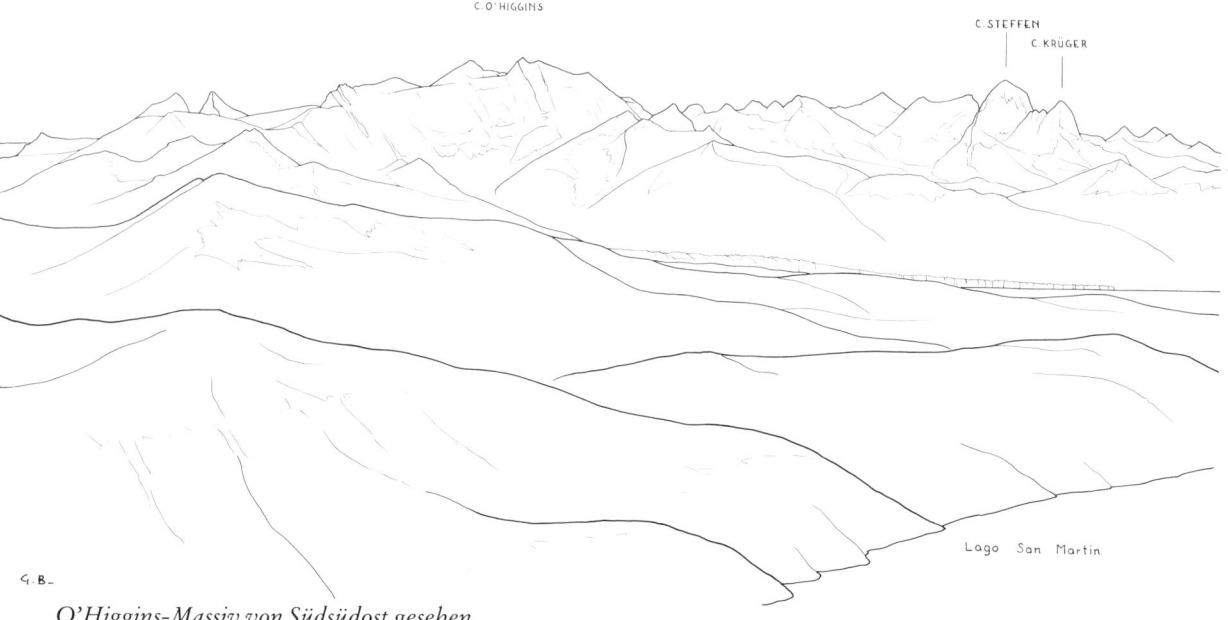

*O'Higgins-Massiv von Südsüdost gesehen.*

wurden, die aber De Agostini als die »Mellizos« bezeichnet hatte (An. CAB 1963, 58–61).

Eine Expedition mit japanischen Glaziologen aus Hokkaido bestieg im Sommer 1981/82 einen 1990 m hohen Gipfel im Südteil der Bergkette, die rechts der Wasserscheide den Jorge-Montt-Gletscher begrenzt (Zugang vom Baker-Fjord über den linken Rand des Gletschers).

Wahrscheinlich wurden bis heute nur zwei der wichtigsten Gipfel bestiegen: 1960 der Cerro O'Higgins und 1963 der Cerro Steffen.

*Ein See für zwei Helden aus dem Unabhängigkeitskrieg gegen Spanien.*

*Zeitgenossen, Streiter für dieselbe Sache und vereint im traurigen Schicksal des Exils, das sind O'Higgins und San Martín, die Nationalhelden Chiles und Argentiniens.*

*Bernardo O'Higgins (1776–1842), illegitimer Sohn des spanischen Vizekönigs von Chile und Peru, irischer Abstammung; er führte den Unabhängigkeitskampf Chiles zwischen den Jahren 1817 und 1823 und gründete die Republik Chile. Er starb im Exil in Peru, wohin er durch die Großgrundbesitzer vertrieben wurde.*

*José de San Martín (1778–1850), genannt »El Libertador«, Sohn des spanischen Gouverneurs in Misiones (Argentinien). 1812 löste er General Belgrano ab und organisierte das Heer in den Anden neu; mit dem neuen Heer stieg er 1817 von den Anden herab und siegte bei Chacabuco. Darauf zog er in Santiago ein und befreite Chile in der Schlacht von Maipú 1818. Er verzichtete auf alle Ehrenämter, und da er sich in die innerargentinischen Auseinandersetzungen nicht einmischen wollte, die er zudem noch zutiefst verurteilte, wanderte er nach Frankreich aus, wo er bis zu seinem Tod lebte.*

### Cerro Azul 2740 m

Zwischen Dezember 1965 und März 1966 erforschte eine große, in verschiedene Gruppen aufgeteilte chilenische Expedition den Rio Pascua von Puerto Olla bis zum O'Higgins-See. Die Teilnehmer der Expedition hatten sowohl mit dem Klima als mit dem Anmarsch (Wälder) zu kämpfen und konnten auf dem Gletscher nicht einmal den Fuß des Cerro Azul erreichen (An. Chile 1963–67, 180–181).

### Cerro Steffen 3050 m

Dieser schöne und schwierige pyramidenförmige Gipfel, der dem großen chilenischen Patagonienforscher Hans Steffen gewidmet ist, entspricht dem – falschen – »Mellizo Oeste« des Paters De Agostini.

De Agostini schreibt über Steffen, der sieben Expeditionen leitete, daß er »... zweifellos der intelligenteste und zäheste Forscher Westpatagoniens war ...«

Erstbesteigung: Die Argentinier Pedro und Jorge Skvarča (CAB), am 28.1.1965 (An. Chile 1963–67, 191; An. CAB 1963, 60; 1957, 32–35). Sie stiegen über die O-Wand (rechte Seite) der Senke zwischen dem Cerro Steffen und dem Cerro Krüger auf. Schnee, Eis, kombiniertes Gelände, wahrscheinlich TD–. Zuvor hatten die beiden einen Versuch über den NW-

*Von den Hängen der Punta Casari zum O'Higgins-Massiv. Foto W. Bonatti.*

Grat gemacht (Eis, dann eine Reihe sehr glatter Türme). Expedition mit vier Teilnehmern.

*Cerro Indeterminado*

Leichter Aussichtsgipfel, im Juli 1962 von Ernesto Gebauer, Jean Gertis, Joaquin Hardt und Donat Hirsch erstiegen (CAB); (An. CAB 1963, 58–61).

*Cerro Santa Lucia*

Kleiner Aussichtsgipfel; er erhebt sich aus einem großen, überfluteten Tal, das in den Brazo Oeste mündet. Den Namen gaben ihm Ansiedler zur Erinnerung an den gleichnamigen Hügel von Santiago. De Agostini erstreckte die Bezeichnung auch auf das Tal und die Bucht des Sees.

*Cerro O'Higgins 2910 m*

Mächtiger Berg nördlich des O'Higgins-Gletschers.

Erstbesteigung: Durch die Chilenen Eduardo Garcia, Cedomir Marangunic, W. Espinoza, F. Vivanco über die SW-Wand. Am 16.1.1960 auf dem Gipfel, sechs Lager. Zugang über den SW-Arm des San-Martín-/O'Higgins-Sees. Bei dieser Besteigung wurde auch ein anderer, 2250 m hoher Gipfel bezwungen (AJ 1960, 241–242).

---

*Meseta del Quemado und Meseta del Viento*

Zwischen dem San-Martín-/O'Higgins-See und dem Viedma-See erstrecken sich östlich der Kordillere die weiten Flächen der Meseta del Quemado und der Meseta del Viento, zwei vom Gewässernetz tief durchfurchte Hochebenen.

Die höchste Erhebung ist der Cangrejo (2025 m), den De Agostini einen »stolzen Felsenturm« nannte.

Von besonderem Interesse für Bergsteiger ist der Cerro Astillado (1746 m).

Die Nord-Süd-Durchquerung der Meseta del Viento vom Viedma-See zum San-Martín-See führte 1970/71 Walter Bonatti mit zwei Gefährten aus.

*Cerro Astillado 1746 m, wahrscheinlich 1900 m*

Symmetrisches Bollwerk mit einer Reihe von kühnen Felsnadeln, denen der Berg den Namen verdankt.

Erstbesteigung: Armando Aste, Fabrizio Defrancesco, Mario Mànica, Mario Marisa, 22.1.1985, nach teilweiser Absicherung der Route. Über die SW-Wand: 400 m Sockel (II–IV), 300 m Wand (von IV bis VI+ und A3). TD+. Brüchiger Fels. Expedition mit vier Teilnehmern. Basislager auf der O-Seite, ungefähr 20 km von der estancia Maipú entfernt (Gendarmerieposten); (LSc 1985/14, AJ 1986, 206).

## V Die Berge des Bernardo-Fjords

Im Norden des Volcán Lautaro werden die Erhebungen weniger markant und eine Reihe von Kuppeln, die sich meist 100 bis 300 m über die durchschnittliche Höhe des Südlichen Patagonischen Eises erheben, bildet den westlichen Rand der großen Eisfläche, von dem aus die Gletscherzungen bis zum Pazifik hinabreichen. Nur die Casari-Spitze und ein benachbarter, am nordwestlichen Rand gelegener Gipfel mit 1829 m stellen noch deutliche Erhebungen dar.

Der englische Glaziologe John Mercer forschte im Sommer 1967/68 intensiv im Gebiet des Bernardo- und Témpano-Fjords, besonders in den Tälern des Ofhidro- und des Hamminck-Gletschers (American Journ. of Science, 1970, Band 269, 1–25).

Die Berge zwischen dem Témpano-Fjord im Süden und dem Calén-Fjord des Baker-Kanals im Norden sind bis heute nahezu unbekannt. Der einfachste Zugang erfolgt hier vom Meer aus.

*Punta Casari\* – ca. 2000 m*

Am nördlichen Rand des Südlichen Patagonischen Eises gelegen, westlich eines Ausläufers des Jorge-Montt-Gletschers. Kuppelförmiger Granitberg, eisbedeckt, mit giebelförmiger Spitze, Zugang vom Ventisquero-Fjord, einem Zweig des Calén-Fjords (Baker-Kanal), über die Laguna Ronda\* (ca. 200 m) nach 13 km Marsch in südlicher Richtung (Flußfurten, Sümpfe, Regenwald). Der Name wurde in Erinnerung an den italienischen Besteiger Giorgio Casari vorgeschlagen.

Erstbesteigung: Walter Bonatti, Melchiorre Foresti, Elio Sangiovanni, 27.11.1985. Von der Lagune Ronda aus überschritten sie einen Paß und errichteten das Basislager bei einem zweiten Paß (der zum N-Arm des Bernardo-Fjords blickt) auf ungefähr 500 m Höhe. Schneerinnen erleichtern die Überwindung des Sockels des Südlichen Patagonischen Eises und ermöglichen den Zugang zu seiner Hochebene. Die Spitze wurde in weitem Bogen erreicht, über SW und S und zum Schluß über den Gletscher am SO-Hang (Spalten); (Bonatti, 1986).

## VI Cordón Lautaro

Eisbedeckte Gebirgskette, auch Cordón Pio XI genannt, deren höchster Gipfel der Volcán Lautaro ist. Die Kette liegt zwischen dem Corredor Hicken im Osten und dem Greve-Gletscher im Nordwesten. In südwestlicher Richtung zweigen einige Gebirgszüge ab, deren Ausläufer den Pio-XI-Gletscher (»Glacier Brüggen« in den alten chilenischen Karten) umfassen.

*Der geheimnisvolle Vulkan*

Daß es in den Südlichen Patagonischen Anden irgendwo einen Vulkan geben müsse, davon hatten bereits die Indios berichtet. Nicht umsonst bedeutet »Chaltén«, wie die Tehuelche den Fitz Roy nannten, soviel wie »Berg mit brennenden Farben« oder »Berg, der raucht«, was ganz offensichtlich auf vermutete vulkanische Natur hindeutet. Perito Moreno war ebenfalls überzeugt, daß es sich um einen Vulkan handeln müsse, auch wenn er den Namen des Berges änderte und ihn eben Fitz Roy nannte.

Auch die Seefahrer, die in den Kanälen des Pazifik unterwegs waren, hatten häufig Aschenregen erlebt, und auf chilenischen Seekarten gab es einen nicht näher identifizierten Berg, Reclus genannt, der im Jahr 1879 ausgebrochen sein soll.

Der Fitz Roy hatte sich bald als Berg aus Granitgestein erwiesen, während der Reclus wahrscheinlich dem Cerro Mano del Diablo entspricht, der von dem Geologen Quensel südlich des Peel-Fjords entdeckt wurde und der weder Asche noch Lava spuckt.

Die Erzählungen der Indios und der Siedler über Feuerschein am Himmel und häufigen Asche- und Bimssteinregen unterstützten jedoch die These von der Existenz eines aktiven Vulkans inmitten des Patagonischen Eises.

Im Jahr 1933 hatte die argentinische Expedition mit Friedrich Reichert, Arturo Donat, Carlos Neumayer und Ilse von Rentzel das Südliche Patagonische Eis im Aufstieg über den O'Higgins-Gletscher vom Brazo Sur (Südarm) des San-Martín-Sees erreicht. Als die Wolkenschleier für kurze Zeit auseinanderrissen, beobachtete Reichert einen kegelförmigen Berg von ca. 3000 m Höhe, von dessen Spitze Dampfwolken aufstiegen. Als Chemiker und Naturforscher war Reichert sofort überzeugt, hier einen Vulkan vor sich zu haben.

Die Teilnehmer der Expeditionen von 1957 und 1958, die auf derselben Route unterwegs waren, konnten keine Anzeichen von Vulkantätigkeit mehr entdecken, obwohl die im Gebiet des San-Martín-Sees ansässigen Siedler überzeugt waren, öfter Rauch und des nachts auch Feuerschein gesehen zu haben. Zudem hatte Pater De Agostini 1933 an mehreren Stellen am Rande des Patagonischen Eises Bimsstein und Vulkanasche gefunden; er hatte auch »ungewöhnliche Formen bei den Spalten der Gletscher« festgestellt, die »davon kündeten, daß sie durch eine

*Der Cordón Lautaro im Hintergrund. Vorne der Cerro Piergiorgio und der Cordón Marconi.*

mächtige Wärmequelle bearbeitet worden sind«. Es existierte also ein Vulkan, nur – niemand wußte wo.

Als der bekannte Glaziologe Lliboutry einige Fotos betrachtete, die von US-Flugzeugen über dem Gebiet aufgenommen worden waren, einem Gebiet, das er selbst ebenfalls überflogen hatte, glaubte er, auf einem großen Felsenaufschluß im oberen Becken des Viedma-Gletschers einen Krater zu erkennen; er gab dem Krater den Namen »Volcán Viedma« und war sicher, des Rätsels Lösung gefunden zu haben. Der »Volcán Viedma« wurde in die offizielle Liste der Vulkane der Welt aufgenommen, ohne daß ihn je ein Mensch berührt, geschweige denn bestiegen hätte.

Unerklärlicherweise war die Beobachtung Reicherts in Vergessenheit geraten. Aber Eric Shipton, dem großen Forscher, gefiel die Geschichte von einem Vulkan, der nur von oben gesehen und weder bergsteigerisch noch wissenschaftlich erschlossen war.

Im Jahr 1959 beschloß er, mit J. Bratt und J. Mercer diesen Vulkan zu erreichen, den noch niemand bestiegen hatte. Durch das Tal des Rio Tunel und über den Paso del Viento erreichten sie den von Lliboutry bezeichneten Felsenaufschluß und stellten fest, daß es sich keineswegs um einen Vulkan handelte, auch wenn die Umgebung des Berges weithin mit Bimssteinbrocken übersät war. Die Felsen bestanden aus metamorphem Sedimentgestein und waren durch eine tiefe Senke zergliedert, die die Form eines Amphitheaters aufwies und die Lliboutry irregeführt hatte.

Doch da lagen überall die Bimssteinbrocken, ein Vulkan mußte also in der Nähe sein. Das Problem umhüllte sich wieder mit dem Mantel des Geheimnisses und wurde deshalb immer verlockender.

Lliboutry, von neuem befragt, war der Meinung, daß es sich wohl um Eruptionen aus Spalten in der Eisdecke des Patagonischen Eises handeln müsse. Aufgrund bestimmter, in den Luftbildern sichtbarer Linien, die man als Streifen von Vulkanasche ansehen konnte, folgerte er, daß sich das Zentrum der Eruptionen bei 48°50' südlicher Breite und 73°40' westlicher Länge befinden müßte, wohin bis zu diesem Zeitpunkt kein Mensch gelangt war. Shipton ging zu Lliboutry nach Grenoble, um ihn zu einer »Besichtigung vor Ort« einzuladen, aber Lliboutry wollte nichts davon wissen. Höchstens mit dem Hubschrauber, meinte er.

Shipton liebte Erkundungsfahrten, aber ohne Hubschrauber. Er kehrte also im Sommer 1959/60 zum Patagonischen Eis zurück. Seine Absicht war, den von Lliboutry angegebenen Punkt über den Brazo Oeste des San-Martín-Sees zu erreichen. Ein großes Schlauchboot des Typs »Zodiac« und Skier gehörten zu seiner Ausrüstung. J. Ewer, P. Miles und P. Bruchhausen sollten ihn begleiten.

J. Ewer, ein Engländer, der in Santiago unterrichtete, betrachtete die Luftbilder noch einmal genauer. Er bemerkte, daß die von De Agostini Cordón Pio XI genannte Bergkette in der Umgebung von Lliboutrys »Cerro Lautaro« deutlich Zeichen vulkanischer Tätigkeit trug. Die Position entsprach genau dem »Vulkankegel«, den Reichert 1933 gesehen hatte.

Sofort beschloß Shipton, seinen Plan zu ändern, und den Brazo Sur des San-Martín-Sees zu überqueren und den O'Higgins-Gletscher hinaufzusteigen. Am Brazo Sur angelangt, entdeckte er zu seiner Überraschung eine riesige Rauchsäule über den Bergen. Der Vulkan war gerade wieder ausgebrochen. Nach einer Woche Anmarsch sah er den Cordón Pio XI: die N-Flanke des höchsten Berges, des Cerro Lautaro, wies unterhalb des Gipfels einen dunklen Spalt auf, aus dem ständig Dampf entwich. Am nächsten Tag erlebte er den Aschenauswurf, wodurch ein großer Teil der umliegenden Gletscher schwarz gefärbt wurde. Aufgrund einiger Zwischenfälle, darunter das völlige Versagen sämtlicher Kocher, mußte die Expedition umkehren.

Der Vulkan war nicht bestiegen worden, aber seine Existenz war bewiesen und Reicherts Entdeckung wurde mit 30 Jahren Verspätung bestätigt. Die Besteigung und geologische Auswertung sollte erst in den Jahren 1964 und 1973 erfolgen.

War somit das Rätsel gelöst? Eigentlich ja. Aber der Nimbus des Rätselhaften, der allen schlafenden Vulkanen anhaftet, lebt auch in diesem Gebiet weiter. Es genügt, Bimssteine zu finden, vielleicht auf einem Berg, wie es uns auf der Gorra Blanca geschehen ist, oder auch ganz einfach auf der großen Ebene oberhalb der Piedra del Fraile, um zu verstehen, daß immer noch glühende Magma unter dem Patagonischen Eis brodelt. Ein neuer Vulkan wurde 1973 durch Leo Dickinson entdeckt, der Cerro Mimosa, von dessen Existenz niemand bis dahin eine Ahnung hatte. Und 1985 entpuppte sich auch der viel weiter südlich gelegene Cerro Aguilera als noch aktiver Vulkan.

*Volcán Lautaro 3380 m*

Eisbedeckter Vulkan. Auf einigen chilenischen Karten fälschlicherweise als Cerro Piramide bezeichnet. Sein Name bezieht sich auf den Araukaner-Häuptling Lautaro (1535–1557). Reichert vermutete bereits 1933 die vulkanische Beschaffenheit des Berges und Shipton bestätigte 1960 die Vermutung (AJ 1960, 166–174).

Erstbesteigung: Die Argentinier Luciano Pera und Pedro Skvarča am 29.1.1964. Von der Piedra del Fraile über den Marconi-Paß, darauf mit Skiern in nordwestlicher Richtung über das Patagonische Eis. Zahlreiche große Gletscherspalten erschwerten den Zugang. Sie bestiegen den Gipfel von Süden und stiegen über die O-Wand ab. Unterhalb des Gipfels entdeckten sie einen Krater mit Dampfwolken und einem Durchmesser von 50 m (La Montaña 1965/66, 79–82; An. CAB 1967).

Zweitbesteigung: Mike Coffey, Leo Dickinson, Eric Jones (GB) und der Argentinier Ernesto O'Reilly, 2.3.1973; Rückkehr zum Viedma-See mit von Fallschirmen gezogenen Schlitten (An. Chile 1973–77, 200; Martinić 1982, 73; AJ 1974, 259; Mountain 1974/31, 18–23).

Dritte Besteigung: Die Chilenen Gonzalo Chauregui, Claudio Galvez, Patricio Jara, Ramón Labbe und Milan Munijn, 10.2.1986. Anmarsch vom Exmouth-Fjord (drei Lager). W-Wand, neue Route (AAJ 1987, 206).

*Cerro Mimosa\**

Ungefähr 15 km nördlich des Volcán Lautaro gelegener Vulkan, dessen vulkanische Beschaffenheit (Fumarolen) von den Erstbesteigern entdeckt wurde.

Erstbesteigung: Leo Dickinson, Eric Jones, Mike Coffey (GB), 4.3.1973 (Mountain 1974/31, 18–23; AAJ 1974, 200). Sie folgten dem steilen S-Grat über die gestaffelten Eisbrüche.

## VII Gruppe Piramide – Gorra Blanca

Zwischen dem Rio Electrico im Süden und dem San-Martín-See im Norden weist die Bergkette, die den Ostrand des Patagonischen Eises bildet und die Eisfläche von der Lagune del Desierto und dem großen, dort entspringenden Rio de las Vueltas trennt, einige schöne Berge auf, die teilweise oder völlig von Eis bedeckt sind. Aus diesen Gipfeln ragt die beherrschende Gorra Blanca (»Weiße Kappe«) hervor. Der Fels ist für Kletterer wenig attraktiv (Schiefer, Quarziten, Porphyrgestein, alle ziemlich brüchig).

Weiter westlich liegt in Nord-Süd-Ausrichtung die Kette, die von der Reichert-Expedition 1933 zu Ehren der Argentinischen Geographischen Gesellschaft (Sociedad Argentina de Estudios Geograficos) Cordón GAEA genannt wurde. Sie gipfelt in den Cerro Piramide, dem im Südsüdosten eine kleinere Erhebung vorgelagert ist, der Cerro Lliboutry. Alle Gipfel sind eisbedeckt.

*Cerro Piramide 2700 m*

Erstbesteigung: Mariano Lynch und Javier Sorondo (CAB), 21.2.1972, nach einem Versuch im Jahr 1971. Expedition mit vier Teilnehmern, über die Piedra del

*Die Gorra Blanca Sur (Mitte). Im Hintergrund Fitz Roy, Cerro Torre und Cerro Piergiorgio.*

Fraile und den Marconi-Paß, ohne Zelt und Ski. Der Anstieg erfolgte von der Südostseite zum steilen O-Grat; Abstieg nach Norden und dann Nordosten, mit einigen Problemen bei der Umgehung der Gletscherspalten am Fuße des Berges (An. CAB 1979, 63).

*Cerro XXX Aniversario 1912 m*

Die Bezeichnung erinnert an den 30. Jahrestag der Gründung des CAB (Club Andino Bariloche, gegr. 1931), der zu den rührigsten andinistischen Vereinen Argentiniens gehört und eine bemerkenswerte Tradition in der Erforschung der Anden aufweist.

Der Berg zieht sich in O-W-Richtung hin und bricht in Richtung des Rio Electrico, auf der Höhe der Piedra del Fraile, mit felsigen Wänden ab, während er auf der N-Seite bis zur Schlucht des Rio del Diablo in Terrassen und Steilstufen gegliedert ist.

Sicher wurde der Berg mehrmals bestiegen. Die einfachste Route vom Tal des Rio Electrico aus nützt die steilen Schneehänge und Eisfelder im Ostteil der breiten S-Wand; diese Hänge führen zu einer Senke in der Nähe des östlichen Vorgipfels.

Eine W-O-Überschreitung des gesamten Gratkammes wurde von Gino Buscaini und Silvia Metzeltin am 3. und 4.2.1981 durchgeführt. Sie brachen von der Piedra del Fraile auf, stiegen über den Marconi- und den Gorra-Blanca-Gletscher, überquerten den S-Grat des Cerro Neumayer beim 1800 m hohen Nebengipfel und erreichten den Hauptgipfel des Cerro XXX Aniversario von Norden. Sie folgten dem Grat bis zum Sattel beim östlichen Vorgipfel. Abstieg über die Eis- und Schneefelder der S-Wand. Lange, leichte, sehr panoramische Überschreitung.

*Gorra Blanca 2920 m*

Formschöne Eiskuppel mit zwei Gipfeln, die miteinander durch einen langen, fast horizontal verlaufenden Grat verbunden sind. Die S-Spitze, 2800 m, wird Gorra Blanca Sur genannt. Die Besteigung wurde bereits von De Agostini im Jahr 1935 versucht.

Erstbesteigung: Die Argentinier Augusto Mengelle (CABA) und Pedro Skvarča (CAB) am 12.1.1964, von der Piedra del Fraile über den oberen Marconi-Gletscher, dann die S-Wand (gegen Cerro Neumayer) der Gorra Blanca Sur, deren Gipfel jedoch umgangen wurde, und über die SO-Wand zum Hauptgipfel (Gletscherspalten, Eiswülste bis zu 60 Grad) (La Montaña 1965/66, 79–82).

Zweitbesteigung: Der Argentinier Carlos Comesaña mit drei Gefährten (CABA), 14.1.1964 (AJ 1965, 142–143).

Dritte Besteigung: Die Schweizer Thomas Wüschner, Paul Nigg und Daniel Anker, 10.12.1983.

Vierte Besteigung: Über den NW-Grat: Gino Buscaini und Silvia Metzeltin am 18.1.1984. Mit Skiern vom Paso Marconi, 1500 m, bis zur 2300 m hohen Schulter. Von dort 600 m Grat mit Eiswächten, PD. Herrliche Möglichkeiten für Skitouren.

Fünfte Besteigung: Martin Joos und Diego Rodriguez (CAB) über die Wand zwischen S-Gipfel und Hauptgipfel, 8.1.1987 (AAJ 1987, 210).

*Cerro Cagliero 2570 m*

Die Bezeichnung stammt von De Agostini aus dem Jahr 1936, zu Ehren des ersten Salesianerkardinals von Patagonien. Die komplexe SO-Wand weist große Eisbrüche auf.

Erstbesteigung: Pedro Skvarča (CAB) und Augusto Mengelle (CABA), 12.1.1964. Nachdem sie die Gorra Blanca bestiegen hatten, überquerten sie am selben Tag die Gletscherhochebene zwischen der Gorra Blanca und dem Cerro Cagliero und bestiegen ihn über die SW-Flanke bis zum Grat (Schnee/Firn); um den Gipfel zu erreichen, mußten sie einen Vorgipfel umgehen (La Montaña 1965/66, 79–82).

*Loma del Diablo\* 1800 m*

Zum großen Teil von Schutt bedeckter Kamm, herrlicher Aussichtspunkt. Jenseits eines Sattels erhebt sich der Bergrücken gegen NW mit einer kleinen Felsenspitze, die dem »Pico«, 1850 m, des Paters De Agostini entspricht (1949, 219–220).

Auch von Gino Buscaini und Silvia Metzeltin am 6.12.1982 erreicht, die dem Berg den Namen in Anlehnung an die unterhalb liegende Laguna del Diablo gaben.

*Cerro Vespignani 2200 m*

Er erhebt sich mit seinen wächtengeschmückten Graten über der Laguna del Desierto.

Erstbesteigung: Cesarino Fava und Boris Kambic, 20.1.1968, »ohne technische Schwierigkeiten« (An. CAB 1979, 19).

*Cerro Milanesio 2010 m*

Erstbesteigung: A. De Agostini, Carlo Cassera und Amedeo Zampieri, mit dem chilenischen Träger Vidal, über die N-Seite (Fels, Gletscher), im Sommer 1936/37. Zugang vom San-Martín-See (De Agostini 1949, 238–39). Weite Aussicht.

## VIII Cordón Mariano Moreno

Einsam erhebt sich in der Mitte des Patagonischen Eises der Cordón Mariano Moreno und scheidet die Nährbecken des Pio-XI-Gletschers im NW und des

Viedma-Gletschers im SO voneinander. Der Name erinnert an den argentinischen Schriftsteller und Journalisten Mariano Moreno (1778–1811), der für die Unabhängigkeit seines Landes gegen Spanien kämpfte.

Im Norden wird er durch den Moreno-Paß vom Cordón Lautaro getrennt, während gegen Südwesten die breite, leichte Einsattelung des Paso de Rokko eine schwache Trennlinie zum Cordón Riso Patrón darstellt.

Die Gipfel des Cordón Moreno sind mit Eis bedeckt und weisen an den Ost- und Westhängen eine ähnliche Morphologie auf.

In südöstlicher Richtung erstreckt sich eine Felseninsel (»nunatak Viedma«), auf der ein Unterstand für Glaziologen errichtet wurde.

Der Zugang ist leichter von Osten aus (Paso Marconi oder Paso del Viento).

*Cerro Moreno 3554 m*

Erstbesteigung: Walter Bonatti, Folco Doro Altan; René Eggmann, Carlo Mauri, 4.2.1958. Eisbedeckter O-Sporn, dann flacher Rücken und gleichförmiger Hang bis zum Gipfel; 30 Stunden für Auf- und Abstieg vom O-Rand des Eises, vom Lager unter den W-Wänden des Cordón Adela aus (Bonatti 1983, 138–141; RM 1959, 32–39).

Zweitbesteigung: Die Argentinier Alfredo Rosasco, Marcos Couch, Jorge Arias, Alberto Bendinger im Februar 1980.

*Pico Sur\**

Jorge Aikes und Eduardo Rodriguez (Argentinien), Martin Schliessler und Günther Sturm (Deutschland) eröffneten zwei neue Routen im Sommer 1972/73 (An. CAB 1979, 15; AAJ 1974, 200).

## IX Cordón Marconi

Gleichförmige, in N-S-Richtung verlaufende Kette zwischen dem Paso Marconi und dem Portezuelo Cuadrado. Sie weist auf der Ost- und Westseite steile, vorherrschend eisbedeckte Wände auf. Eis. Der höchste Gipfel ist der Cerro Marconi Principál (2257 m); im Süden erhebt sich als Eckpfeiler der schwierige Cerro Rincón (2234 m; rincón = Ecke).

Der einfachste Zugang erfolgt vom Tal des Rio Electrico aus.

*Die eisgekrönten Westwände des Cordón Marconi. In der Mitte der Cerro Marconi Centrál.*

*Cerro Marconi Norte 1978 m*

Erstbesteigung: Die Argentinier A. Cazaux, J. Guthmann, J. V. Pillet, C. Stegmann, G. Watzl am 13.2.1952. Schnee und kombiniertes Gelände, PD. (An. CAB 1953, 12–14).

Zweitbesteigung: Die Engländer Alan Rouse und Rab Carrington, 6.12.1976.

Dritte Besteigung: Die Argentinier Benjamin Guzmán, Renata Müller, Alfredo Mazzini, 21.1.1978 (Andinismo 1978/2, 20–21).

Vierte Besteigung: Die Tschechen František Kele und Tibor Šurka, 28.12.1982.

*Cerro Marconi Central 2257 m*

Erstbesteigung: Die Argentinier Edgardo Köpcke, Avedis Nacachian, Enrique Triep, 14.1.1966, über die W-Wand. Höhenunterschied ca. 700 m, IV und V, Eis; im Abstieg 15mal abgeseilt. Expedition mit acht Teilnehmern (An. CAB 1967, 48–49 und 120).

*Cerro Marconi Sur – ca. 2250 m*

Die Argentinier Pablo Cottescu, Oscar Di Pietro, Luciano Pera und Jorge Sonntag stiegen von Westen über die Wand und die steile Rinne zum S-Grat; sie kamen bis auf fünf Seillängen unterhalb des Gipfels und mußten wegen des schlechten Wetters umkehren (Ski y And. 1982–83, 58–60).

*Aguja Volonqui 2100 m* (auch »los Cuernos« genannt)

Erstbesteigung: Die Engländer Alan Rouse und Rab Carrington, 17.12.1976, über den NO-Sporn, im alpinen Stil.

Kombiniertes Gelände, TD–; der Gipfelpilz von 2 m Höhe wurde nicht bestiegen. Im Abstieg über dieselbe Route 19mal abgeseilt (Andinismo 1977, 56; AAJ 1977, 581–583; AJ 1978, 582).

*Cerro Rincón 2234 m*

Versuche in den Jahren 1965, 1966 und 1970.

Erstbesteigung: Carlos Comesaña, F. Bosch, A. Fragueiro, Ismael Palma (Argentinier), 23.2.1971, von Nordosten (An. CAB 1979, 19).

Anmerkung: Am 2.1.1980 gelangen die Argentinier Carlos und Jorge Sonntag ebenfalls vom Marconi-Gletscher aus bis 100 m unterhalb des Gipfels, den sie jedoch nicht erreichen (AAJ 1980, 599–600).

## X Fitz-Roy-Gruppe

Sie liegt mit ihren verschiedenen Ausläufern zwischen dem Rio Electrico im Norden, dem Rio de las Vueltas im Osten, dem Rio Fitz Roy im Süden und dem Torre-Gletscher im Westen.

Jenseits des Firnsattels des »Boquete Piergiorgio« verbindet sich die Gruppe über den W-Grat des Fitz-Roy mit einer Nebenkette (Domo Blanco-Piergiorgio), die vom Cordón Marconi durch den Portezuelo Cuadrado getrennt wird. Südlich des Domo Blanco trennt die »Brecha Cuatro Dedos« die Fitz-Roy-Gruppe von der Gruppe Cerro Torre – Cordón Adela.

Zweifellos ist die Fitz-Roy-Gruppe eine der bekanntesten Gebirgsgruppen Patagoniens. Von großer landschaftlicher Schönheit (sie liegt im Nationalpark Los Glaciares), ist sie für Touristen und Bergsteiger von der O-Seite her leicht zugänglich (Straße bis zum Eingang des Parks, Hosteria; Wege und Pfade; Unterstände oder Blockhäuser für Bergsteiger bei den Basislagern von Laguna Torre, Rio Blanco und Piedra del Fraile). Die Umweltbelastung ist leider in letzter Zeit durch Massentourismus unglaublich erhöht.

Herrliche Granitgipfel, die vom überragenden Fitz Roy beherrscht werden, bilden das Herz der Gruppe. Aus Schiefergestein bestehen dagegen die äußeren Gipfel, die somit einen scharfen Kontrast zu den hochaufragenden Formen der Hauptkette bieten.

*Domo Blanco 2315 m*

Erstbesteigung: Die Argentinier A. Cazaux, J. Guthmann, J. V. Pillet, C. Stegmann, G. Watzl, 31.1.1952, bei der NO-SW-Überquerung, mit Anstieg über die schräge Rampe, die am Fuß der NW-Wand des Piergiorgio beginnt (An. CAB 1953, 12–14).

*Cerro Piergiorgio 2565 m*

Nach NW zeigt er eine glatte mächtige Felswand, während er im SO zum größten Teil mit Eis bedeckt ist. Die Bezeichnung stammt von De Agostini, zur Erinnerung an Piergiorgio Frassati (1901–1925).

Erstbesteigung: Die Argentinier Jorge und Pedro Skvarča, Auf- und Abstieg in drei Tagen durch eine enge, schräge Rinne in der südöstlichen Felswand, dann Eis. Am 17.1.1963 auf dem Gipfel, im alpinen Stil (Expedition mit sechs Mitgliedern). Höhenunterschied ca. 600 m, D+ (An. CAB 1963, 62–70; La Montaña 1964/65, 27–39).

Anmerkung: Bei einem Versuch erreichten Cesarino Fava und Augusto Mengelle im Januar 1963 den Einschnitt auf dem Grat zwischen C. Piergiorgio und C. Pollone (AIM 839–841).

Zweitbesteigung und Erstbesteigung über die NW-Wand: nach einem Versuch (fünf Seillängen) von Marco Ballerini und Alessandro Valtolina im Dezember 1984 gelang die Begehung Mario Mànica und Renzo Vettori in vier Tagen (Auf- und Abstieg): am 22.11.1985 auf dem Gipfel. Expedition mit zwei Teilnehmern. 800 Höhenmeter Felswand, über einem

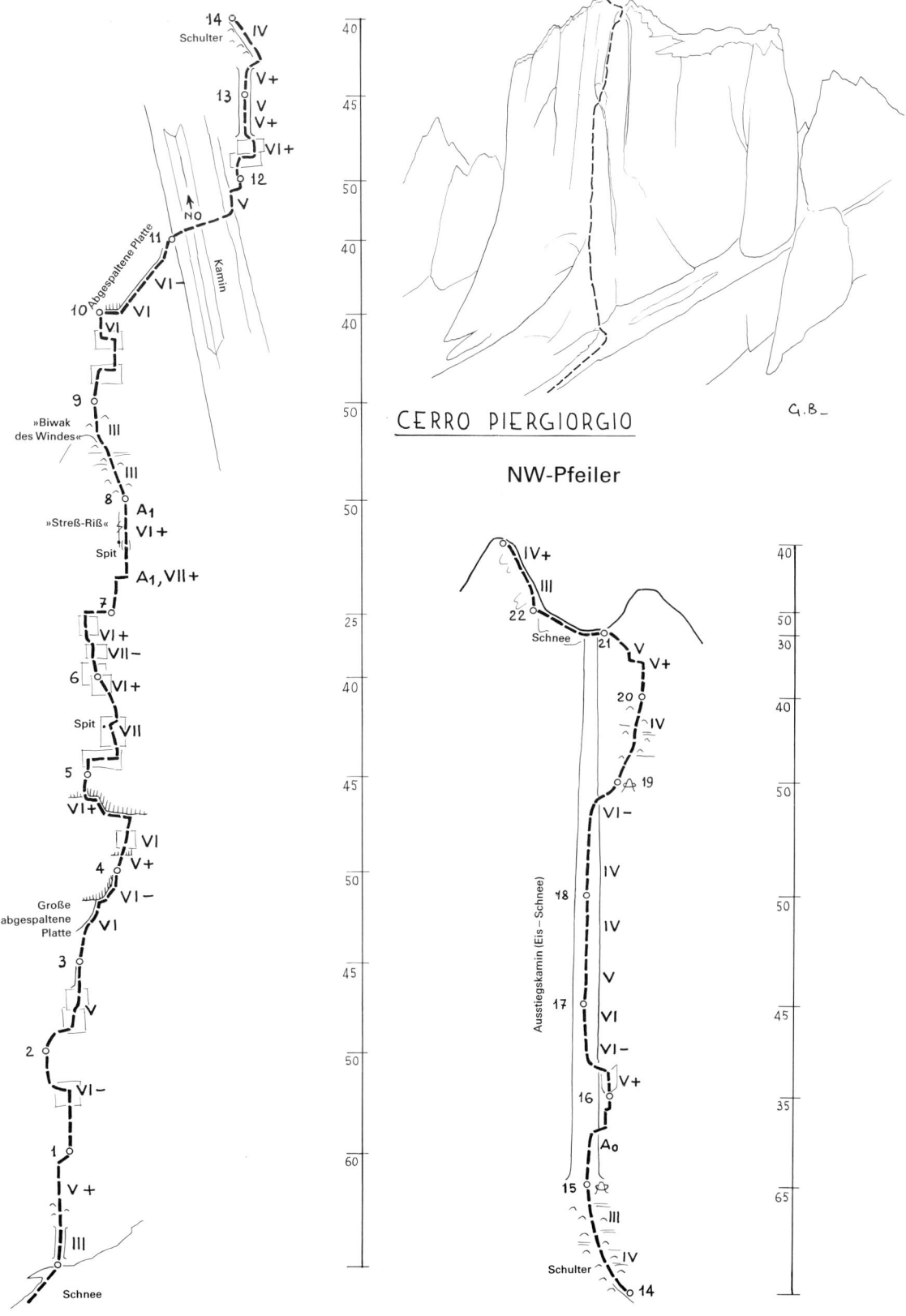

CERRO PIERGIORGIO

NW-Pfeiler

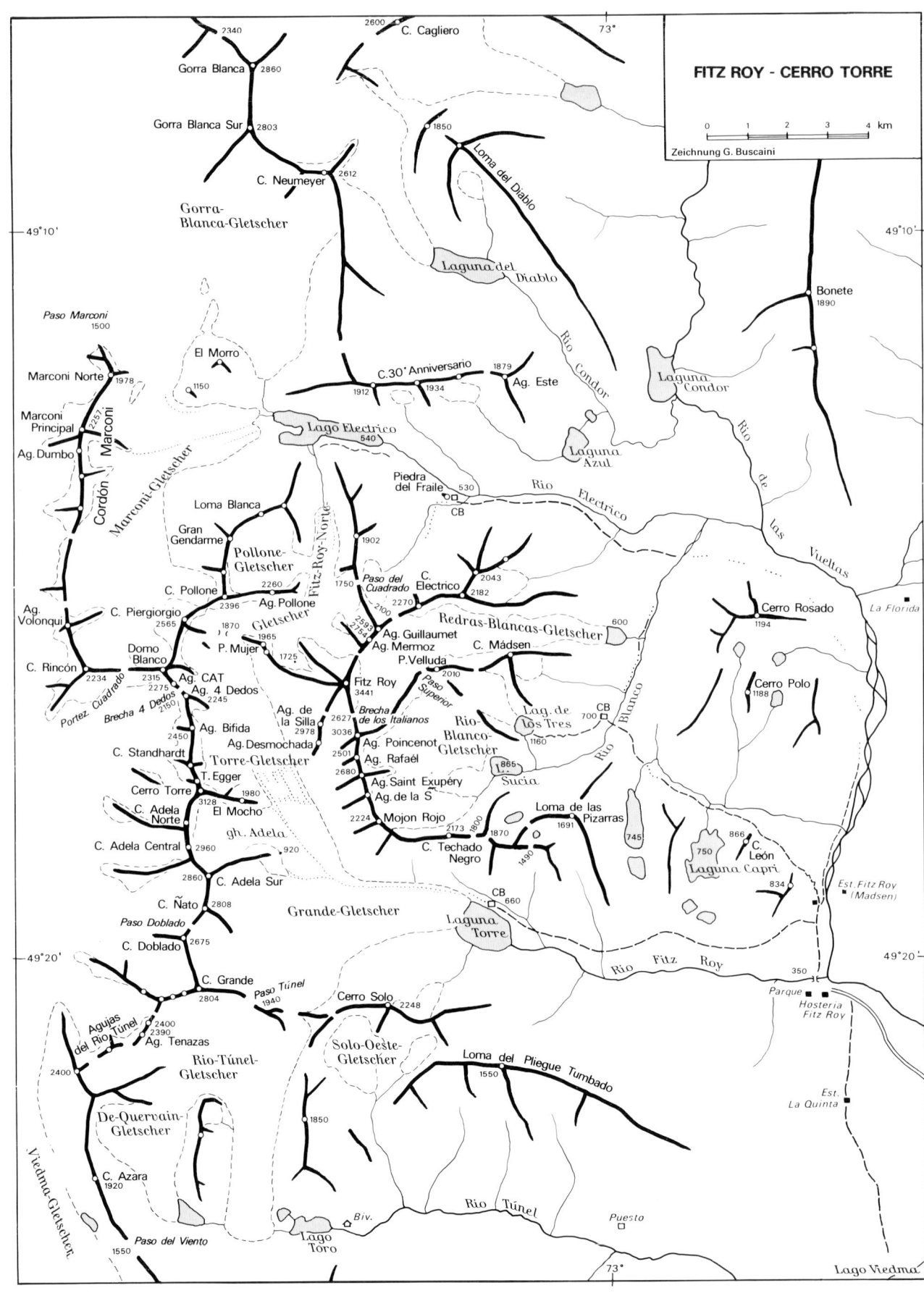

Firnhang und einer Rampe von ca. 850 m. Sehr guter Fels, herrliche Kletterei. Schwierigkeitsgrad bis VII, A1 (einige fixe Seile beim Einstieg); (RdM 1986 Nr. 78, 32–37).

Dritte Besteigung und Zweitbesteigung über die NW-Wand: Die Schweizer Vincent Banderet und Paul Maillefer, auf dem Gipfel am 30.12.1985.

*Cerro Pollone 2396 m*

Der Name Pollone wurde in Erinnerung an De Agostinis Geburtsort gegeben.

Erstbesteigung: Die Argentinier Rodolfo Dangl, Guzzi Lantschner, Robert Matzi, Hans Zechner (CAB), 11.2.1949, über die O-Flanke (An. CAB 1950).

Am 28.12.1988 stiegen Daniel Anker und Michel Piola (Schweiz) in 13 Seillängen über den W-Sporn bis knapp unter den Vorgipfel (AAJ 1990).

*Aguja Pollone 2260 m*

Erstbesteigung: Die Südafrikaner Richard Smithers und Clive Ward, über die S-Wand, Auf- und Abstieg in drei Tagen: auf dem Gipfel am 23.2.1976. Zehn Seillängen, TD– (AAJ 1977, 231).

Zweitbesteigung: Die Südafrikaner Werner Linke und Hermann Vogl, 24.3.1976 (Bol. CABA April 1976, 25).

*Gran Gendarme del Pollone 2200 m*

Erstbesteigung: Die Engländer Rab Carrington und Alan Rouse, 15.12.1976, über die SO-Kante. Einstieg von Westen, auf Eis; auf der Felskante sieben Seillängen, frei und künstlich (AAJ 1978, 581–583; Andinismo 1977, 56).

*Loma Blanca 2150 m*

Erstbesteigung: A. De Agostini und Carlo Cassera mit Luigi Carrel und Giuseppe Pellissier, Februar 1936, über den NW-Hang (De Agostini 1949, 216–218).

*Filo del hombre sentado*

Der W-Grat des Fitz Roy verlängert sich zum Boquete Piergiorgio mit einem Grat, der mit seinen Abbrüchen den Torre-Gletscher vom Fitz-Roy-Norte-Gletscher trennt. Der Grat wird auch »Filo del hombre sentado« genannt (Grat des sitzenden Mannes) und weist zwei markante Erhebungen auf: die Punta Anna und die Punta Mujer.

*Punta Anna\* 2050 m*

Erstbesteigung: Cesare Maestri, allein, 2.2.1958, vom Torre-Gletscher aus.

*Aguja Pollone von Osten.*

*Punta Mujer\* 2150 m* (von Maestri Punta Lelia genannt)

Erstbesteigung: Cesare Maestri, allein, 2.2.1958, vom Torre-Gletscher aus (Maestri 1961, 78–80).

Zweitbesteigung: Cristina Agüed und Maria Inés Bustos (Argentinien), 20.1.1984, über die N-Flanke (die letzten drei Seillängen von III bis V); (CAC 1984, 9–11).

---

*Robert Fitz Roy (1806–1865)*

*Fitz Roy war der Kapitän des englischen Schoners* Beagle, *der zwischen 1831 und 1836 die Aufgabe hatte, die südamerikanische Küste für eine Seekarte zu vermessen. Auf der* Beagle *befand sich auch Charles Darwin (1809–1882), der berühmte Naturforscher, der auf dieser Reise Material für sein umwälzendes Buch »Von der Entstehung der Arten« sammelte. Fitz Roy und Darwin waren vermutlich die ersten Weißen, die den von den Indios Chaltén genannten Berg zu Gesicht bekamen, als sie im Jahr 1834 den Rio Santa Cruz entlangfuhren und bis auf 50 km an die Kordillere herankamen. Aus diesem Grund gab Francisco Perito Moreno dem Chaltén den Namen Fitz Roy.*

*Fitz Roy 3441 m*

Mächtiger, weithin sichtbarer Gipfel, der alle anderen Berge der Gruppe überragt.

Im folgenden werden alle bekannten Besteigungen der verschiedenen Routen angegeben. Die Routen sind in chronologischer Reihenordnung aufgeführt und die Wiederholungen sind bis zum Jahr 1987 berücksichtigt.

Versuche

Nach drei Erkundungen De Agostinis unternahmen im Sommer 1948/49 die Argentinier Juan Zechner, Mario Bertone und N. Gianolini einen Versuch vom Torre-Gletscher aus (An. CAB Nr. 17, 5–14).

Im Januar 1937 stiegen Ettore Castiglioni, Leo Dubosc und Titta Gilberti von der Laguna de los Tres zum Paso Superior und durch das Couloir zum Einschnitt südlich des Gipfels (2627 m) auf; diese Scharte wird seitdem als »Brecha de los Italianos« bezeichnet. An der Expedition nahm auch Aldo Bonacossa teil (RM 1938, 469–475; 1946, 65–77).

Höhenunterschied vom Gletscher Piedras Blancas zur Brecha: 300 m, Schwierigkeitsgrad D, kombiniertes Gelände, Steinschlaggefahr; zur Zeit versichert. Oft überhängender Bergschrund.

Süd-Sporn (Franzosenführe)

Erstbesteigung des Gipfels: Guido Magnone und Lionel Terray (Mitglieder einer französischen Expedition mit acht Teilnehmern), zwei Tage für den Anstieg, einige fixe Seile: auf dem Gipfel am 2.2.1952. Höhenunterschied: 550 m vom Fuß des Sporns zum Gipfel, davon 400 m mit Schwierigkeitsgrad bis VI, A3. ED (BdW 1952, 68–78; La Montagne 1952, 59–67; RM 1952, 166–167; Azéma 1955; Alpinismus 1964, 11, 32).

WNW-Couloir (Supercanaleta)

Erstbesteigung: Carlos Comesaña und José Luis Fonrouge (Argentinien), Auf- und Abstieg in drei Tagen; auf dem Gipfel am 16.1.1965 (Expedition mit fünf Mitgliedern); (Ann. GHM 1965, 3; Alpinismus 1965/67, 14–18; AAJ 1966, 75–80; An. CAB 1967, 25–31).

Höhenunterschied: 1700 m vom Gletscher am Einstieg, davon 1300 m nur für das Couloir. Gesamtkletterlänge: ungefähr 2400 m. Die größten Schwierigkeiten (Eis und Fels) findet man im mittleren bis oberen Abschnitt. ED−.

Die Supercanaleta ist die einzige große Route auf den Fitz Roy, für die keine fixen Seile verwendet wurden, weder bei der Erstbesteigung, noch bei einer

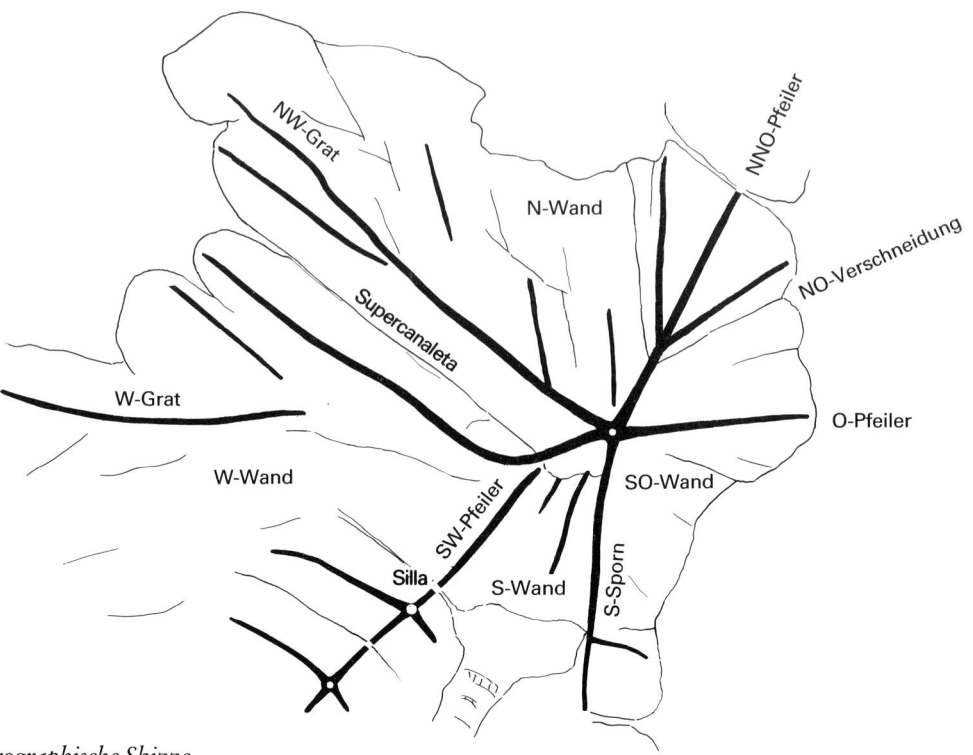

*Fitz Roy: Orographische Skizze.*

der folgenden Begehungen. Sie ist somit zur Zeit die einzige, bei der alle Wiederholungen im alpinen Stil ausgeführt wurden.

Zweitbesteigung: Jean Afanassief (F) und Mike Weiss (USA), 28.1.1977 (AAJ 1978, 584).

Dritte Besteigung: Charlie Fowler und Mike Munger (USA), 22.1.1978 (AAJ 1980, 598).

Vierte Besteigung: Marius Norstadt und Mugs Stump (USA), 1.1.1980 (AAJ 1982, 194–195).

Fünfte Besteigung: Maurizio Giarolli, Elio Orlandi, Ermanno Salvaterra, 26.11.1983.

---

Anmerkung: Es ist wahrscheinlich, daß auch Steve Mac Andrews und Kevin Carrol (USA) den Gipfel am 12.11.1973 erreicht haben; am Tag darauf wurden sie tot am Fuß der Supercanaleta gefunden (An. CAB 1979, 16–17).

---

Erste Winterbegehung: Sebastián de la Cruz und Gabriel Ruiz bis zum Gipfel, Eduardo Brenner bis zum Gipfelgrat, 26. bis 27.7.1986. Sie erleiden schwere Erfrierungen (Anti Suyu 1986, 37; AAJ 1987, 210).

SW-Pfeiler (Kalifornier-Führe)

I. Begehung: Yvon Chouinard, Dick Dorworth, Chris Jones, Lito Tejada-Flores, Douglas Tompkins, 20.12.1968 (AAJ 1969, 263–269; AJ 1969, 130–132; 274–275; An. CAB 1979, 67–69). Höhenunterschied: ca. 520 m Wand zwischen der Scharte der Silla und

*Fitz Roy von Südsüdost: a) Engländer-Führe, 1972; b) Magnone-Terray-Führe, 1952; c) argentinische Variante, 1984; d) Gallego-Führe, 1984; e) Ragni-Führe (Ferrari-Meles), 1976; f) NO-Verschneidung (Jugoslawen), 1983; g) Casarotto-Führe, 1979.*

dem W-Grat (wo die Führe auf die Supercanaleta trifft), danach noch 130 m bis zum Gipfel. Länge von der Silla aus: ca. 750 m. Schöne Route auf gutem Fels, bis jetzt die meistbegangene des Fitz Roy. ED–.

Anmerkung: Die Silla erreicht man durch die heikle Querung des Eistrichters von der Brecha de los Italianos aus.

Direkt durch das Couloir vom Torre-Gletscher aus stiegen die Argentinier J. Aikes, E. Köpcke und G. Vieiro am 17.3.1971 auf: die Route ist Eislawinen stark ausgesetzt (An. CAB 1979, 17).

II. Begehung: Die Schweizer Ernst von Allen, Paul von Känel, Hans Peter Trachsel, Januar 1975.

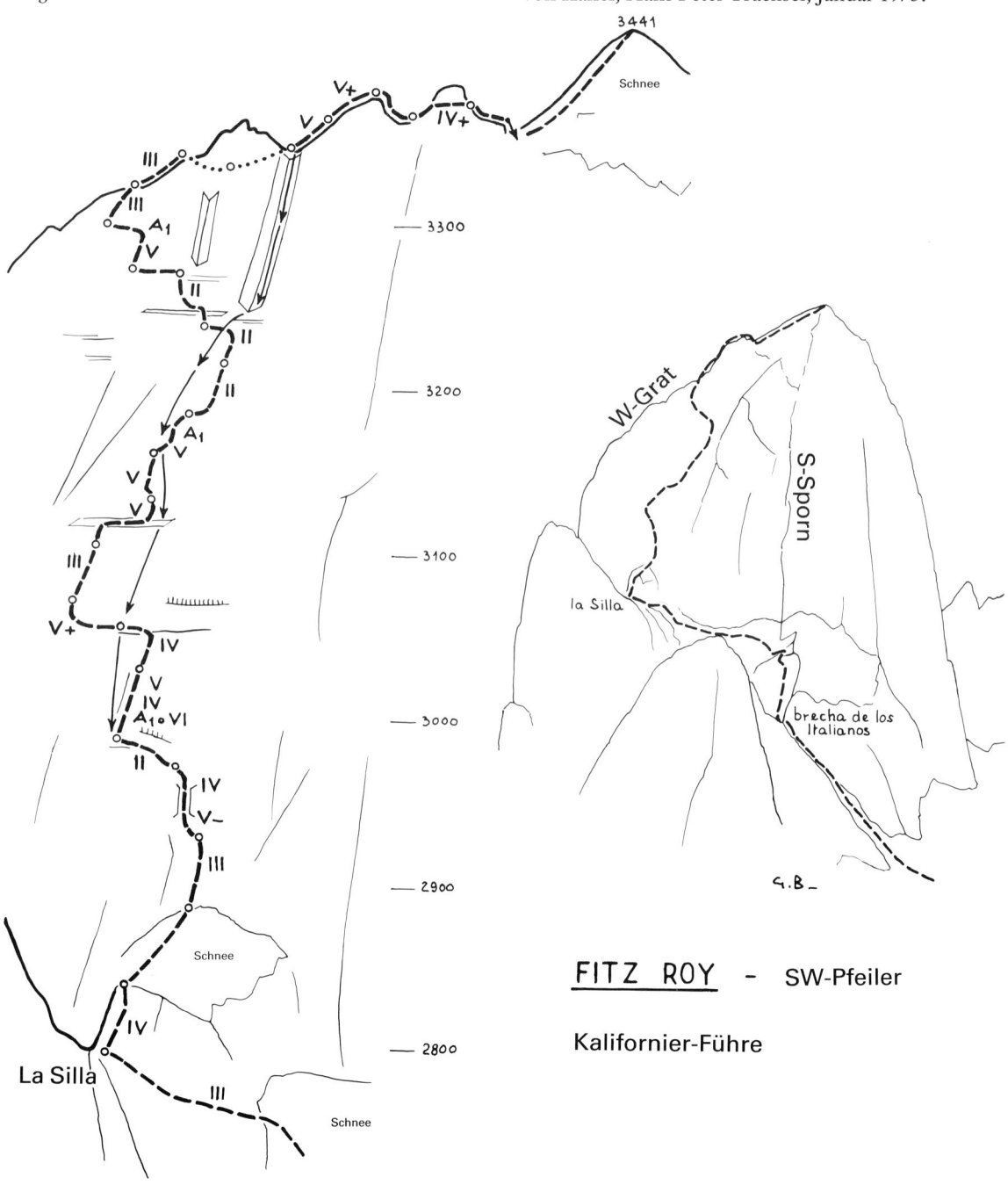

FITZ ROY – SW-Pfeiler

Kalifornier-Führe

III. Begehung: Die Schweizer Ruedi Homberger, René Mayor, Paul Muggli, 9.12.1976 (Alpinismus 1977, 30–35).

IV. Begehung: Die Zwillingsbrüder Adrian und Alan Burgess (GB) und Dave Cheesmond (SA), 28.2.1977.

V. Begehung: Bruno De Donà, Cesarino Fava, Guido Pagani, Piero Perrod, 1.1.1978.

VI. Begehung: Giuliano Giongo, Benvenuto Laritti, Gianluigi Quarti, Toni Rainis, 23.1.1978 (Desnivel 1985/17, 22–26).

VII. Begehung: Eckhard und Romy Druschke, Jerry Linke (SA), 23.1.1978.

VIII. Begehung: Nick Craddock (NZ), Nick Kagan (GB), Geo Radford (USA), 10.3.1979.

IX. Begehung: Walter Bertsch (A) und Gino Casassa (Chile), 21.2.1980.

X. Begehung: Der Deutsche Reinhard Karl und die Schweizer Peter Lüthi und Toni Spiri, 14.2.1982 (Alpin 1982/86, 36–53 und 80–81).

XI. Begehung: Die Japaner Teruji Yonei, Yoshikatse Kumagaya, Kazunori Kurata, 15.1.1983.

XII. Begehung: Die Schweizer Daniel Anker, Thomas Wüschner, Paul Nigg, 2.11.1983.

XIII. Begehung: Die Schweizer Romolo Nottaris und Marco Pedrini, 5.2.1984.

XIV. Begehung: John Backes Scott und Allen Cole Scott (USA), 13.2.1984 (AAJ 1985, 240).

XV. Begehung: Die Franzosen Yves Astier, Jean Marc Boucansard, Pierre Faivre, Jean Fr. Lemoine, 13.2.1984 (M. Mag. 1984/65, 54–58).

XVI. Begehung: Mario Castiglioni, Santino Porro, Domenico Chindamo Emanuele Savogin, 28.2.1985.

XVII. Begehung: und erste Alleinbegehung der Route bis zum Gipfel: Thomas Bubendorfer (A), 16.1.1986.

XVIII. Begehung: Die Argentinier Sebastián de la Cruz und Jorge Tarditti, Dezember 1986, mit Abstieg nach Süden über die Argentinier-Führe.

S-WAND (ENGLISCHE ROUTE)

Sie führt durch die Einbuchtung links (westlich) des S-Sporns.

Erstbegehung: Dave Nicol, Eddie Birch, Julian Mo Anthoine, Guy Lee, Ian Wade, 11.12.1972 (AAJ 1973, 477). Felswand 450 m, dann noch mal 150 m leicht bis zum Gipfel. ED–.

*Auf der Kalifornier-Führe. Foto G. Quarti.*

O-Pfeiler

Es wurden zahlreiche Versuche unternommen. Die wichtigsten dabei waren folgende: Französische Expedition 1967/68 (elf Bergsteiger) (La Montagne 1968, Oktober).

Expedition aus Rovereto 1971/72 (acht Bergsteiger).

Expedition aus Monza im Januar 1973 (sieben Bergsteiger).

Schweizer Expedition 1974 mit sechs Teilnehmern; Hans Peter Kasper und Toni Holdener kommen mit Hilfe von Fixseilen bis auf 200 m unterhalb des Gipfels, wo sie aufgeben müssen, obwohl hier die größten Schwierigkeiten überwunden sind (Mountain 1974/37; 1974/38, 32–33).

Erstbesteigung: Casimiro Ferrari und Vittorio Meles; der Anstieg dauert acht Tage; auf dem Gipfel am 23.2.1976 (Expedition mit zehn Teilnehmern); (Alpinismus 1976/77, 65; AAJ 1977, 230–231; An. CAB 1979, 17). Höhenunterschied 1200 m. ED+.

NNO-Pfeiler (Casarotto-Pfeiler)

Ein Versuch von Graziano Bianchi und Renato Casarotto im Januar 1978, bis auf 250 m oberhalb der Scharte des Bloque empotrado* (Expedition mit neun Teilnehmern); (LSc 1978/11).

Erstbesteigung: Renato Casarotto, allein, 19.1.1979, in acht Tagen, nachdem er die Führe bis zur Scharte oberhalb des Pfeilers mit Fixseilen versichert hatte. Erste Alleinbegehung bis auf den Gipfel des Fitz Roy. Einer der größten Erfolge des großen italienischen Bergsteigers aus Vicenza (1948–1986 am K2); (Alpinismus 1979/11, 51; AAJ 1980, 383–386; An. CAB 1982, 114–118; Moro, 1982; RdM 1987/85, 56–67). Höhenunterschied vom Gletscher aus: 1200 m (300 m Rinne, 600 m Pfeiler, 300 m Ausstiegswand). Kletterlänge ca. 1500 m. Schöne Kletterei auf sehr gutem, rauhen Fels. ED.

Zweitbesteigung mit Variante, frei »rotpunkt« geklettert mit Ausnahme von vier Stellen: Alan Kearney und Bobby Knight (USA), in vier Tagen. Auf dem Gipfel am 24.12.1984 (Climbing 1985/90, 36–43; AAJ 1986, 101–109).

Anmerkung: Die Schweizer Kurt Locher und Marco Pedrini folgten bei einem Wiederholungsversuch zuerst der Casarotto-Führe und der Kearney-Knight-Variante, dann den Rissen auf der rechten Seite des Pfeilers bis zur Spitze des Pfeilers selbst (Rückkehr von der folgenden Scharte aus über die Casarotto-Führe wegen eines Unfalls). Schöne Riß-Kletterei auf sehr gutem Fels; Schwierigkeiten von VI– bis VII–. ED. (Mountain 1986/110, 20–23; Vertical 1986/87, 78–79).

NNW-Wand

Erstbegehung: Die Franzosen Guy Abert, Jean und Michel Afanassief, Jean Fabre, Auf- und Abstieg in fünf Tagen, auf dem Gipfel am 27.12.1979, nach einem Versuch im Jahr zuvor (La Montagne 1980/82, 286–293; AAJ 1981, 238; MMag. 1980/14; 1980/17, 19). Höhenunterschied 1700 m vom Gletscher am Fuß der Supercanaleta; Kletterlänge ca. 2300 m. Sehr guter Fels; Fixseile auf einer Länge von 300 m; Schwierigkeit bis V+, A2. ED–.

W-Wand

Versuch vom Torre-Gletscher aus: Die Engländer Rab Carrington und Alan Rouse, Januar 1977; sie stiegen ca. 1300 m auf.

Erstbegehung: Die Tschechoslowaken Michael Orolin, Robert Galfy, Vladimir Petrik, auf dem Gipfel am 15.1.1983. Expedition mit sieben Mitgliedern, die zwei Sommer hindurch abwechselnd die Wand mit Fixseilen versicherten (AAJ 1983, 209; 1984, 69–74).

Die Route quert nach rechts die große W-Wand, die höchste des Fitz Roy. Fixseile bis zur Kalifornier-Führe, die auf der Höhe der mittleren Terrassen erreicht wird. Höhenunterschied: vom Torre-Gletscher bis zum Einstieg ca. 750 m, weiter bis zum Gipfel noch einmal 1600 m. Kletterlänge vom Gletscher bis zum Gipfel: ca. 3000 m. Schwierigkeit bis V+, A1. ED.

NO-Verschneidung

Nach zwei Versuchen (C. Comesaña und J. L. Fonrouge, 1964 in alpinem Stil; Japaner 1980) begehen die Jugoslawen Silvo Karo, Stane Klemenc, Franc Knez und Janez Jeglič am 8.12.1983 die große Verschneidung (850 Höhenmeter, Fixseile, Schwierigkeit bis VI+, A2) bis zur Scharte oberhalb des NNO-Pfeilers, ohne den Gipfel zu erreichen (AAJ 1984, 217–219; Mountain 1985/101, 10).

S-Sporn (Argentinische Direktroute)

Es handelt sich hier um eine schöne Variante der Franzosen-Führe von 1952, mit der sie den Einstieg und den oberen Abschnitt gemeinsam hat. Sie erfreut sich zunehmender Beliebtheit, da sie die heikle Querung zur Silla der Kalifornier-Route vermeidet.

Erstbesteigung: Alberto Bendinger, Eduardo Brenner, Marcos Couch, Pedro Friedrich, 10.3.1984 (CAC 1984, 30–31; AAJ 1985, 36–40). Höhenunterschied von der Schneeschulter zum Gipfel: 550 m, davon 400 schwierig; Fixseile bis zur 10. Seillänge. ED–.

Zweitbesteigung: Mike Graber, Galen Rowell, Da-

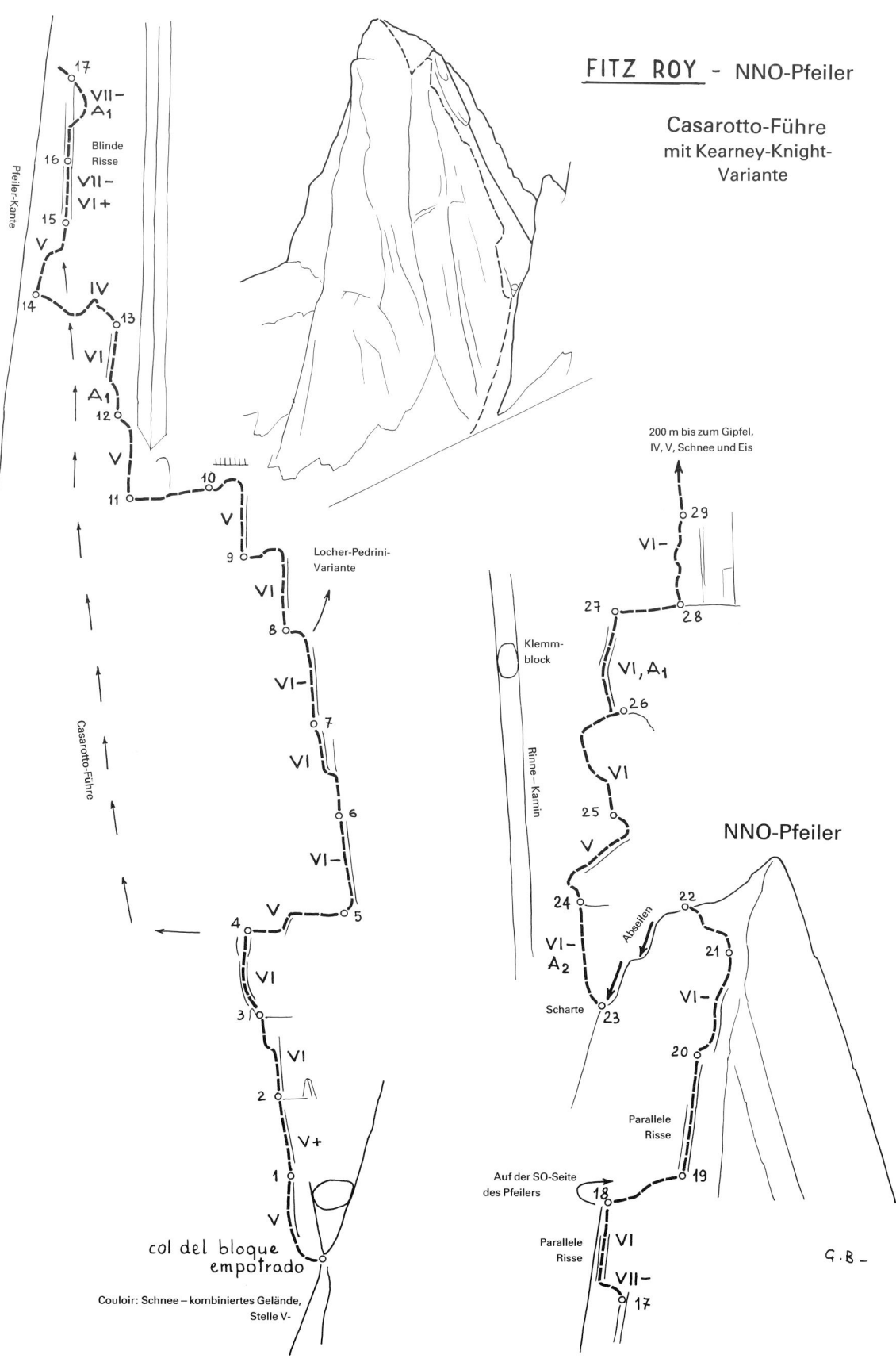

vid Wilson (USA), 31.10.1985 (AAJ 1986, 96–100; Mountain 1986/108, 15).

Dritte Besteigung: Die Österreicher Rudi Mayr und Robert Purtscheller, 18.11.1985.

Vierte Besteigung: Die Argentinier Sebastián de la Cruz und Gabriel Ruiz, 15.1.1986.

Fünfte Besteigung: Ernst Konzett und Reinhard Sperger (Österreich), 7.12.1986.

Sechste Besteigung: Fritz Kurt und Reinhard Patscheider, 20.12.1986.

Siebte Besteigung: Die Spanier Félix de Pablo, Ramón Portilla, A. Trabado und M. Vidal, Sommer 1986/87 (AAJ 1987, 209; Extrem 1987/24, 38).

Erste Winterbesteigung: Paolo Crippa, Dario Spreafico, Danilo Valsecchi, 8.8.1988.

SO-Wand

Erstbegehung: Die Brüder Miguel-Angel und José-Luis Garcia Gallego (Spanier); auf dem Gipfel am 20.3.1984 (AAJ 1985, 42–48; Desnivel 14, 22–27; Mountain 1985/103, 20–23). Von den Brüdern bereits im Jahr 1982 versucht. In mehreren Anläufen und nach monatelangen Vorbereitungen vollendet; mit Fixseilen ausgerüstet, Abstieg über die Franzosen-Führe, doch ohne Verwendung von Bohrhaken. Höhenunterschied: 1200 m. ED+.

N-Wand (Polenführe)

Erstbegehung: W. Burzynski, M. Dasal, M. Kochanczyk, J. Kozaczkiewicz, P. Lutynski, vom 14. bis 24.12.1984, nach Vorbereitung des unteren Teiles (Ann. GHM 1985, 16; AAJ 1985, 240; Mountain 1986/108, 15). Die Route folgt einer Reihe von Kaminen und Rinnen zwischen dem NNO-Pfeiler und der N-Wand bis zur Scharte zwischen der Spitze des Pfeilers und dem Gipfel: VI, A2. Von der Scharte bis zum Gipfel auf der Casarotto-Führe (V+, A1, A2). Führe ganz mit Fixseilen versichert, Gefahr von Steinschlag und Wasser in den unteren Kaminen. Höhenunterschied: 750 m vom Gletscher zum Einstieg, 850 bis zur Scharte, 300 m (Casarotto-Führe) bis zum Gipfel.

S-Wand (Jugoslawen-Führe)

Erstbegehung: Bogdan Biščak, Rado Fabjan, Matevž Lenarčič, auf dem Gipfel am 22.12.1985. Die Führe zieht durch die Wand rechts der Kalifornier-Führe hoch. Höhenunterschied 550 m, Schwierigkeit bis VI, A2, zum Teil mit Fixseilen (300 m) versichert (AAJ 1986, 203; 1987, 109–113).

N-Verschneidung

Carlo Barbolini, Massimo Boni, Mauro Petronio, Angelo Pozzi, Mauro Rontini, Marco Sterni, 17.1.1986 (LSc 1986/10; AAJ 1987, 210–212; ALP 1986/20, 38–49; Mountain 1987/114, 12). Die neue Route geht durch die große Verschneidung in der Mitte der N-Wand und vereint sich ungefähr 150 m unterhalb des Gipfels mit der Franzosen-Führe von 1979 (der Gipfel wird nicht erreicht). Höhenunterschied: 700 m vom Gletscher zum Einstieg, 1200 m Wand. Vollbrachte Kletterlänge: 46 Seillängen, von III bis VII, A1 und A2. ED.

---

Die Satelliten des Fitz Roy

Als im Jahr 1952 die französische Expedition als erste den Fitz Roy bestieg, trug von der gesamten Gruppe nur dieser Berg einen Namen.

Dem schönsten aller noch unbenannten Gipfel gaben die Franzosen den Namen von Jacques Poincenot, ihres Gefährten, der beim Durchwaten des Rio Fitz Roy umgekommen war.
Azéma und Lliboutry hatten den glücklichen Einfall, drei anderen Spitzen die Namen berühmter französischer Piloten zu geben, die durch ihren Einsatz als Postflieger die ersten Postverbindungen zu diesen verlorenen Gebieten Südamerikas hergestellt hatten.

So erinnert heute eine kühne Nadel an den berühmten Dichter und Schriftsteller Antoine de Saint-Exupéry (1900–1944), der nicht nur der Schöpfer des »Kleinen Prinzen« und von »Terre des Hommes« ist, sondern von 1929 bis 1931 auch die »Aeropostale Argentina«, die argentinische Luftpostgesellschaft leitete.

Zwei weitere Gipfel nördlich des Fitz Roy erinnern an Henry Guillaumet (1902–1940), der mit seinem kleinen Flugzeug 92mal den Südatlantik und 393mal die Kordillere überflogen hatte, damit zwischen den Menschen eine Verbindung aufrechterhalten blieb, und an Jean Mermoz (1901–1936), der im Jahr 1930 die erste Südatlantik-Überquerung in einem kleinen Flugzeug schaffte und dann an Bord seines Wasserflugzeugs »Kreuz des Südens« in diesen Gewässern den Tod fand.

Guillaumet und Mermoz sind die Hauptfiguren in »Terre des Hommes«, und die Freundschaft, die diese abenteuerliebenden Piloten miteinander verband, ist der Freundschaft sehr ähnlich, die oft zwischen Bergsteigern entsteht.

---

*Desmochada*

Erstbesteigung: Jim Bridwell, Jay Smith und Glen Dunmire, über die Rampen und die Verschneidung in der W-Wand, 9. bis 12.2.1988. Big-wall-Stil, viele Friends, keine Bohrhaken (zwei wurden auf der Sockelrampe gefunden), 15 Seillängen, 5.11. und A2 (AAJ 1989, 56–65).

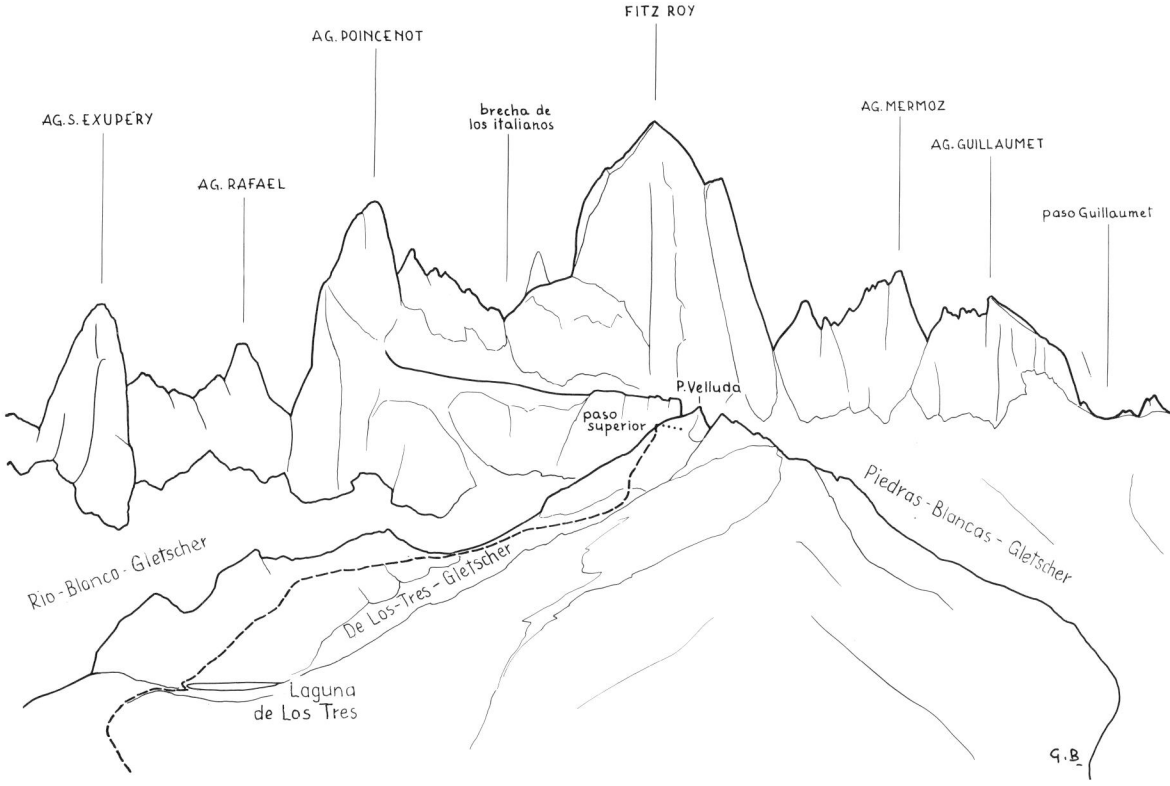

### Aguja de la Silla

Erstbesteigung: Peter Lüthi (CH) und Horacio Bresba (Arg.), 21.2.1989, über die O-Kante; 10 Seillängen kombiniertes Gelände bis 60°, 5 Seillängen Fels, stellenweise VI und A1, über dieselbe Führe abgeseilt.

### Punta Val Biois*

Zwischen dem Fitz Roy und der Aguja Mermoz gelegen.

Erstbesteigung: Bruno De Doná und Guido Pagani, 8.1.1978, von der auf der Südseite gelegenen Scharte des Bloque empotrado aus. Von III bis V+, A1 und Eis.

Das etwas im Südwesten der Punta Val Biois stehende Türmchen wurde von Alberto und Eduardo Tarditti und von Alejandro Randis (Argentinier) am 21.1.1978 bestiegen. Sie nannten die Spitze *Punta Lorena*. Von der Scharte des Bloque empotrado zum SW-Grat: sechs Seillängen, IV+, V−, A1.

### Aguja Mermoz 2754 m

Erstbesteigung: Die Argentinier Héctor Cuiñas, Fermín Olaechea, Guillermo Vieiro über die NW-Wand und den N-Grat, Auf- und Abstieg in drei Tagen; auf dem Gipfel am 10.2.1974. Expedition mit sieben Teilnehmern. Höhenunterschied ca. 600 m; die unteren Platten wurden über 20 m mit Fixseilen versichert. Sehr guter Fels; TD.

Zweitbesteigung: Die Argentinier Guillermo Raynié, Raul Storino und Alberto Tarditti, 11.2.1984 (CAC 1984, 26–29).

– Durch die Verschneidung auf der linken Seite der OSO-Wand: die Jugoslawen Janez Jeglič, Silvo Karo, Franc Knez, 9.12.1983; Ausstieg bei einer Scharte des SSW-Grates. 400 m, V, Eis bei 60 bis 75 Grad, Ausstieg überhängend.

– Ein wichtiger Versuch wurde von Vincent Banderet und Paul Maillefer (CH) in der W-Wand unternommen, 26. bis 28.11.1985 (neun Seillängen V+, VI und künstlich).

### Aguja Guillaumet 2539 m

Mit diesem schönen Berg endet im Norden die Reihe der granitartigen Satelliten des Fitz Roy. Wegen seines verhältnismäßig bequemen Zugangs von der Piedra del Fraile und seiner Randlage zu den höheren und noch stärker sturmumtosten Bergen wird dieser Gipfel häufiger erstiegen.

## AGUJA MERMOZ – NW-Wand

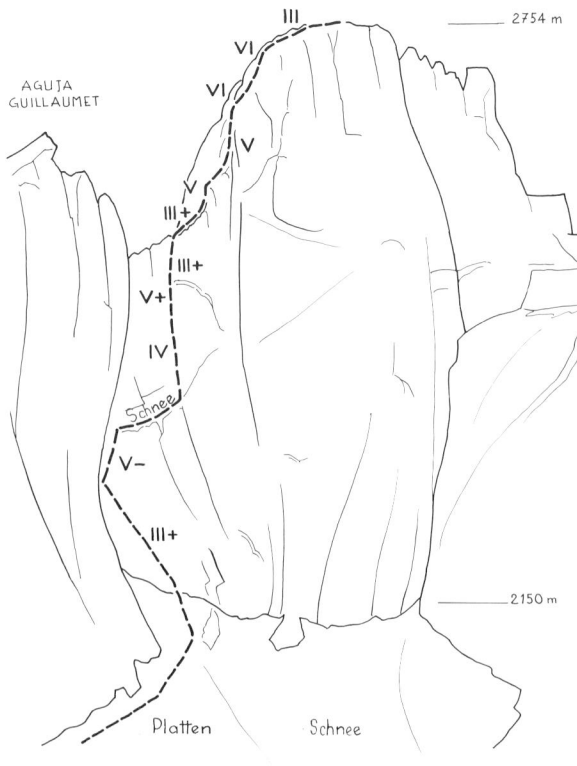

### NW-Sporn

Erstbesteigung: Die Argentinier Carlos Comesaña und José Luis Fonrouge, 12.1.1965, 500 m, TD (Alpinismus 1965/7, 14–18; An. CAB 1967, 25–31).

Zweitbegehung: Die Engländer Brian Hall und John Whittle, 11.12.1976.

Dritte Begehung: Die Argentinier Pablo Castiarena und Gerardo Majoli, 21.2.1978.

Vierte Begehung: Die Argentinier Hector Cuiñas und Alfredo Rosasco, Januar 1979.

Fünfte Begehung: Die Argentinier Mario Gonzales und Daniel Horecky, 30.11.1979 (An. CAB 1982, 100–105).

Sechste Begehung: Eine argentinische Seilschaft (Abeledo u. a.), 1980/81.

Siebte Begehung: Die Argentinier Raul Storino und Alberto Tarditti, 28.12.1982.

Des weiteren: S. Letemendia, O. Pandolfi, D. Puy, M. Schneider, J. Sonntag (Arg.), 15.1.1985; Liliane und Marcelo Aguilar, D. Sierro (Arg.), 23.11.1985; G. Aguilar, S. Sturia (Argentinien), 16.1.1986; S. de la Cruz, G. Ruiz (Argentinien), 9.2.1986; F. Garibotti, E. Gutierrez (CAB), 8.1.1987.

### O-Wand (Route durch die linke Rinne)

Erstbegehung: Die Franzosen Joel Coqueugniot und François Guillot, 26.2.1968 (Ann. GHM 1969, 29). Höhenunterschied 400 m. TD–. Firn- und Eisrinne, dann NO-Grat; Abstieg über die rechte Rinne weiter nördlich.

### O-Wand (Route durch die rechte Rinne)

Erstbegehung: Die Franzosen Bernard Amy und P. Vidailhet, 27.2.1968 (Ann. GHM 1969, 29). Anstieg ähnlich der Route über die linke Rinne: TD–. Coqueugniot-Guillot stiegen durch diese Rinne ab.

Die Wiederholer der O-Rinnen haben die befolgte Route nicht genau angegeben:
– Die Südafrikaner Gregory Moseley und Brian de Villiers, Januar 1973.
– Die Engländer Rab Carrington und Alan Rouse, 11.12.1976, die den Gipfel überschritten und bei der Scharte zwischen Mermoz und Guillarmet abstiegen.
– Elio Orlandi, Ginella Paganini, Ermanno Salvaterra und der Argentinier Jorge Tarditti, 2.12.1983.
– Die Spanier J. und M. La Matta, 19.1.1986.

### SO-Wand

Erstbegehung: Robert Beager und Jim Jennigs (USA), 10.3.1979 (AAJ 1980, 598–599). Eis 70 Grad, Fels bis V+, 16 Seillängen. TD.

*In der Ost-Wand der Guillaumet.*

# AGUJA GUILLAUMET

## NW-SPORN

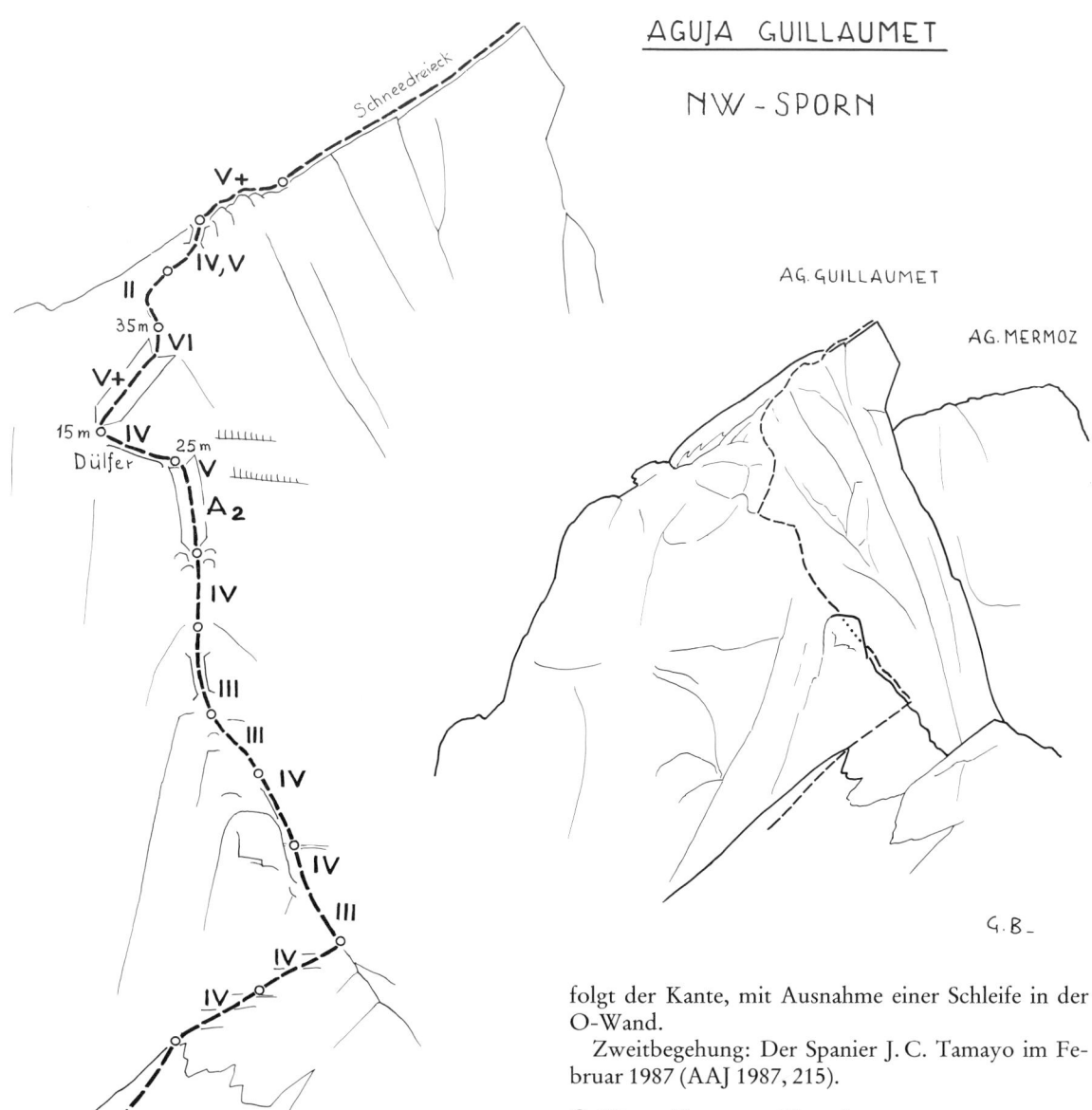

### SO-Pfeiler, linke Wand

Erstbegehung: Daniel Anker und Michel Piola (CH), 12.1.1989 (zehn Seillängen bis zum Schneedreieck, TD+, V+, 3 Spits).

### NO-Kante

Erstbegeher: Die Argentinier Eduardo Brenner, Eddy Moschioni, 21.1.1981 (An. CAB 1982, 102–105). Höhenunterschied 500 m, IV. V. A1, A2. Die Route folgt der Kante, mit Ausnahme einer Schleife in der O-Wand.

Zweitbegehung: Der Spanier J. C. Tamayo im Februar 1987 (AAJ 1987, 215).

### O-Wand (Buscaini-Führe)

Erstbesteigung: Gino Buscaini und Silvia Metzeltin, 27.12.1981. Höhenunterschied 400 m, guter Fels, TD. Die Führe folgt der mittleren Einbuchtung, an Rinnen und Rissen entlang. Ausstieg über das Schneedreieck (AAJ 1983, 211).

### O-Wand (Wüschner-Führe)

Erstbegehung: Daniel Anker und Thomas Wüschner (Schweiz), 8.12.1983. Sie steigt rechts vom SO-Pfeiler auf: felsige Rinne (V), Eiskamin (80°), senkrechte Felswand (IV) und Schneedreieck auf dem Gipfel (AAJ 1984, 219).

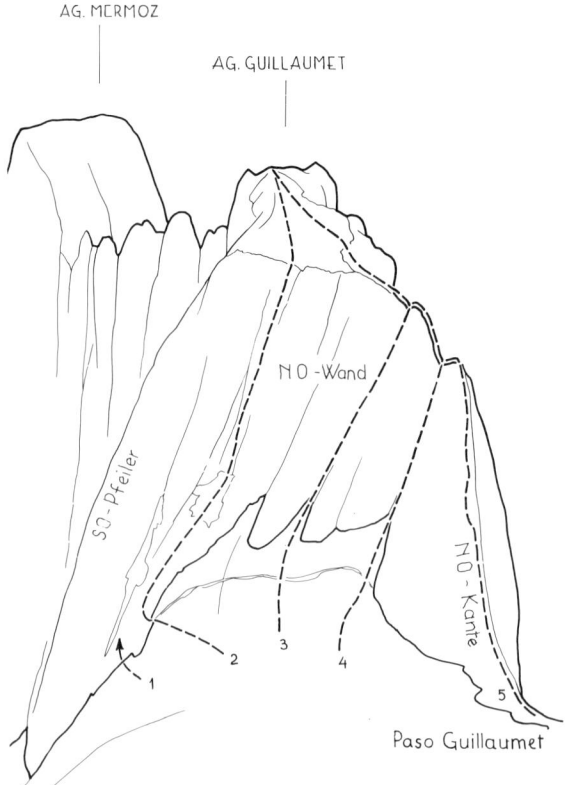

1 = Wüschner-Führe, 2 = Buscaini-Führe,
3 = Guillot-Führe, 4 = Amy-Führe,
5 = Brenner-Führe.

### Cerro Electrico 2182 m

Dieser komplexe Berg stellt mit seinen Gratkämmen den letzten Ausläufer der zwischen dem Rio Electrico und dem Gletscher Piedras Blancas gelegenen Bergkette dar. Seine Felsen (vulkanischen Ursprungs) sind wenig einladend, aber Firn und Eishänge bieten einige Routen, die einen gewissen Reiz haben. Als Cerro Electrico Noroeste wird dagegen ein anderer, weniger bedeutender Gipfel nordwestlich des Paso del Cuadrado* bezeichnet (bestiegen von Daniel Anker, 7.12.1983).

Erstbesteigung: A. De Agostini mit Mario Derriard, Februar 1932, von NO (De Agostini 1949, 202).

Über den leichten W-Grat: Gino Buscaini und Silvia Metzeltin, 8.1.1982, von der Piedra del Fraile aus.

Der Gletscher de los Tres wird im Norden vom Cerro Madsen und der Punta Velluda begrenzt, im Südwesten von einem gezackten Grat (de-los-Tres-Grat), der steile Wände zur Laguna Sucia hin zeigt.

Diese Gipfel wurden mehrmals bestiegen (AIM, 855; Aste, 1975). Stane Clemenc (YU) eröffnete im Alleingang am 1.12.1983 eine Route in der NO-Wand des De-los-Tres-Grates: 200 m, III+.

### Aguja Poincenot 3036 m

Die wuchtige Nadel ist die schlankste unter den Satelliten des Fitz Roy.

Erstbesteigung: Frank Cochrane und Don Whillans (GB), 3.2.1962; irische Expedition mit sieben Teilnehmern. Die Route folgt der schrägen Eisrampe in der SO-Wand (Fixseile) und führt dann über die S-Wand. Höhenunterschied vom Gletscher ca. 600 m. TD+ (AJ 1962, 236–242; An. CAB 1963, 32–34; Craft 1968/81, 18–22).

Zweitbesteigung und Erstbegehung über die W-Wand: José Luis Fonrouge und Alfredo Rosasco (Argentinien) im alpinen Stil, in drei Tagen: auf dem Gipfel am 21.12.1968, Einstieg von dem der Aguja Rafaél zugewandten Tal, über dem Torre-Gletscher (An. CAB 1979, 18).

Dritte Besteigung, W-Wand: Rab Carrington und Alan Rouse (Engländer) im alpinen Stil, in drei Ta-

*Aguja Poincenot von Südosten.*

## AG. POINCENOT
### WNW-Pfeiler

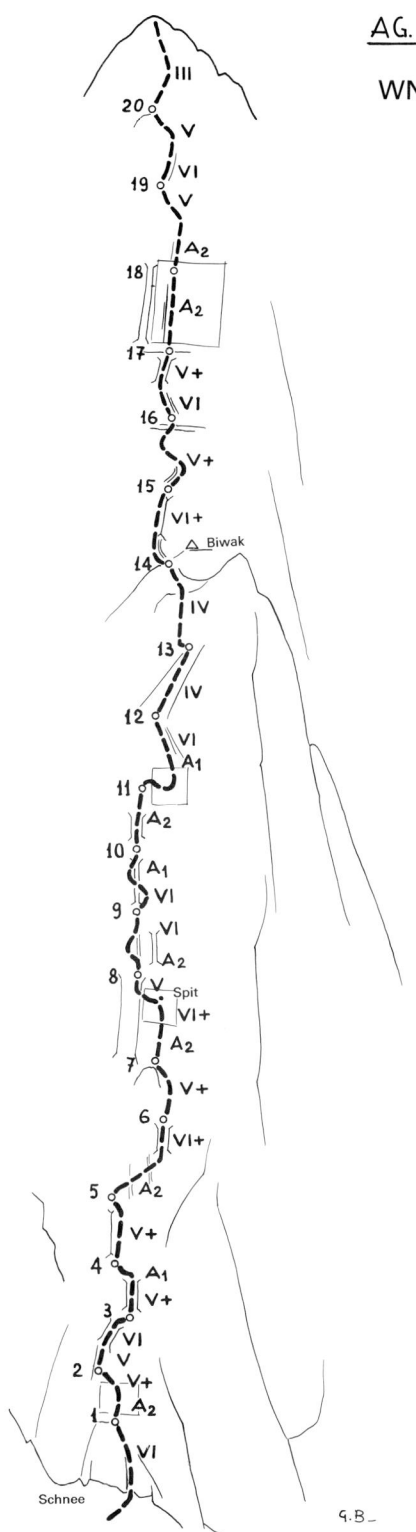
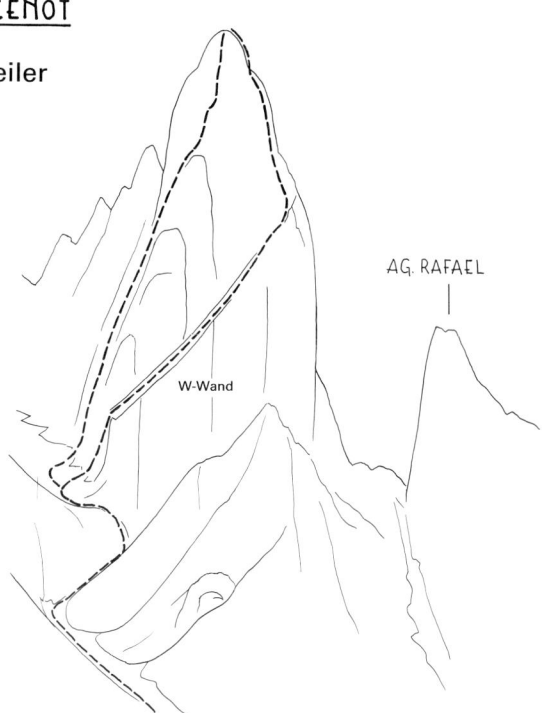

*Links: Route über den Westnordwest-Pfeiler.*
*Rechts: Carrington-Rouse-Führe.*

gen: auf dem Gipfel am 22.2.1977. Die Route folgt im oberen Teil der Fonrouge-Rosasco-Route. Höhenunterschied ca. 1700 m, davon 700 m V und VI. Carrington und Rouse nahmen nur zwölf normale Haken und zehn Klemmkeile mit. Im Abstieg 30mal abgeseilt. ED (AAJ 1978, 583).

Vierte Besteigung und zweite Begehung der Whillans-Führe: Die Argentinier Gustavo Glickmann und Gunnar Naslund, 22.1.1981 (Bol. CABA 1981, Dezember; An. CAB 1982, 43–55).

Fünfte Besteigung und dritte Begehung der Whillans-Führe: Maurizio Giarolli, Elio Orlandi, Ermanno Salvaterra und der Argentinier Jorge Tarditti, 7.12.1983.

Sechste Besteigung und vierte Begehung der Whillans-Führe: Die Schweizer Martin Moosberger und Thomas Wüschner, 11.11.1984.

Siebte Besteigung und Erstbesteigung über den WNW-Pfeiler: Daniele Bosisio, Marco Della Santa, Mario Panzeri, Paolo Vitali im alpinen Stil, Auf- und Abstieg in vier Tagen, am 7.12.1986 auf dem Gipfel. Risse und Platten, sehr guter und kompakter Fels. Schwierigkeiten: von II bis V+ in dem großen, gewundenen Couloir im Sockel; auf dem Pfeiler V+ und VI, stellenweise VI+, A1, A2. ED. Gesamter Höhenunterschied 1700 m (650 m neben dem Couloir, 350 m im Couloir, 700 m auf dem Pfeiler).

Achte Besteigung und Erstbesteigung über den SO-Sporn: Alessio Bortoli, Adriano Carnati, Massimo Colombo; am 26.12.1986 auf dem Gipfel (LSc 1987/7). Höhenunterschied der neuen Route 1000 m, zuzüglich 200 m auf der Whillans-Führe bis zum Gipfel. Expedition mit acht Mitgliedern. Schwierigkeitsgrad bis VII, A3. ED. Im Jahr zuvor bereits von anderen Teilnehmern derselben Expedition versucht und versichert (AAJ 1987, 212–215).

Im Sommer 1986/87 wurde die Whillans-Führe von den Österreichern Hans Bärnthaler und E. Lidl und den Schweizern Peter Lüthi und Edi Caviezel wiederholt; die Spanier Fernando Cobo und Máximo Murcia legten am 9.1.1987 eine neue Route in der S-Wand an, die, von Westen kommend, vom Einschnitt zwischen der Aguja Rafaél und der Poincenot-Spitze (stellenweise A3, ED+), bis zur Rouse-Route führt, ohne jedoch den Gipfel zu erreichen (AAJ 1987, 210; Extrem 1987/24, 38; Peñalara 1988/1, 5–9).

Am 9. und 11.1.1989 eröffneten Daniel Anker und Michel Piola (CH) eine neue Führe in der O-Wand; der Einstieg ist beim Beginn der Whillans-Rampe (17 Seillängen, ED, stellenweise VII+, 16 Spits, über dieselbe Führe abgeseilt; AAJ 1990).

*Aguja St.-Exupéry nach einer Biwaknacht.*

*Aguja St.-Exupéry, Klettern auf dem Ost-Sporn.*

### Aguja Rafaél 2501 m

In die Literatur bereits als Innominata (die Namenlose) eingegangen, wurde sie von ihren Erstbesteigern dem argentinischen Bergsteiger Rafaél Juárez gewidmet, der mit Ernesto Mundet auf dem Adela-Gletscher bei dem Versuch, eine O-Wand des Cordón Adela zu begehen, am 21. oder 22.1.1974 den Tod fand.

Erstbesteigung: Martin Boysen, Paul Braitwaite, Leo Dickinson, Dan Reid, Rick Sylvester (GB-USA), nach Versuchen an der Torre Egger, im alpinen Stil, vom Torre-Gletscher aus im Januar 1974 (AAJ 1975, 184–188; Mountain 1974/37; 1974/38, 30–31). Über die Wand und den S-Grat, 450 m V und A2. Führe und Fels sehr schön. TD+.

Zweitbesteigung: Alan Kearney und Sue Harrington, 30.1.1988, mit Variante von 4 Seillängen 5.10b in der Verschneidung (AAJ 1989, 177–178).

Dritte Besteigung: Peter Lüthi (CH) und Carlos Dominguez (Arg.), 5.1.1989 (AAJ 1990).

Vierte Besteigung: Daniel Anker und Michel Piola (CH), 6.1.1989, über die N-Kante von der Scharte

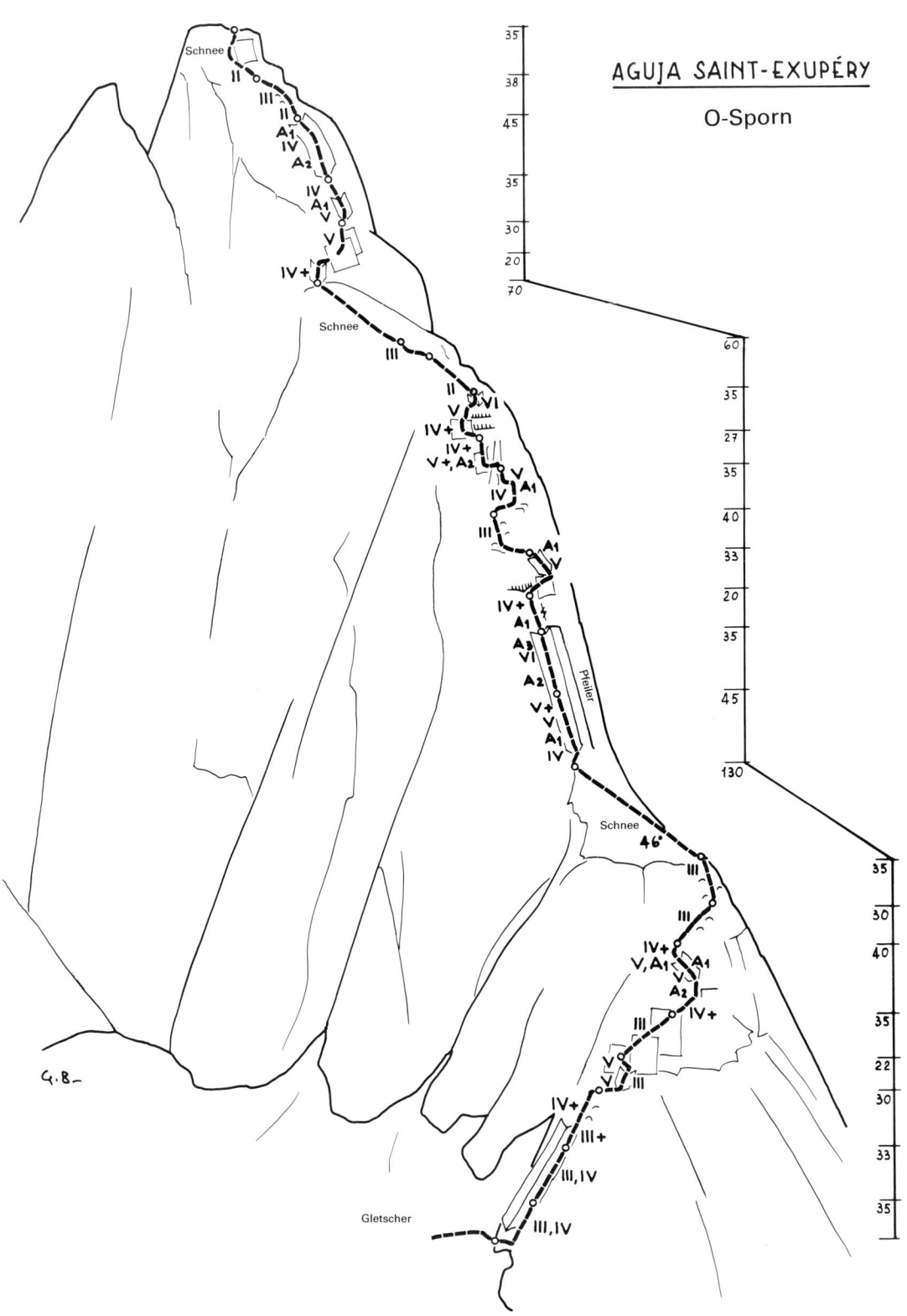

aus (elf Seillängen, ED–, von V bis VII, über die 1974er-Führe abgeseilt (AAJ 1990).

*Aguja Saint-Exupéry 2680 m*

Erstbesteigung über den Ostsporn: Gino Buscaini, Lino Candot, Silvia Metzeltin, Walter Romano, Silvano Sinigoi (die gesamte Expedition auf dem Gipfel), Auf- und Abstieg in vier Tagen, am 23.2.1968 auf dem Gipfel (RM 1968, 294–299; Alpinismus 1969/2, 29–38; AIM 848–852). Höhenunterschied 840 m, Kletterlänge fast 1000 m, davon 600 m mit Fixseil. Guter Fels, Schwierigkeit bis VI, A3. TD+. 150 Haken (einschließlich Standhaken).

Zweitbesteigung: Die Argentinier Hernán und Jorge Abeledo, 22.1.1981, mit direktem Einstieg: IV und V (An. CAB 1982, 43–55).

Dritte Besteigung: Die Schweizer Martin Moosberger und Thomas Wüschner, 6.12.1984.

Vierte Besteigung: Der Schweizer Peter Lüthi und der Argentinier Paul Cottescu, 18.1.1987.

Fünfte Besteigung und Erstbesteigung über die W-Wand: Maurizio Giordani, Rosanna Manfrini, Sergio Valentini, 20 Seillängen von IV bis VII, 55 Haken, zusätzlich Stopper und Friends. 4. und 5.11.1987.

Sechste Besteigung und Erstbesteigung über den S-Pfeiler: Hans Bärnthaler und Ewald Lidl (Österreich), 23.11.1987 nach mehreren Versuchen. Fünf Seillängen bis zur Scharte (III, IV und Eis 50 Grad), dann 19 Seillängen zum südlichen Vorgipfel (bis VI/A2, 50 Haken und neun Bohrhaken zurückgelassen), dann 50 m abseilen und durch die W-Wand zum Hauptgipfel (90 m, V/A1).

Siebte Besteigung und Erstbesteigung über die Querrampe der N-Wand: Alan Kearney und Sue Harrington, 10.2.1988. Mit fünf Seillängen auf die Rampe, sieben Seillängen auf der Rampe (von 5.7 bis 5.10; Haken aus früheren Versuchen bis zur vorletzten Seillänge gefunden); Gipfel über die Führe des O-Sporns erreicht (sieben Seillängen) (AAJ 1989, 177–178).

*Aguja de la S – ca. 2350 m*

Erstbesteigung: Bernard Amy mit drei Gefährten (französische Expedition zum O-Pfeiler des Fitz Roy), Februar 1968, von Osten.

Zweitbesteigung: Die Argentinier A. Scheuer und M. Venere, 1985/86.

Dritte Besteigung und Erstbegehung der W-Wand: Gian Carlo Grassi, Roberto Pe, Mauro Rossi, 30.11.1986 (LSc. 1987/2; ALP 1987/23, 18–21; RM 1987, 36–44). Höhenunterschied 1350 m (700 m Firnrinne, 400 m Eisrinnen, 100 m leicht, 150 m in felsiger Kaminrinne auf der rechten Seite des Grats (VI–). TD.

Vierte Besteigung: Über die O-Wand, rechts, und den N-Grat, Hans Bärnthaler und Ewald Lidl (Österreich), 5. und 6.11.1987; 13 Seillängen, bis VI–.

*Mojon Rojo 2224 m*

Erstbesteigung: S. Bossini, C. Fava, A. Vincitorio, 4.3.1961, über die kurze O-Wand (AAJ 1961, 263).

Zweitbesteigung: G. Buscaini, L. Candot, S. Metzeltin, W. Romano, S. Sinigoi, 19.2.1968.

Dritte Besteigung und neue Führe von Westen: J. Bridwell (USA) und R. Staszewski (Australien), 1979. 500 m Verschneidung, 100 m auf steilem Eis, dann kombiniertes Gelände und Fels bis IV+ (AAJ 1978, 584).

Vierte Besteigung: Durch das W-Couloir und die N-Wand, Scott Cole, Walt Shipley und Paul Jager, Dez. 1987, VI/A1.

*Techado Negro 2173 m*

Schöner Aussichtsgipfel mit mehreren Spitzen aus schwarzem Gestein vulkanischen Ursprungs.

Erstbesteigung: Sergio Bossini, allein, 28.2.1961, über die O-Wand (AAJ 1961, 263).

Zweitbesteigung: Cesarino Fava, Sergio Bossini, Spikermann, 1.3.1961, über die S-Wand (AAJ 1961, 263). Später mehrmals erreicht (J. L. Fonrouge; G. Buscaini und S. Metzeltin, 1.12.1982, von Osten: kombiniert, stellenweise III; G. Ruiz, allein, 1986).

Anmerkung: Im Osten des Techado Negro wird der Grat niedriger und verzweigt sich in Ausläufer, von denen sich die runde Kuppe der Loma de las Pizzaras abhebt. Eine andere Erhebung dieses Grats (ca. 2000 m) wurde El Ñire genannt und von S. Bossini, C. Fava und A. Vincitorio 1960 erstiegen.

## XI Cerro Torre – Cordón Adela

Zwischen der Brecha Cuatro Dedos im Norden und dem Paso del Viento im Süden erstreckt sich eine eindrucksvolle Bergkette, die neben der Fitz-Roy-Gruppe jedem, der von Osten in dieses Gebiet kommt, schon von weitem auffällt. Im nördlichen Teil ist dieser Gebirgszug durch kühne, abweisende Granitgipfel gekennzeichnet; weiter im Süden ragen die gewaltigen, eisbedeckten Gipfel aus brüchigem Fels des Cordón Adela empor.

Der Zugang von Osten ist einfach, und im Wald bei der Laguna Torre stehen den Bergsteigern kleine, einfache Unterstände zur Verfügung.

Um die Westseite zu erreichen, kann man die Brecha Cuatro Dedos (2150 m, von der Laguna Torre in acht Stunden zu erreichen) überschreiten, den Colle Doblado (2600 m), oder einfach den Paso del Viento (1550 m) im Quellgebiet des Rio Tunel (Biwak-

*Das Tal des Torre-Gletschers vom Mojon Rojo aus gesehen, mit der Aguja Bifida, der Aguja Cuatro Dedos und der Brecha Cuatro Dedos.*

schachtel von Glaziologen am Toro-See und Hütte ca. 800 m südlich des Paso del Viento).

Die südliche und östliche Begrenzung der Bergkette wird durch den Rio Fitz Roy gebildet, den Rio de las Vueltas, den Viedma-Gletscher und den Viedma-See. Unter den Gipfeln der Nebenketten sind der Cerro Solo und der Cerro Huemúl von einiger Bedeutung; besonders der Cerro Solo ist oft ein Trost für jene, denen es nicht gelungen ist, einen Gipfel der Hauptkette zu besteigen.

*Aguja Cuatro Dedos 2245 m*

Erstbesteigung: Über die von Osten angegangene NW-Kante: Die Engländer Rab Carrington und Alan Rouse, 24.1.1977; sieben Seillängen von der Brecha Cuatro Dedos, davon zwei schwierig. TD. (Andinismo 1977, 57; AAJ 1978, 582).

*Aguja Bifida 2450 m*

Erstbesteigung: Die Schweizer Paul von Känel und Hans Peter Trachsel, Januar 1975; sie erreichen die S-Spitze (El Gendarme), die nur wenig niedriger als die Hauptspitze (oder N-Spitze) ist (An. CAB 1979, 19).

Zweitbesteigung und Erstbesteigung über die N-Wand: Peter Lüthi (CH) und Horacio Bresba (Arg.) am 3.3.1989; 700 m, 22 Seillängen mit einigen Pendeln, stellenweise VI und A1. Bei einigen vorhergehenden Versuchen waren Bergsteiger aus Buenos Aires bis auf 120 m an den Gipfel herangekommen (AAJ 1990).

*Cerro Standhardt – ca. 2800 m*

Dem deutschen Fotografen und Schöpfer zahlreicher einmaliger Bilder der Andenkordillere gewidmet. Er war in den dreißiger Jahren nach Patagonien gekommen und für immer geblieben; er hauste allein in einem Lastwagen.

Ein erster Versuch wurde im Dezember 1974 von John Bragg, Ben Campbell, John Donini und Brian Wywill unternommen; sie kamen bis auf 50 m unterhalb des Gipfelgrats, 150 m vor dem Gipfel. Von der Scharte zwischen der Bifida- und der Standhardt-Spitze über die N-Wand, dann über die durch die O-Wand führenden Rampen und durch einen Eiskamin gefolgt (brüchig); (Campbell, 1975).

Erstbesteigung: Die Engländer Brian Hall und John Whittle, von Osten im alpinen Stil, Aufstieg in zwei Tagen (Andinismo 1977, 55; Alpinismus 1978/8, 19; AAJ 1978, 582–583). Schneerampe in der O-Wand, dann SO-Wand mit zehn Seillängen auf felsigem und kombiniertem Gelände (Verschneidung mit 75 m und Kamine: VI, A2). ED. Am 10.2.1977 erreichten sie die Pilze des Gipfelgrats. Die vollendete Erstbesteigung einschließlich des Gipfelpilzes gelang

Jim Bridwell, Jay Smith, Glen Dunmire und Greg Smith am 29.1.1988 nach zwei Versuchen (AAJ 1989, 56–65).

Anmerkung: Die Schweizer Martin Moosberger und Thomas Wüschner kamen am 17.11.1984 im alpinen Stil über eine neue Führe in der W-Wand bis auf 100 m an den Gipfel heran. Einstieg an der N-Scharte, die sie vom Torre-Gletscher aus erreicht hatten (Mountain 1987/114, 12).

*Punta Herron\* – ca. 2780 m*

Der Torre Egger im Norden vorgelagerter Gipfel. Dem neunzehnjährigen Neuseeländer Phil Herron gewidmet, der am 9.1.1976 während eines Versuchs auf der Torre Egger beim Abstieg in eine Gletscherspalte fiel (AAJ 1977, 231).

Erstbesteigung: Bruno De Donà und Giuliano Giongo, im Abstieg von der Torre Egger, 15.3.1980.

*Torre Egger – ca. 2900 m*

Der Name erinnert an den österreichischen Bergsteiger Toni Egger, der beim Abstieg vom Cerro Torre nach der mit Cesare Maestri durchgeführten Erstbesteigung über die N-Wand von einer Lawine verschüttet wurde.

Man kann die Torre Egger als einen der schwierigsten Berge überhaupt betrachten. Die objektiven Gefahren sind auf jeder Seite groß.

Der erste bedeutende Versuch erfolgte 1974 durch eine anglo-amerikanische Seilschaft durch die O-Schlucht, die bis zur Hälfte bestiegen wurde (Mountain 1974/37, 11); dieselbe Route benützte auch die neuseeländische Expedition (neun Mitglieder) im Sommer 1975/76, die sieben Wochen dauerte und nach dem Tode Herrons abgebrochen wurde.

Ein weiterer Versuch, immer durch die O-Schlucht, wurde von Bruno De Donà, Giuliano Giongo und De Nardinis im Februar 1979 durchgeführt; De Donà und Giongo kehrten 1980 noch einmal zurück, vollendeten die Route bis zum Gipfel und vollbrachten die Zweitbesteigung.

Die Erstbesteigung erfolgte über den »Sattel der Eroberung«, von Cesare Maestri so genannt, zwischen dem Cerro Torre und der Torre Egger gelegen und der von Osten erreicht wurde. Die Erstbesteiger fanden die von der Expedition Maestri-Egger im mittleren Schneefeld zurückgelassene Ausrüstung.

Oberhalb des Schneefeldes folgten sie einer schwierigen Eisrinne, dann einem System von vertikalen Rissen (frei und künstlich, Big-Wall-Technik), von dem aus eine Eisquerung zum Sattel führt. Da sie auf dem Sattel wegen der dünnen, den Fels nur knapp bedeckenden Eisschicht keine Höhle graben konnten, hängten sie ein Spezialzelt, die Whillan-Box, ungefähr 120 m unterhalb des Sattels auf der O-Seite auf (es gibt keine Felsbänder, weder auf dem Sattel noch im oberen Teil der O-Wand). Oberhalb des Sattels 20 m Überhänge (A4), dann freies und künstliches Klettern und Eis von 70 bis 80 Grad; zwei Bohrhaken in den eisüberkrusteten Felsen kurz unterhalb des Gipfels. Oben wurde ein Karabiner zurückgelassen, der Toni Egger gehört hatte und den die Erstbesteiger während ihres Aufstiegs zum Cerro Standhardt im Jahr zuvor beim Körper Toni Eggers am Fuß der O-Wand des Cerro Torre gefunden hatten. Expedition mit sieben Teilnehmern, drei Monate Aufenthalt am Ort (AAJ 1977, 49–56; Mountain 1976/51, 19–27).

Erstbesteigung: John Bragg, John Donini, Jay Wilson (GB-USA); auf dem Gipfel am 22.2.1976, über die S-Wand vom »Sattel der Eroberung«. Höhenunterschied ca. 950 m. Schwierigkeit bis VI, A4, 80 Grad auf Eis, Fixseile. EX.

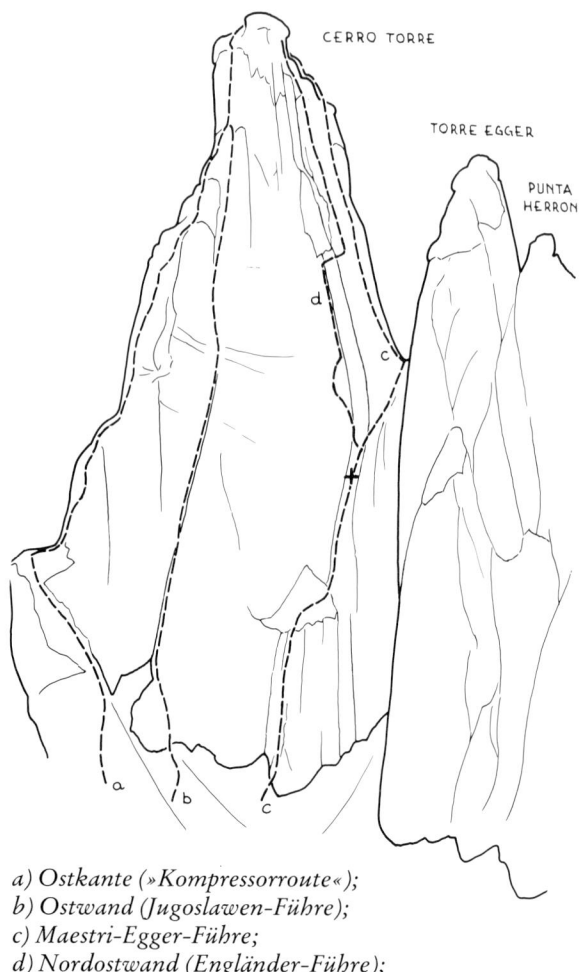

a) *Ostkante (»Kompressorroute«);*
b) *Ostwand (Jugoslawen-Führe);*
c) *Maestri-Egger-Führe;*
d) *Nordostwand (Engländer-Führe);*
+ *vermutlich Unfallstelle von Toni Egger.*

Zweitbesteigung und Erstbegehung der O-Wand: Bruno De Donà und Giuliano Giongo, im alpinen Stil, Auf- und Abstieg in vier Tagen; am 15.3.1980 auf dem Gipfel (RM 1981, 198–205; AAJ 1985, 239). Die Route folgt der großen Schlucht zwischen der Torre Egger und der Punta Herron und berührt die Scharte zwischen den beiden. Höhenunterschied ca. 950 m. Schwierigkeit auf kombiniertem Gelände, V, VI, A1 und A2. EX–. Die Route ist gefährlich, da sie ständig von Eisfall bedroht ist.

Dritte Besteigung und Erstbegehung der SO-Verschneidung: Die Jugoslawen Janez Jeglič, Silvo Karo, Franc Knez, in drei Tagen, 550 m Fixseil; auf dem Gipfel am 7.12.1986. Höhenunterschied ca. 950 m. Schwierigkeit auf Fels und kombiniertem Gelände bis VII+ und A3, Eis 90 Grad; in der großen Verschneidung fortgesetzt VI+ und A2. EX+. Wegen Eisfall sehr gefährliche Route (Bergsteiger 1987/7, 67).

Vierte Besteigung und Erstbegehung des O-Pfeilers: Elio Orlandi und Maurizio Giarolli, nach Versuchen von Andrea Sarchi, Lorenzo Nadali und Guido Cominelli, die 500 m mit Fixseilen versehen hatten. Höhenunterschied 1000 m, 31 Seillängen, senkrechte Eisrinnen, EX bis VI/VII und A2, guter Fels (sichere Führe), 3. bis 5.11.1987 (ALP 1988/12, 78–83).

Im November 1985 wurde von G.B. Crimella mit vier Gefährten ein Versuch an der W-Wand unternommen (300 m Couloir und 150 m Wand, bis VI+).

*Cerro Torre 3128 m*

Herrlich schlanker, steiler Granitobelisk. Die W-Wand ist normalerweise fast völlig mit Eis bedeckt, war jedoch in den letzten Jahren oft aper.

N-Wand

Erstbesteigung: Toni Egger (A) und Cesare Maestri, Auf- und Abstieg in sieben Tagen, am 31.1.1959 auf dem Gipfel (Boll. SAT 1959/2, 1–21; AAJ 1959, 317; Craft 1968/81, 22–25; La Montagne 1960, 207–212; Maestri 1961; RM 1959, 49 und 111–112; 1961, 206–211). Expedition mit sieben Teilnehmern.

Der untere Wandteil wurde mit Hilfe Cesarino Favas auf 300 m mit Fixseilen versehen. Die Route steigt von Osten zur Scharte im Norden (Sattel der Eroberung), folgt dann der N-Wand und zuletzt den Eiswülsten auf der W-Seite. 1100 Höhenmeter. Ungefähr 120 Felshaken wurden eingesetzt und ca. 70 Bohrhaken (davon 30 in der N-Wand über dem Sattel der Eroberung), 20 Holzkeile und ca. 65 Eishaken. Schwierigkeitsgrad: EX.

Diese Besteigung wurde angezweifelt (es gibt keine Gipfelaufnahmen), besonders im englischen Sprachraum (AAJ 1973, 328–329 und 478; An. CAB 1979, 17–18; Maestri 1972; Mountain 1970/9; 1971/18;

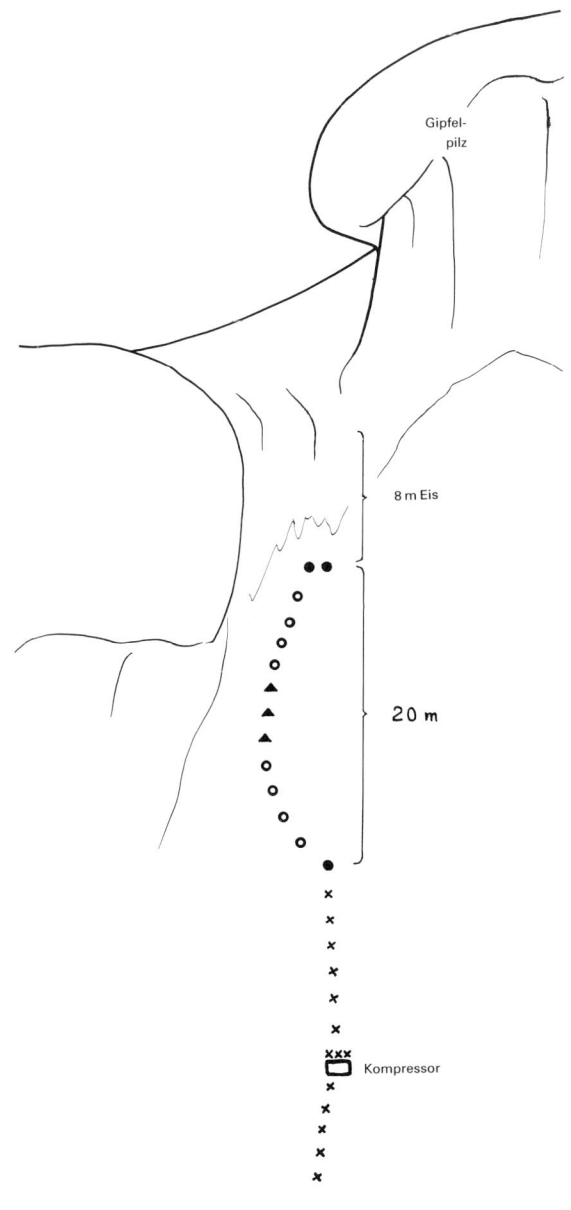

*Cerro Torre: Ausstieg aus der »Kompressorroute«.*

1975/42, 38–43; La Montagne 1973/1, 23–26; Ascent 1971/1–5, 47; Vertical 1985/3, 73).

Es muß noch darauf hingewiesen werden, daß bis heute nur ein (gescheiterter) Versuch der Wiederholung dieser Route im Jahr 1980 bekannt ist (AAJ 1981, 239).

O-Grat (Kompressorroute)

I. Begehung: Cesare Maestri, Ezio Alimonta, Carlo Claus, 2.12.1970; der Gipfelpilz wurde dabei nicht bestiegen; Expedition mit zehn Teilnehmern (AAJ 1971, 431, LSc 1971/5; Mountain 1971/16; 1972/23; Maestri 1972).

Ungefähr 300 m der Route wurden im Verlauf mehrerer Tage mit Bohrhaken versehen, der dazu verwendete Kompressor wurde bis auf 40 m vor dem Ausstieg mitgeschleppt und dort gelassen. Die Route ist zur Zeit zum großen Teil mit Fixseilen ausgestattet, die von Maestri bereits in einem früheren Versuch im Winter (Juli 1970) angebracht worden waren (der Versuch war der britischen Expedition 1967/68 gefolgt, mit Martin Boysen, Mick Burke, Peter Crew, Dougal Haston und dem Argentinier J. L. Fonrouge: Craft 1968/81, 26–32; Haston 1977; AJ 1968, 186–198). Höhenunterschied vom Gletscher aus ca. 1200 m (500 m steiler, kombinierter Hang bis zur Schneeschulter am Fuß des Grats, 700 m Felsgrat). Schwierigkeit: ED. Im Abstieg 40mal abseilen.

II. Begehung: Steve Brewer und Jim Bridwell (USA), Februar 1979 (AAJ 1980, 8; Alpinismus 1980/6, 41; An. CAB 1982, 118–126; Mountain 1980, 73).

III. Begehung: Maurizio Giarolli, Ermanno Salvaterra, 25.10.1983.

IV. Begehung: Die Schweizer Daniel Anker und Thomas Wüschner, 27.12.1983 (Les Alpes 1984/II, 61–73).

V. Begehung: Elio Orlandi, Livio Rigotti, 15.12.1984 (ALP 1985/3).

VI. Begehung: Beda Fuster (Schweiz) und Alan Kearney (USA), 23.1.1985 (Climbing 1985/90, 36–43).

VII. Begehung: Die Österreicher Hans Bärnthaler und Manfred Lorenz, 23.1.1985.

VIII. Begehung: Die Deutschen Hartmut Münchenbach und Karl Schrag, 30.1.1985 (Alpin 1985/5, 70–75).

IX. Begehung und erste Winterbesteigung bis zum Gipfel: Paolo Caruso, Maurizio Giarolli, Ermanno Salvaterra, Andrea Sarchi, 8.7.1985 (ALP 1985/8, 36–71).

*Auf dem Ost-Grat des Cerro Torre. Foto E. Orlandi.*

X. Begehung und erster Alleingang zum Gipfel: Der Schweizer Marco Pedrini, 26.11.1985 (Mountain 1986/110, 20–23; AAJ 1987, 103–108; Vertical 1986/7, 79).

XI. Begehung: Die Schweizer Kurt Locher und Martin Moosberger, 29.11.1985.

XII. und XIII. Begehung: Die Schweizer Fulvio Mariani und Marco Pedrini, 1. und 11.12.1985 (für Filmaufnahmen zu dem Film »Cumbre«).

XIV. Begehung: Die Franzosen P. Faivre und J.F. Lemoine, 16.12.1985.

XV. Begehung: Die Spanier Fernando Cobo und Claudio Sanchez, 29.12.1985.

XVI. Begehung: Die Jugoslawen Bogdan Biščak, Rado Fabjan, Matevž Lenarčič, 15.1.1986.

XVII. Begehung: Marco Dalla Santa und Paolo Vitali, 9.1.1987.

Im Sommer 1987/88 wurde die Führe von mindestens 34 Personen begangen. Drei Deutschen (Uwe Pässler, Matthias und Michael Pinn) gelang ein Gleitschirmflug mit Start vom Gipfelpilz und Landung bei der Laguna Torre.

W-Wand

Erster Versuch: Walter Bonatti und Carlo Mauri kamen am 2.2.1958 bis zur Scharte zwischen Torre und Adela Nord, die später »Sattel der Hoffnung« genannt wurde, und stiegen noch über 120 m die SW-Schulter hoch (RM 1959, 32–39; Bonatti 1983, 133–138).

Zweiter Versuch: 1970 wiederholt eine Expedition mit neun Teilnehmern und C. Mauri die Route von 1958. Casimiro Ferrari und Piero Ravà kommen dem Gipfel bis auf 250 m nahe (Mountain 1970/11).

Erstbesteigung: Mario Conti und Casimiro Ferrari, Daniele Chiappa und Pino Negri, am 13.1.1974 auf dem Gipfel (Expedition mit zwölf Teilnehmern); (RM 1974, 163–172; AAJ 1974, 201; Ann. GHM 1974, 8–9; RdM 1974, Mai, 163–172; Ferrari 1975). Die Route führt fast ausnahmslos über Eis: 57 Seillängen, davon sieben mit Fixseilen. Schwierigkeit: ED+.

Zweitbegehung: John Bragg, Dave Carman, Jay Wilson (USA), Expedition mit vier Mitgliedern; auf dem Gipfel am 15.1.1977 (Bol. CABA 1977/1, 54; AAJ 1978, 581; An. Chile 1983, 95).

Dritte Begehung: Michael Bearzi und Eric Winkelmann (USA), in drei Tagen; am 20.2.1986 auf dem Gipfel (AAJ 1987, 212). Die Schwierigkeiten werden mit VI/A2 angegeben, Neigung 70–85 Grad (Vertical 1987/11, 77).

NO-Wand

Der erste Versuch über die NO-Wand wurde von Brian Wywill und Ben Campbell unternommen. Sie wollten Fixseile vermeiden und blieben vom 4.2.1978 bis zum 3.3.1978 in der Wand, mit einem »Superbox«-Biwakzelt. Sie kamen bis auf etwa 350 m an den Gipfel heran und mußten dann aber aufgeben, weil die Lebensmittel zu Ende gegangen waren (Campbell, 1978).

Erstbesteigung: Die Route wurde im Januar 1981 von Phil Burke und Tom Proctor wieder aufgenommen. Nachdem sie das untere Schneefeld gequert hatten und zum Sattel der Eroberung aufgestiegen waren (V, VI, A1, A2, kombiniertes Gelände, gefährlich), stiegen sie von links in die große, überhängende, 300 m lange Verschneidung ein. Sie legten Fixseile (VI, A3, A4) und stiegen nach rechts aus (A2). In zwei weiteren Seillängen nach rechts erreichten sie ein Verschneidungssystem, das sie in fünf Seillängen auf extremem, kombiniertem Gelände (zwölf Stunden für die letzten sieben Seillängen) unter den Gipfelpilz brachte, der so stark überhängend war, daß er auf dieser Seite unmöglich bestiegen werden konnte. (Diese Route verläuft links von der Maestri-Egger-Führe, die weiter rechts auf die dritte Schulter herausführt, wo sie auf die Route der W-Wand trifft.) Die Route wurde bei mehreren Versuchen teilweise versichert, die endgültige Begehung dauerte sechs Tage und einen weiteren Tag für den Abstieg. EX. Ca. 1100 Höhenmeter (AAJ 1982, 193–194; Mountain 1982/78 und 79).

O-Wand

Erstbesteigung: Matjaž Fištravec, Silvo Karo, Franc Knez, Pavle Kozjek, Janez Jeglič, Peter Podgornik; auf dem Gipfel am 16.1.1986. Jugoslawische Expedition mit neun Teilnehmern. Route mit Fixseilen versehen (31 Seillängen), gefährlich wegen Steinschlag und Eisfall. Ca. 1100 Höhenmeter, davon 950 neue Route und 150 auf der Kompressorroute. Schwierigkeiten bis VIII− und A4. EX. Fünf Bohrhaken verwendet (AAJ 1986, 205; Mountain 1986/108, 15; AAJ 1987, 114–122).

S-Wand

Erstbegehung der S-Wand bis zu den Eistürmchen des O-Grats (Maestri-Führe): Silvo Karo und Janez Jeglič, nach mehreren Versuchen, am 20.1.1987. Höhenunterschied bis zum O-Grat 1200 m, Fixseile auf 850 m. EX+, VI/VII, A3/A4, Eis 60 bis 85 Grad, brüchiger Fels, gefährliche Führe.

*Torre de la media luna* (zwischen Mocho und Cerro Torre)

Erstbesteigung: Mark Houston und Kathy Cosley (USA), 4.2.1988, sieben Seillängen, 5.10c und A1, zwei Bohrhaken und ein Pendel.

*Blick auf die Kette Cerro Grande – Adela und den Grande-Gletscher von der Laguna Torre (Osten).*

*El Mocho 1980 m*

Erstbesteigung: Jim Bridwell (USA) und R. Staszewski (Australien), 28.2.1978, über den SO-Pfeiler, links vom O-Couloir. Elegante Kletterei auf sehr gutem Fels, Schwierigkeit bis VI (AAJ 1978, 583).

Am 4.1.1989 eröffneten Daniel Anker und Michel Piola (CH) eine andere Führe etwas weiter links (14 Seillängen, ED–, stellenweise VII+, 10 Spits) (AAJ 1990).

Zweitbesteigung und Erstbegehung des östlichen Eis-Couloirs: Gian Carlo Grassi, Roberto Pe, Mauro Rossi, 18.11.1986 (LSc. 1987/2; ALP 1987/23; RM 1987, 36–44). 500 Höhenmeter, Neigung von 75 bis 90 Grad.

Dritte Besteigung und Erstbegehung des O-Pfeilers, rechts des Couloirs: G.C. Grassi, R. Pe, M. Rossi, 7.12.1986. Sehr guter Fels, 500 m, stellenweise bis VII+ und A2.

Vierte Besteigung und Erstbegehung der N-Wand: Silvo Karo, Franc Knez, Janez Jeglič (Jugoslawien) und Roberto Pe, 11.12.1986; 400 m, Schwierigkeit bis VIII–, A0.

*Cerro Adela Central 2960 m*

Erstbesteigung: Walter Bonatti und Carlo Mauri, 7.2.1958, über das WSW-Couloir, dann Schneehänge. Höhenunterschied vom Gletscher aus 1400 m (Bonatti 1983, 141–145; RM 1959, 32–39).

Zweitbesteigung: Der Argentinier Sebastián de la Cruz, allein, 26.12.1987 (AAJ 1988, 178).

*Cerro Adela Sur 2860 m*

Manchmal fälschlicherweise als Cerro Ñato bezeichnet.

Erstbesteigung: Walter Bonatti und Carlo Mauri, 7.2.1958, in Überquerung von NW nach S (Bonatti 1983, 141–145).

Zweitbesteigung: Luciano Eccher und Cesare Maestri, am selben Tag über den S-Grat (Maestri 1961, 84).

Dritte Besteigung und Erstbegehung des NO-Grates: Die Argentinier Jorge Aikes, Nestor Monaco und Omar Pellegrini, 2.3.1967, Aufstieg in drei Tagen (La Montaña 1967/9, 23–26). Couloir mit 75 Grad beim Einstieg, Grat mit Wächten, 150 m Wand und Gipfelpilz, bestiegen.

Vierte Besteigung und Erstbegehung der NO-Wand: Gian Carlo Grassi und Mauro Rossi, 10.12.1986 (LSc 1987/2; ALP 1987/23, 18–21; RM 1987, 36–44). Höhenunterschied vom Adela-Glet-

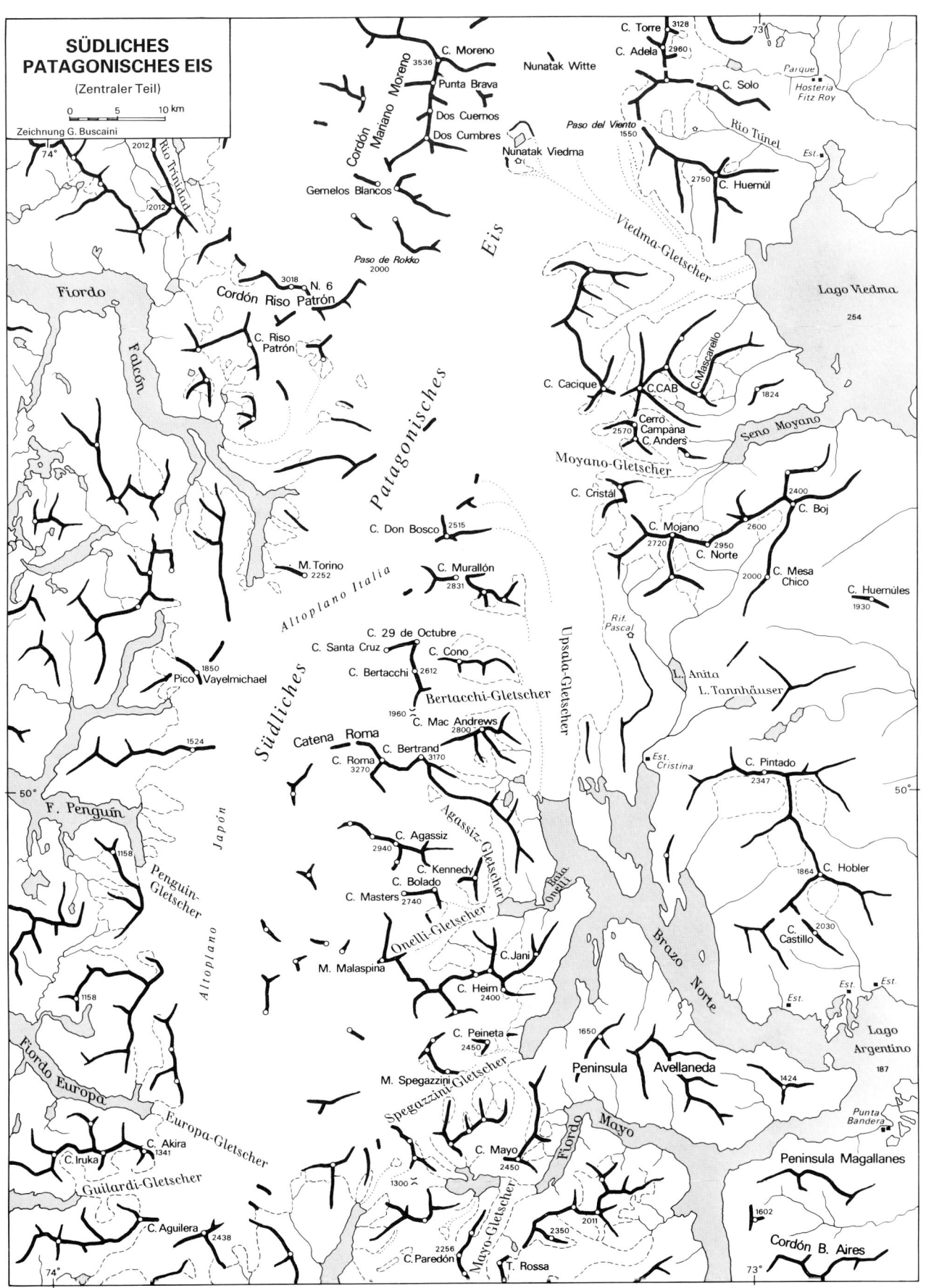

scher 1200 m; von 45 bis 90 Grad auf den Serács. Gefährlich.

*Cerro Ñato 2808 m*

Manchmal fälschlicherweise als Cerro Doblado bezeichnet.

Erstbesteigung: Ettore Castiglioni, Leo Dubosc, Titta Gilberti, 8.2.1937, von Osten zum Paso Doblado kommend über den SW-Grat zum Gipfel (Aldo Bonacossa blieb beim Paß); (RM 1938, 469–475; 1946, 65–77).

Zweitbesteigung: Walter Bonatti und Carlo Mauri, 7.2.1958 (Bonatti 1983, 141–145).

Dritte Besteigung und Erstbegehung des SSO-Grates: Davide Brighenti und Alberto Rampini, Eis, TD, 950 m, 4.11.1987.

*Cerro Doblado 2675 m*

Auch Cuerno Blanco genannt. Firngipfel südlich des Paso Doblado.

Erstbesteigung: Catullo Detassis, Cesare Maestri, Marino Stenico, 5.2.1958.

Zweitbesteigung: Walter Bonatti und Carlo Mauri, 7.2.1958.

*Cerro Grande 2804 m*

Erstbesteigung: Catullo Detassis, Cesare Maestri, Marino Stenico, 5.2.1958, von Norden (Maestri 1961, 82–83).

Zweitbesteigung: Walter Bonatti und Carlo Mauri, 7.2.1958; sie bestiegen dabei auch den W-Gipfel des Cerro Grande mit 2790 m, den sie Cerro Luca nannten (Bonatti 1983, 141–145; RM 1959, 32–39).

*Agujas del Rio Túnel*

Die höchste dieser Spitzen, die Aguja T-48, 2400 m, wurde 1966 von den Argentiniern Carlos Comesaña und Ismael Palma bestiegen (An. CAB 1967; AAJ 1967, 403).

*Cerro Solo 2248 m*

Schöner Aussichtsgipfel, von der Laguna Torre oder der Hosteria Fitz Roy zugänglich.

Erstbesteigung: Die Argentinier Robert Matzi und Enrique Sabatté, 13.2.1949, von Norden über den Gletscher auf dem O-Hang (An. CAB 1950, 27–319). Fels I und II, Eis bis 50 Grad.

Zweitbesteigung: Cesarino Fava, A. Vincitorio und Gefährten, 21.2.1961 (AAJ 1961, 263).

*Der Cerro Norte von Süden. Foto G. Maresi.*

*Südliches Patagonisches Eis. Der Cerro Risó Patrón und der Cordón Risó Patrón, rechts des Paso de Rokko der Cordón Mariano Moreno. Foto E. Spreafico.*

Dritte Besteigung: Die Argentinier J. Barrientos und J. M. Iglesias, Februar 1962.

In der Folgezeit wurde der Berg mehrmals bestiegen; bekannt sind die Besteigungen von
- A. Castro und P. Hulskamp (Argentinien), 10.2.1981 (An. CAB 1982, 54).
- Paul Nigg (Schweiz), allein, 20.12.1983.
- Franc Knez (Jugoslawien), allein, Januar 1986.
- A. Bendinger und W. Lion (Argentinien), 19.2.1986.

*Cerro Huemúl 2750 m*

Erstbesteigung: Alfredo Kölliker, Fritz Kühn, Lutz Witte (Argentinier), 23.2.1916, während der Expedition zum Südlichen Patagonischen Eis (Sociedad Cientifica Alemana: Patagonia, Buenos Aires, t. II, 1917, 344–48; An. CAB 1950, 27).

**XII Cerro Campana – Cerro Norte**

Zwischen dem Viedma-Gletscher, dem Viedma-See, dem Upsala-Gletscher und dem Brazo Norte (Nordarm) des Lago Argentino gelegen (wo die private Estancia Cristina den besten Ausgangspunkt bildet). Trotz der gegen Osten vorgeschobenen Lage und der attraktiven Formen sind die Gipfel dieses kompakten Bergmassivs wenig besucht. Die beiden Seen stellen einen hervorragenden Zugang dar. Auf der W-Seite wurden am Rande des Patagonischen Eises zwei einfache Schutzhütten für Glaziologen errichtet: eine östlich des Upsala-Gletschers (»Pascal-Hütte«, sechs Stunden von der Estancia Cristina entfernt) und eine andere am Fuß des Cerro Campana.

*Cordón Mascarello*

A. De Agostini hatte die W-Seite dieses Berges als *in-explorado* bezeichnet (1949). Er hatte einen Gipfel mit einer Höhe von 1824 m zwischen dem Rio Mascarello und der Moyano-Bucht bestiegen, ebenso einen Gipfel von 920 m bei der Stirn des Viedma-Gletschers. Der Cordón Mascarello wurde von den Argentiniern Jorge Skvarča und Mario Serrano am 4.2.1871 besucht; sie erreichten von Westen einen hohen Aussichtsgrat (An. CAB 1979, 30–40; An. Chile 1973–77, 132).

*Cerro Campana 2750 m*

Von Westen als steile, mit Eispilzen bekrönte Pyramide sichtbar.

Erstbesteigung: Die Argentinier Jorge Skvarča und Mario Serrano, 18.2.1968, von Westen (La Montaña 1968/11, 26–30; An. CAB 1979, 21–24). Hänge bis

*Der Paso de Rokko (Mitte), zwischen Cordón Mariano Moreno (links) und Cordón Riso Patrón. Foto H. Sakagami.*

zu 70 Grad, sehr schwierig im oberen Teil. Abstieg nach Osten.

*Cerro Anders*

Erstbesteigung: Die Argentinier Pedro Skvarča und Richard Czerniawski, 4.2.1971 (An. CAB 1979, 39–40).

*Cerro Cristál 2200 m*

Erstbesteigung: Die Argentinier Jorge Skvarča und Mario Serrano, 17.2.1968 (La Montaña 1968/11, 26–30; An. CAB 1979, 21–24).

*Quota 1984 m*

Gipfelpunkt auf dem zwischen C. Cristál und C. Moyano gelegenen Grat, von A. De Agostini und Mario Derriard im Sommer 1931/32 bestiegen, während der Erkundung der Berge um die Moyano-Bucht, von Osten bis in Sichtweite des Upsala-Gletschers (De Agostini 1949).

*Cerro Moyano 2720 m*

Prachtvoller Berg, mit steilen Fels- und Eiswänden. Verschiedene Versuche wurden mit Anmarsch von der Moyano-Bucht und von der Estancia Cristina unternommen: Cesarino Fava und Gefährten in den Jahren 1962, 74, 75 (RM 1974, 291–295). Jorge Skvarča und Gefährten 1967, 73 und 75.

Erstbesteigung: Die Argentinier Héctor Cuiñas, Jorge Skvarča, Guillermo Vieiro, 2.2.1976, im Alpinstil (Bol. CABA 1976, April, 7–8; An. CAB 1979, 41–62). Die Route steigt über N-Wand und N-Grat auf: Eis- und Felsverschneidung, dann luftiger Grat und großer Gipfelpilz. Schwierig in den oberen 700 m: auf Fels bis V, auf Eis stellenweise künstliches Klettern.

*Cerro Norte 2950 m*

Höchster Gipfel der Gruppe, mit schönen und steilen Eiswänden.

Erstbesteigung: Jorge und Pedro Skvarča (Argenti-

nien), 5.2.1970 (An. CAB 1979, 30–38; AJ 1970, 234). Aufstieg über die W-Wand mit Fels und Eis, mehrere Versuche in den Jahren vorher.

Zweitbesteigung und Erstbegehung der O-Wand: Casimiro Ferrari und Giuliano Maresi, in zwei Tagen: auf dem Gipfel am 1.1.1986 (RdM 1986/76, 77; AAJ 1987, 212). Länge 1200 m. Sockel aus Fels bis IV, nach Plateau Eiswand bis 70 Grad, der letzte Eiswulst wurde umgangen, um den Gipfel zu erreichen.

*Cerro Boj\* 2700 m*

Erstbesteigung: Die Argentinier Jorge Skvarča und Mario Serrano, 9.1.1969 (An. CAB 1979, 26–28), Anweg vom Lager im großen Tal zwischen dem Cerro Norte und dem Cerro Mesa Chico (der von J. Skvarča und Gefährten bereits 1965 bestiegen wurde): erst Fels, dann Eis und Firn.

*Cerro Pintado 2547 m*

Alleinstehende Erhebung östlich der Estancia Cristina.

Erstbesteigung: Die Argentinier Pedro Skvarča und Humberto Barria, 11.2.1968; über Gratkamm oberhalb hoher Wände (La Montaña 1968/11, 26–30; An. CAB 1979, 22).

## XIII  Riso Patrón

Luis Riso Patrón war ein großer chilenischer Geograph, der in den Jahren 1899 und 1900 das Gebiet um den San-Martín-See vermaß. 1902 unternahm er eine lange Reise zwischen dem Paine-Massiv und Aysen, um die politischen Grenzen zwischen Chile und Argentinien zu bestimmen. Er verfaßte die erste Karte von Chile im Maßstab 1:500 000, die bis in die fünfziger Jahre als Unterlage für alle kartographischen Arbeiten dienen sollte.

Mit seinem Namen benannte man hier (nicht zu verwechseln mit andern gleichlautenden Gipfeln in den Zentralanden) einen Gebirgszug, der sich zwischen dem Pio-XI-Gletscher im Norden und den äußersten Buchten des Falcón-Fjords im Süden erstreckt; dieser Gebirgszug wird durch den Exmouth-Fjord mit der Trinidad-Bucht tief eingeschnitten.

Südwestlich der Einsattelung des Paso de Rokko\* (ca. 2000 m) erhebt sich die schöne, eisbedeckte Kette des Cordón Riso Patrón (3018 m); etwas getrennt von ihr leuchtet über dem Falcón-Fjord die große Pyramide des Cerro Riso Patrón (ca. 3000 m). Die Morphologie deutet auf granitisches Gestein hin.

Die weiter im Norden, fast gegenüber dem Cordón

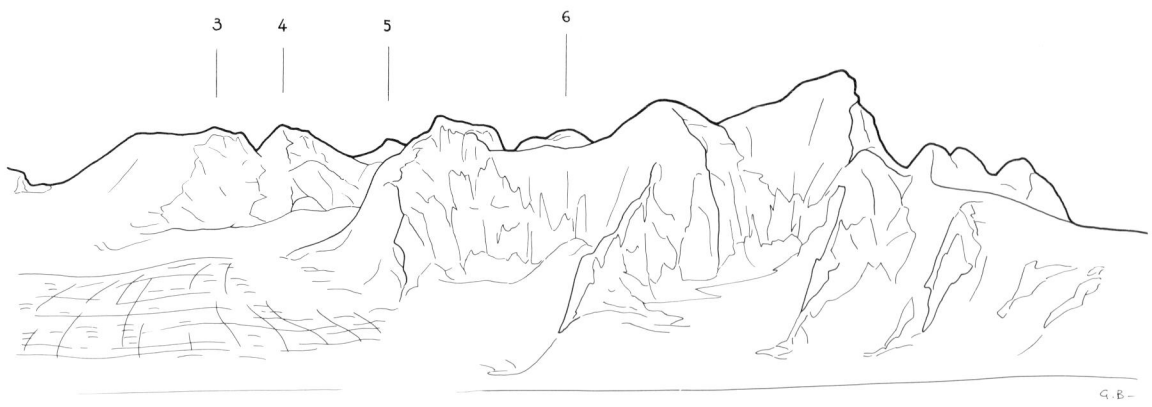

*Cordón Riso Patrón von Norden (die Gipfelnumerierung stammt von der japanischen Expedition von 1968/69).*

Mariano Moreno liegende Kette wurde Cordón Caupolicán genannt.

*Cordón Riso Patrón, Cumbre Nr. 6 – ca. 2950 m*

Erstbesteigung: M. Matsunaga un H. Maekawa (Japan), 16.2.1969, über die NO-Flanke (30 bis 40 Grad), während der Durchquerung des Patagonischen Eises zwischen Exmouth-Fjord und Lago Argentino (Estancia Cristina); (AJ 1970, 230–234).

*Cerro Riso Patrón – ca. 3000 m*

Elegante Pyramide aus Fels und Eis, mit Hauptgipfel (N) und südlichem Vorgipfel.

Erstbesteigung im Winter: Casimiro Ferrari, Bruno Lombardi, Egidio Spreafico, 15.8.1988, über die schwierige vereiste OSO-Wand, von einem Lager auf dem Gletscher in 1300 m Höhe. Zugang vom Falcón-Fjord, Rückkehr über den Upsala-Gletscher zur Estancia Cristina, nach Durchquerung des Patagonischen Eises. Expedition mit acht Teilnehmern.

## XIV Murallón-Roma-Gruppe

Sie besteht aus einer Reihe mächtiger Berge in N-S-Richtung; auf einigen chilenischen Karten wird sie als Cordón Darwin angegeben.

Im Norden wird die Gruppe vom Firnbecken des Upsala-Gletschers und dem Hochplateau Italia begrenzt, das sich mit der leichten Erhebung des Monte Torino zum Pazifik erstreckt. Weiter im Süden bildet das Hochplateau Japón eine Trennung zwischen den Gipfeln dieser Gruppe und anderen, den Fjorden vorgelagerten Bergen.

Zwischen den beiden Hochplateaus erhebt sich eine westliche Abzweigung der Gruppe, deren höchster Gipfel, der Cerro Roma mit 3270 m, den ganzen Gebirgszug beherrscht.

Die südliche Grenze der Gruppe wird durch den Spegazzini-Gletscher gebildet, der in den gleichnamigen Arm des Lago Argentino mündet. Noch etwas weiter südlich bildet die deutliche Senke zwischen dem Andrew-Fjord (Abzweigung der Fjorde Peel und Asia) und dem Mayo-Fjord im Lago Argentino eine Trennungslinie zwischen den beiden Teilen des Südlichen Patagonischen Eises.

Zu dieser Gruppe gehören auch die eisbedeckten Berge, die parallel zur Spegazzini-Peineta-Kette verlaufen und die De Agostini (1949, 130) unter der Bezeichnung Catena Malaspina zusammenfaßt. Die höchste Erhebung, der Monte Malaspina (ca. 3000 m), stellt den nördlichsten Punkt dar.

Der bequemste Zugang zur Gruppe erfolgt von Osten, von den verschiedenen Armen des Lago Argentino aus.

Am Ostfuß des Cerro Cono steht eine Hütte für Glaziologen. Außer dem Cerro Murallón, dem bekanntesten und vielleicht auch originellsten Gipfel, stehen in dieser Gruppe noch verschiedene große und interessante Berge.

*Cerro Don Bosco 2515 m*

Schöner, eisbewehrter Berg, der nördlichste der Gruppe. Er weist gegen Süden eine breite und steile Wand auf. Die Bezeichnung stammt von A. De Agostini.

Erstbesteigung: Die Argentinier Eduardo Klenk, Andrés Pastewski, Jorge Peterek (CABA), 3.2.1957, über den O-Grat (AAJ 1957, 101).

Zweitbesteigung: Die Engländer Eric Shipton, Jack Ewer (während der Durchquerung des Südlichen Pa-

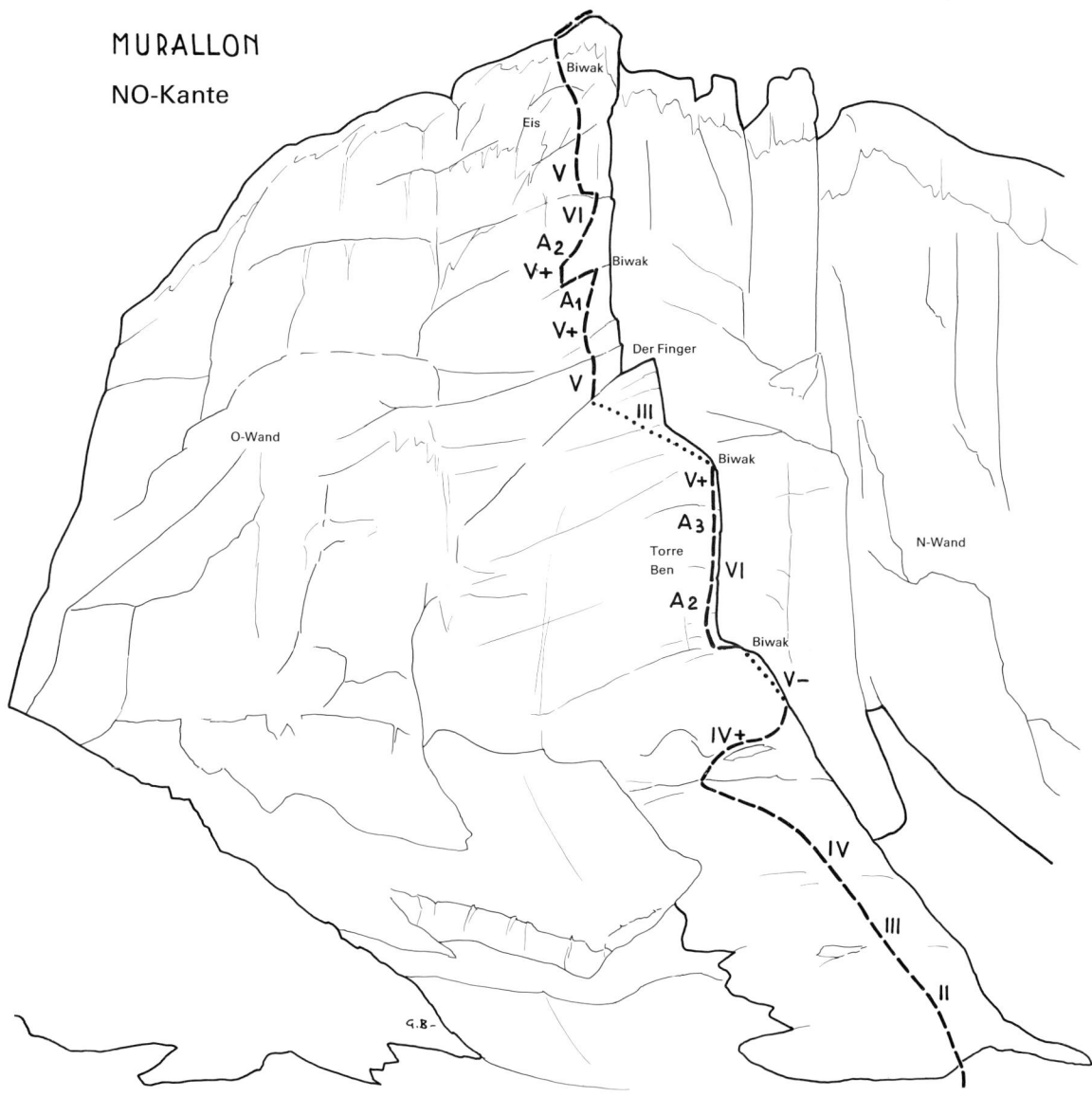

# MURALLON
## NO-Kante

tagonischen Eises vom Jorge-Montt-Gletscher zum Upsala-Gletscher, mit den Chilenen Eduardo Garcia und Cedomir Marangunic), 25.1.1961 (Shipton 1963; AJ 1962, 250–258).

Dritte Besteigung: N. Cox, K. Carrol, Steven Mac-Andrews, Jeff Salz, R. Udall (USA), 15.4.1973, über den O-Grat (AJ 1974, 259; An. Chile 1973–77, 132). Zwei der Expeditionsteilnehmer, K. Carrol und S. MacAndrews, starben im November desselben Jahres in der Supercanaleta des Fitz Roy.

*Murallón 2831 m*

Er zeigt in östlicher und nördlicher Richtung großartige, durch eine kühne Kante voneinander getrennte Felswände. Die anderen Wände sind eisbedeckt.

Die Engländer Eric Shipton und Jack Ewer erreichten zusammen mit den Chilenen Eduardo Garcia und Cedomir Marangunic im Januar 1961 von Nordwesten den langen Gipfelgrat, ohne jedoch zu wissen, ob sie sich auf dem höchsten der Pilze befanden. Deshalb ist die Erstbesteigung dieses Gipfels nicht eindeutig festgelegt (Shipton 1963; AJ 1962, 250–258).

Die Argentinier José Luis Fonrouge und Rafaél Juárez unternahmen 1964 einen Versuch an der O-Wand (An. CAB 1979, 20).

Erstbesteigung über die NO-Kante: Carlo Aldè,

Casimiro Ferrari, Paolo Vitali (italienische Expedition mit sieben Mitgliedern), 14.2.1984, nach Erkundungen und Versuchen C. Ferraris mit verschiedenen Gefährten (1979, 80, 82 und 84). Aufstieg in viereinhalb Tagen; einen Tag in Gipfelnähe wegen Schlechtwetter festgehalten, ehe der Abstieg im Westen gewagt werden konnte, dann einen Tag für den Abstieg längs der Aufstiegsroute (RM 1984, 413–419; Mountain 1985/101, 10; AJ 1986, 220).

Höhenunterschied: 1300 m. 700 m (bis zu der Benvenuto Laritti gewidmeten Torre Ben) mit Fixseilen; dann 600 m V und V+, künstliches Klettern und kombiniertes Gelände. ED+.

*Cerro Cono ca. 2500 m*

Er erhebt sich am rechten Rand des Upsala-Gletschers und weist tatsächlich die Form eines eisbedeckten Kegels auf.

Erstbesteigung: Die Argentinier Luciano Pera und Jorge Skvarča, 20.1.1967 (An. CAB 1982, 25).

Westlich des Cerro Cono und nördlich des Bertacchi-Gletschers befinden sich mehrere Eisgipfel; drei davon wurden von den Argentiniern E. Curioni, A. Nikolic, Mario Serrano, Jorge und Pedro Skvarča bestiegen:

*Cerro Bertacchi*, 2600 m, 8.1.1970. *Cerro 29 de Octubre*, der nördlichste mit ca. 2600 m, 9.1.1970. *Cerro Santa Cruz*, der westlichste, 9.1.1970 (AJ 1970, 234; An. CAB 1982, 25).

*Auf der Nordost-Kante des Murallón. Foto Carlo Aldé.*

*Der Upsala-Gletscher. Von links: Cerro Bertacchi, Cerro Cono, Cerro Murallón. Foto C. Ferrari.*

*Cerro Roma 3270 m*

Breiter Schneegipfel mit zwei Spitzen, der höchste Berg der Gruppe. Die Bezeichnung »Cordón Roma« und »Cerro Roma« stammt von De Agostini (1949, 140). Die Namen wurden beibehalten, da sie bereits in die Literatur eingegangen sind (Lliboutry, 1956, 395), obwohl die Erstbesteiger den Berg Cerro Vivod genannt hatten, in Erinnerung an Bozo Vivod, der 1966 am Tronador verunglückte.

Erstbesteiger: Die Argentinier Mario Serrano und Jorge Skvarča, 3.2.1969, von Nordosten, mit Anmarsch vom Upsala-Gletscher über den Bertacchi-Gletscher (La Montaña 1969/13; An. CAB 1979, 26–28).

*Cerro Bertrand 3170 m*

Mächtiger eisbedeckter Berg im Osten des Cerro Roma. Erstbesteiger: die Argentinier Jorge und Pedro Skvarča, Januar 1966 (An. Chile 1963–67, 191).

*Cerro Mac Andrews\* ca. 2800 m*

Dieser Gipfel wurde Steven Mac Andrews gewidmet, der 1973 in der Supercanaleta des Fitz Roy den Tod gefunden hatte. Die Besteigung war bereits 1973 von Mac Andrews und Salz versucht worden (An. CAB 1979, 64).

Erstbesteigung: Jeff Salz (USA), allein, 1977, über den nordöstlichen Schneegrat.

*Monte Torino 2252 m*

Leichte Erhebung im Osten des Italia-Hochplateaus. Erstbesteigung: A. De Agostini, Egidio Feruglio, Leone Bron und Evaristo Croux, 5.2.1931 (De Agostini 1949, 143–149; 1955, 308).

*Cerro Agassiz 2940 m*

Dem Schweizer Glaziologen und Paläontologen Louis Agassiz (1807–1873) gewidmet, der in die USA auswanderte und in Harvard das erste Museum für vergleichende Zoologie einrichtete. Er bekämpfte jedoch die Theorien Darwins über die Evolution und die Auslese der Organismen durch die Umwelt.

Erstbesteigung: Die Argentinier Gustavo Mengelle und Pedro Skvarča, Januar 1966 (An. Chile 1963–67, 191).

*Cerro Masters, Cerro Bolado 2740 m, Cerro Kennedy, Cerro Jani – ca. 1900 m\**

Diese Berge befinden sich südlich des Cerro Agassiz und wurden im Januar 1966 von Teilnehmern der argentinischen Expedition mit Jorge und Pedro Skvarča, Gustavo Mengelle und Osvaldo Troiani bestiegen; mit Start von der Onelli-Bucht aus (An. Chile 1963–67, 191; AJ 1979, 241).

*Quota 2470 m*

Eric Shipton und Geoff Bratt (USA) bestiegen 1958 einen Gipfel auf der kontinentalen Wasserscheide, der

*Namenloser Berg im Norden des Mayo-Gletschers. Foto P. Nava.*

*Cerro Paredon über dem Mayo-Gletscher (Nordosten). Foto P. Nava.*

die NW-Ecke des Amphitheaters im Hintergrund des Onelli-Sees beherrscht. Sie folgten dem N-Grat mit seinem ausgeprägten Pfeiler im unteren Teil, begingen dann eine brüchige Wand und einen schneebedeckten Gipfelgrat (An. CAB 1963, 71; Shipton 1963, 27–37).

---

*Clemente Onelli (Rom 1864 – Buenos Aires 1924)*

*Nach dem Studium der Naturwissenschaften ließ sich Clemente Onelli 1889 in Buenos Aires nieder. Dort wurde er sofort von Francisco Perito Moreno beauftragt, sich um das La-Plata-Museum zu kümmern. Später war er als Journalist tätig, studierte und schützte das einheimische Kunsthandwerk und wurde schließlich zum Direktor des Tiergartens ernannt. Er arbeitete eng mit Perito Moreno bei der Erforschung der Kordillere zusammen und veröffentlichte 1904 sein Buch »Trepando los Andes«, das die menschliche Wärme Onellis ausströmt, mit der er sich zu seinen Lebzeiten zahlreiche Freunde gewonnen hat. Eine Bucht des Lago Argentino, ein Gipfel und ein kleiner See am Fuße des Cerro Heim verewigen seinen Namen in den Südlichen Patagonischen Anden.*

## XV  Die Berge der Fjorde Penguin – Europa – San Andrés

Die Berge zwischen dem Falcón-Fjord im Norden und dem Andrew-Fjord im Süden bilden eine Reihe massiver, mittelhoher Küstengebirge und werden im Osten durch das Japón-Hochplateau begrenzt. Im Sommer 1971/72 bestieg die japanische Expedition auf ihrem Weg entlang des Hochplateaus einige der meist schnee- und eisbedeckten Gipfel.

Im äußersten Süden des Hochplateaus erhebt sich ein schöner, alleinstehender Gipfel, den Lliboutry (1956, 395) als den von De Agostini Cerro Aguilera genannten Berg identifiziert und dessen Höhe er mit 2438 m angibt. Der richtige Cerro Aguilera, den De Agostini dem ersten chilenischen Bischof Patagoniens widmete, müßte sich eigentlich 20 Kilometer weiter östlich befinden, jenseits des Agnew-Fjordes (De Agostini 1949, 120, 131); die Angabe Lliboutrys wurde jedoch bereits vom Alpine Journal (1974, 237) und von Sangaku (1972, 89–102) aufgegriffen, deshalb behalten wir sie bei.

Im Jahr 1985 kam eine chilenisch-englische Expedition bis auf eine Höhe von 1200 m und stellte dabei fest, daß der Cerro Aguilera ein Vulkan ist (AAJ 1987, 206; AJ 1987, 239).

*Cerro Akira 1341 m und Cerro Iruka-Dake\**

Diese beiden zwischen dem Europa-Fjord und dem Guilardi-Fjord gelegenen Berge wurden im Februar 1972 von der japanischen Expedition nach ihrer Überquerung des Falcón-Fjords bestiegen (Sangaku 1972, 13–16 und 89–102; AJ 1974, 237–245).

## XVI Gruppe Mayo – Cervantes – Cubo

Zwischen dem Spegazzini-Gletscher im Norden und dem Dickson-Gletscher im Süden befinden sich einzelne Gebirgszüge und -massive, die erst zum Teil erkundet sind. Sie sind alle von den Seitenarmen des Lago Argentino aus zu erreichen, der hier tief in die Kordillere einschneidet (Spegazzini-Fjord, Mayo-Fjord, Brazo Sur) und von der Frías-Lagune aus. Auf ihrer pazifischen Seite liegt eine weite Ebene mit kuppelförmigen Erhebungen: dorthin gelangt man von Osten über den Reichert-Paß (im Firngebiet des Perito-Moreno-Gletschers) oder im Süden vom Polonia-Hochplateau her, das zwischen dem Calvo-Gletscher und dem Dickson-Gletscher liegt.

*Cerro Mayo 2450 m*
Mächtiger und eindrucksvoller Berg.

Erstbesteigung: A. De Agostini, Egidio Feruglio, Leone Bron, Evaristo Croux, 5.1.1931, über den N-Hang und den NNW-Grat (De Agostini 1949, 128–131; 1953, 307–308).

Zweitbesteigung und Erstbesteigung vom Mayo-Gletscher aus über den S-Hang bis auf 1460 m und den W-Grat: Mario Curnis, Sergio Dalla Longa, Carlo Ferrari, Antonio Manganoni, 15.12.1984 (Expedition mit 7 Teilnehmern). (Ann. BG 1984, 34–54; AAJ 1985, 242; RM 1985, 294).

*Cordón Ameghino*

Im Jahr 1959 entdecken die Engländer Eric Shipton, Geoff Bratt und der Argentinier Barny Dickinson einen leichten Verbindungspaß zwischen den Firngebieten des Mayo-Gletschers und des Ameghino-Gletschers; sie besteigen ohne Schwierigkeiten einen Felsgipfel, der sich direkt über dem Paß erhebt (AJ 1960, 158–166; Shipton 1963).

*Cordón Adriana*

Diesen Namen trägt die Bergkette zwischen dem Moreno-Gletscher und dem Frías-Gletscher.

*Cerro Cubo 2920 m (2880 m?, 2400 m?)*

Er erhebt sich nördlich des Dickson-Gletschers, auf den er mit einer eisgepanzerten Felswand hinabblickt.

*Der Moreno-Gletscher mündet in den Lago Argentino. Foto Kohlmann.*

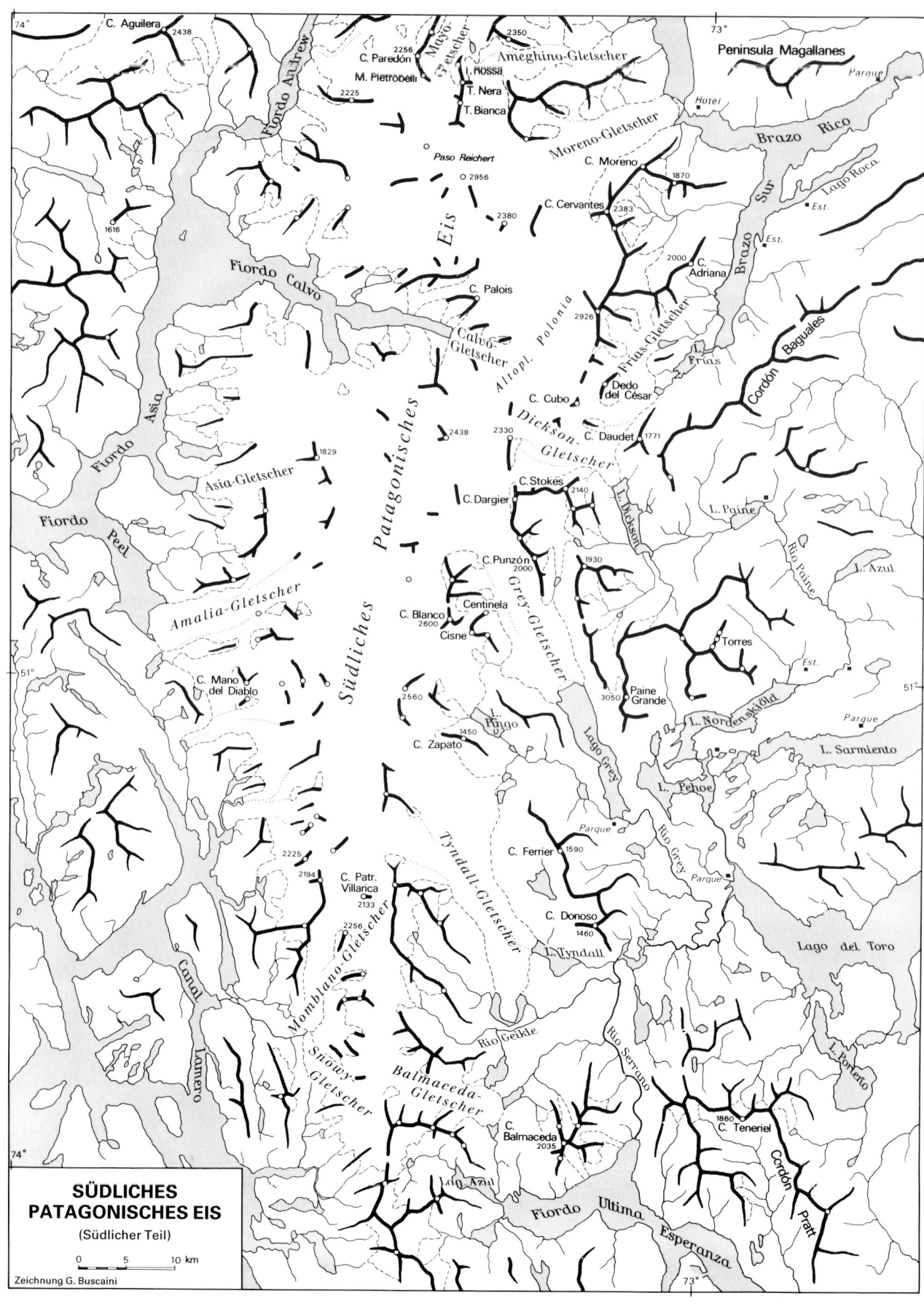

Erstbesteigung: Die Japaner T. Kadota, Y. Onishi, K. Terazawa, Ende der 70er Jahre; der Zugang erfolgte über die untere Gletscherzunge des Dickson-Gletschers. Da die Japaner auf keine größeren Schwierigkeiten stießen, ist der von der japanischen Expedition von 1969 als Cerro Cubo bezeichnete Berg, der dagegen sehr schwierig war und dessen Besteigung nicht glückte, sicher ein anderer (An. Chile 1983, 95).

Zweitbesteigung: Die Argentinier Tonček Arko und Mario González, 26.11.1985 (AAJ 1986, 206).

Anmerkung: Nördlich des Cerro Cubo erheben sich der José Maria Iglesias und der Cerro Carlos Sonntag; der letztgenannte wurde am 26.11.1985 von T. Arko und M. González bestiegen (An. CAB 1982, 92; AAJ 1986, 206).

*Dedo del César 1900 m*

Gipfel zwischen der Frías-Lagune und dem Cerro Cubo, der einsam über dem Kamm einer Nebenkette hervorragt.

Erstbesteigung: Mario González, Guido Iglesias, Juan Pablo Nicola (Argentinien), 18.12.1978, Expedition mit acht Teilnehmern (AAJ 1977, 233, Versuch 1977; An. CAB 1982, 87–93).

*Cerro Daudet 1771 m*, an der chilenisch-argentinischen Grenze; *Cerro Arielle 1550 m\**, südlich des Cerro Cubo, ein Gipfelpunkt auf der »Felsinsel« zwischen dem Dickson- und dem Frías-Gletscher: Besteigung durch die W-Rinne.

J.L. Hourcadette, R. Hémon, M. Roquefère, B. Doligez bestiegen diese beiden Gipfel am 12. und 13.12.1982 zum Abschluß ihrer teilweisen Längsdurchquerung des Südlichen Patagonischen Eises von der Bucht der Letzten Hoffnung zum Dickson-See (Hourcadette, 1985).

## XVII Paine-Gruppe

Sie liegt im Nationalpark Torres del Paine. Im Norden wird sie vom Dickson-Gletscher begrenzt, im Süden von einer Reihe großartiger Seen, dem Grey-, Pehoe- und Nordenskjöld-See und im Westen vom Grey-Gletscher. Die Gruppe besteht aus dem bekannten mächtigen Paine-Massiv und zwei weniger bekannten Bergketten, am Ostrand des Grey-Gletschers gelegen und vom Olvidado-Gletscher in zwei Teile geteilt (der Name Olvidado, »vergessen«, ist bezeichnend).

Das Paine-Massiv besteht in seinem Hauptteil aus granitischem Gestein, aus dem wuchtige Felstürme hervorragen wie die Torres del Paine, die in diesem Gebiet mit verhältnismäßig geringer Vergletscherung ausgezeichnete, aber sehr schwierige Klettermöglichkeiten bieten. Am W-Rand erscheint indessen die kompakte Eisbedeckung des Paine Grande.

Das Massiv ist in mehrere große Kare und nach Süden und Osten offene Täler gegliedert, die einen verhältnismäßig leichten Zugang zu seinem Innern gewähren, der durch die vorhandene Infrastruktur (Steige, kleine Hütten) noch verbessert wird.

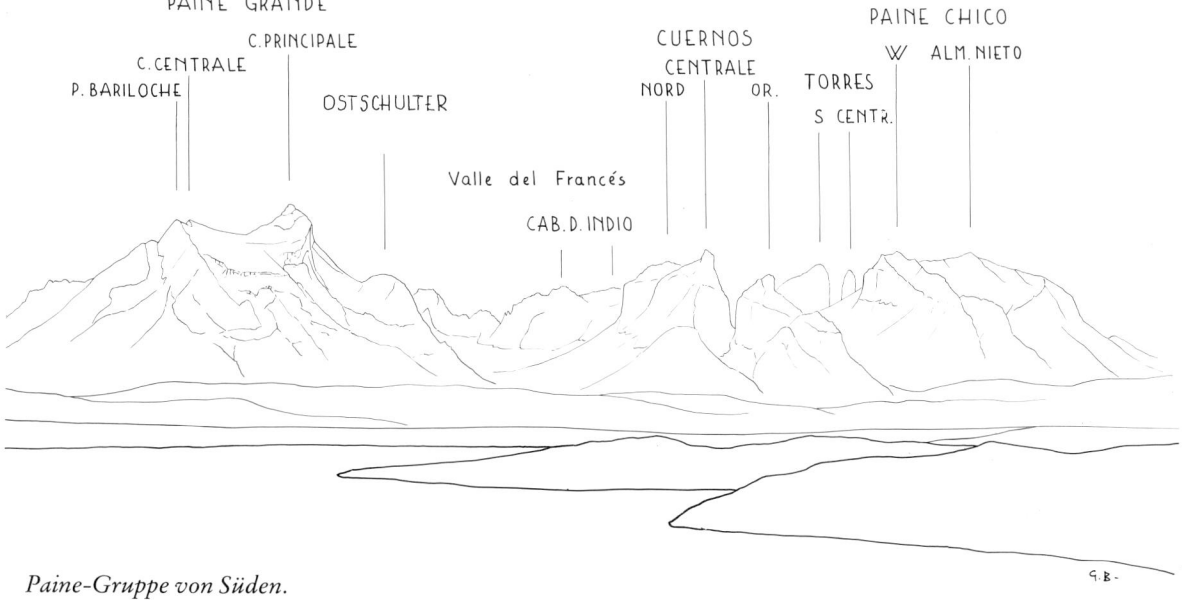

*Paine-Gruppe von Süden.*

Mit seiner einzigartigen morphologischen Beschaffenheit stellt das Paine-Massiv eine prächtige Kulisse hinter den azurblauen Seen dar und wird somit seinem berühmten Namen in höchstem Maße gerecht.

*Cerro Dargier\**, ca. *2300 m*, schwierige Route, und zwei Spitzen zu seinem N-Grat gehörend (*Cerro Carmen* und *Cerro Natacha*); *Cerro Ecrins\**, *2330 m*, und die nahe Spitze *Bichendaritz*.

Von J. L. Hourcadette, R. Hémon, M. Roquefère, B. Doligez im Sommer 1982/83 bei ihrer Querung des Südlichen Patagonischen Eises bestiegen (Hourcadette 1985).

Anmerkung: Im Februar 1978 bestiegen die Neuseeländer Sue Parkes und James Jenkins einen nicht weiter beschriebenen westlich des Cerro Stokes gelegenen Gipfel (AAJ 1978, 585–586).

*Cerro Planchón 2450 m*

Erstbesteigung: Die Japaner K. Suzuki und T. Takahashi, gefolgt mit einem Tag Abstand von ihren Landsleuten R. Fujii und M. Miyazaki, im Jahr 1969 (AJ 1970, 236; An CAB 1979, 13).

*Cerro Stokes 2140 m*

Felspyramide südlich des Dickson-Gletschers.

Erstbesteigung: Neuseeländer, in mehreren Seilschaften am 6. und 7. 11. 1976: Augustine Brooks, Bruce Farner, Ronald Mc Leod, Paul Chatman, Jack Murrei und Bev Noble über die schwierige S-Wand (AAJ 1977, 233; An. CAB 1979, 20).

*Cordón Barros Arana*

Er erstreckt sich in N-S-Richtung zwischen dem Grey- und dem Olvidado-Gletscher.

Zwei namenlose Gipfel waren bereits im Jahr 1948 von den Chilenen H. Willumsen und J. Floegel bestiegen worden (Martinic 1982).

Im Sommer 1974/75 besteigen die Neuseeländer G. Ball und K. Woodford vom Olvidado-Gletscher aufbrechend folgende Berge:

*Cerro Centurión (über 2000 m)*, über SO-Sporn.
*Cerro la Proa, ca. 2000 m*, steiler Felsturm.
*Cerro Punzón, ca. 2000 m*, dominierender Felsturm (An. Chile 1973–77, 200).

Im Sommer 1975/76 ersteigen die Engländer John Garner und Stephan Read verschiedene kleinere Gipfel in der Umgebung des Olvidado-Gletschers: Gipfelhöhen mit 1550 m, 1870 m, 1971 m, 1575 m (AAJ 1977, 232; An. Chile 1973–77, 201).

*Cordón Olguín*

Gebirgskette zwischen dem Grey- und dem Perro-Gletscher.

*Cerro Olguín 2300 m (oder 2265 m)*

Erstbesteigung: Die Japaner A. Miyashita, T. Matsuzawa und K. Shirokura, 19. 1. 1969 (AJ 1970, 235–36; An. Chile 1973–77, 197–98).

*Cerro Ostrava\* 2259 m (oder weniger)*

Erstbesteigung: Die Tschechoslowaken Vaclan Sagan, Jiri Tomcala, Jaromir Volny, 13. 12. 1969; der Name stammt von ihnen (AJ 1970, 236).

Zweitbesteigung: Die Chilenen Gastón Oyarzún, Jorge Quinteros, Anres Pivcevic, Bernhard Paul und Patricio Soto, Januar 1971 (AJ 1971, 248; AAJ 1971, 431–432).

---

Um ein Nachschlagen in der englisch-sprachigen Literatur zu erleichtern, hier einige Hinweise: Escudo = Shield; Fortaleza = Fortress; Espada = Sword; Máscara = Mummer; Hoja = Blade.

*Paine Grande, Hauptgipfel. Foto G. Oyarzún.*

*Das Paine-Massiv*

Im Bereich des Paine-Massivs kann man in bergsteigerischer Hinsicht verschiedene Gebiete unterscheiden:
1) Paine Grande: Der Hauptgipfel des Massivs. Mächtiger, eisgepanzerter Berg, aus schwarzem Schiefer, besitzt mehrere Nebenkämme mit ebenfalls eindrucksvollen Gipfeln.
2) Granitspitzen des Valle del Francés (der Name »Tal des Franzosen« rührt daher, daß Herr Bader, aus dem Elsaß gebürtig und Besitzer einer estancia am Ausgang des Tales, sehr gut französisch sprach); im Westen: Castillo, Cota 2000, Catedral, Quirquinchos, Aleta del Tiburón; im Osten: Espada, Hoja, Máscara.
3) Gipfel aus schwarzem Schiefer im oberen Kar des Valle del Francés (Punta Negra, Mellizo W, Trono Blanco, P. Catalina, Cabeza del Indio).
4) Bergkette Escudo – Fortaleza – Cuernos. Sie besteht aus mächtigen Gipfeln mit senkrechten Granitwänden, über denen ein Hut aus schwarzem Schiefer thront.
5) Paine-Türme. Hochaufragende und schlanke Granitgipfel.
6) Paine Chico. Ein nur teilweise aus Granit bestehender Berg, ziemlich massiv, mit mehreren Ausläufern.

*Paine Grande, Hauptgipfel 3050 m*

Im Sommer 1953/54 fanden an mehreren Seiten des Berges Erkundungen und Besteigungsversuche durch argentinische Bergsteiger des CAB statt, die durch den Tod von T. Pangerč und H. Schmoll unterbrochen wurden; die beiden wurden am 17.1.1954 unter einstürzenden Séracs begraben (An. CAB 1955/23, 5–11; Monzino 1958, 145–148).

Ein weiterer argentinischer Versuch (Otto Meiling und Augusto Vallmitjana) wurde im Dezember 1954 von Westen aus unternommen (An. CAB/24).

Im November 1957 kamen die Argentinier Jereb Davorin und Carlos Sonntag vom CAB allein bis auf 40 m an den nordöstlichen Gipfelgrat (dabei entgingen sie den chilenischen Kontrollen, denn entgegen allen Gepflogenheiten war der Gipfel für die italienische Expedition von Guido Monzino mit vertragsmäßig bezahlten Berufsbergsteigern reserviert worden); (Monzino 1958; An. CAB 1958, 135, 5–25).

Erstbesteigung: Jean Bich, Leonardo Carrel, Toni Gobbi, Camillo Pelissier, Pierino Pession, 27.12.1957 (Expedition mit 17 Teilnehmern); (AJ 1958, 259; Monzino 1958; RM 1958, 141–152 und 205–216). Zustieg von Westen zum oberen Plateau und über die O-Wand und den NO-Gipfelgrat zur Spitze.

Das obere Plateau, das aus einem großen vergletscherten, nach Osten geneigten Hang besteht, wurde auch von Osten erreicht.

Erstbegehung: Die Südafrikaner John und Hilton Davies, Chris Lomax, 9.12.1984, über einen Sporn in der komplizierten O-Wand (Fels von IV bis VI, steiles Eis, schwieriges kombiniertes Gelände, Eisbrüche). ED–. Abstieg über die W-Seite (Mountain 1985/105, 15).

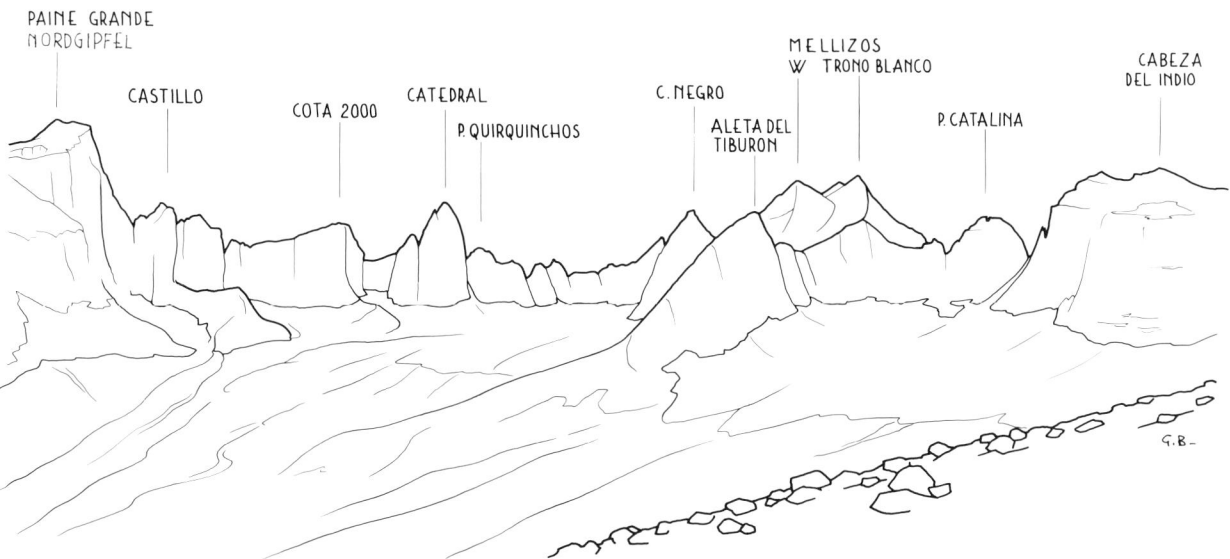

*Ostwände über dem Talschluß des Valle del Francés.*

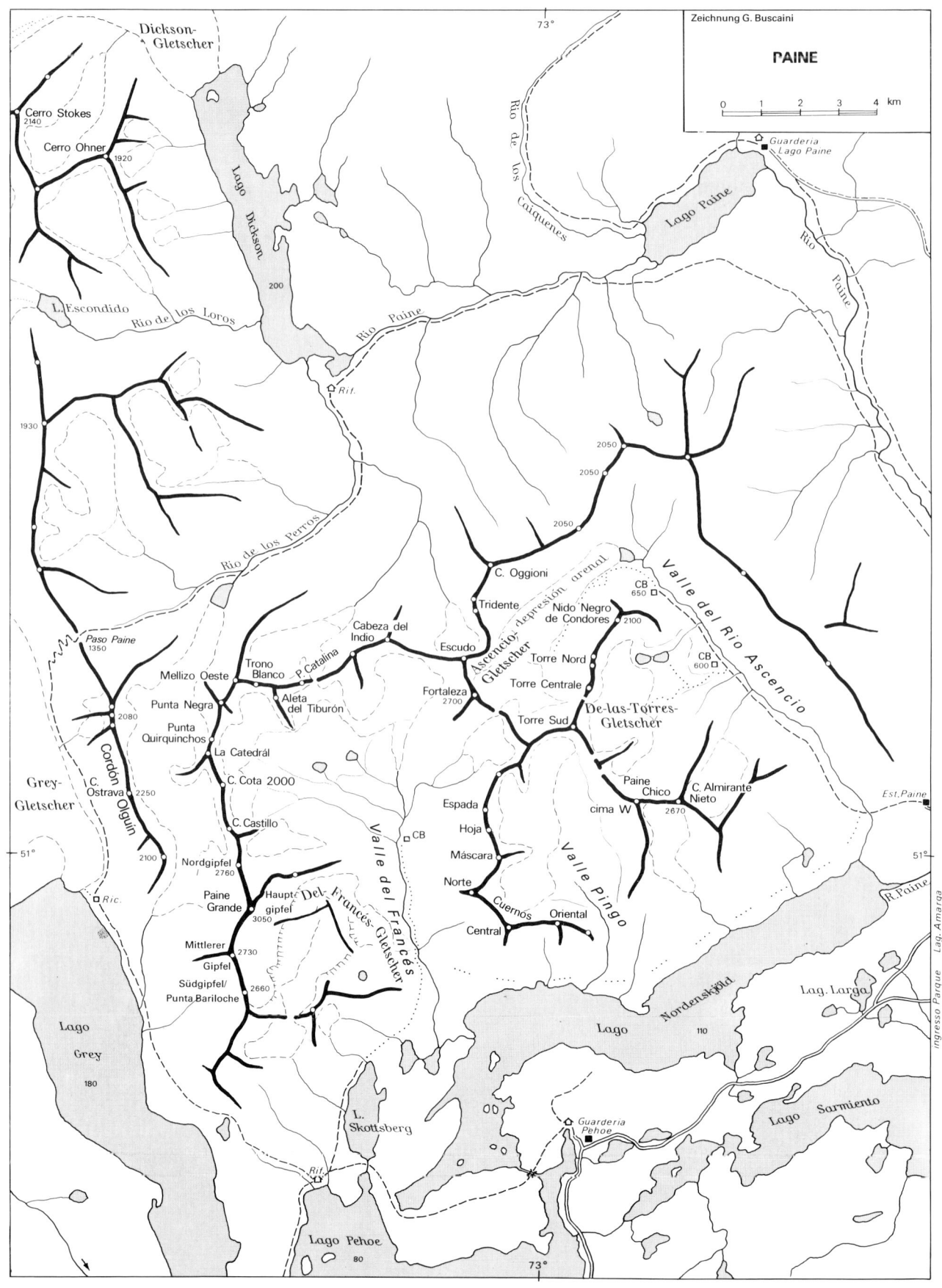

*Paine Grande, Nordgipfel 2760 m*

Erstbesteigung: Die japanische Expedition von Yoshimasa Takeuchi (sieben Mitglieder am 30.1.1969, unter »großen Schwierigkeiten« (AJ 1970, 235–236; An. Chile 1973–77, 197–198). »...sie kämpften sich durch über eine großartige Route, die bereits 1954 von Meiling und Vallmitjana entdeckt und 1955 von chilenischen Andinisten versucht worden war...« (Arko, An. CAB 1979, 16).

*Paine Grande, Mittelgipfel 2730 m*

Erstbesteigung: Die Chilenen Luis Krahl, Sergio Kunstmann, Ernesto Payá, Ricardo Vivanco, 11.2.1955, von Westen aus über den Sattel zwischen Mittel- und Südgipfel; Expedition mit zehn Teilnehmern (AJ 1956, 398; An. CAB/24; An. CAB 1959, 6–7; An. Chile 1973–77, 124).

Zweitbesteigung: Die Japaner Y. Adachi und K. Shirokura, 19.1.1969 (AJ 1970, 236. Gemäß Angaben des An. Chile 1973–77, 198, sollen die beiden Japaner jedoch die Punta Bariloche bestiegen haben).

*Paine Grande, Südgipfel oder Punta Bariloche 2660 m*

Erstbesteigung: Die Chilenen, die am selben Tag auch den Mittelgipfel bestiegen; sie schlugen den Namen Punta Bariloche vor zur Erinnerung an die beiden Bergsteiger Schmoll und Pangerč, die in den Wänden des Paine verunglückt waren.

Zweitbesteigung: Argentinische Expedition (CAB), Augusto Vallmitjana sen. und Augusto Vallmitjana jun., 8.11.1957.

Dritte Besteigung: Japaner unter der Leitung von Yoshimasa Takeuchi, Januar 1969 (An. Chile 1973–77, 198).

Vierte Besteigung: Die Expedition des Club Andino Aguilas de Rengo (Chile), Januar 1981 (An. Chile 1983, 53).

*Cerro Castillo (del Paine) ca. 2100 m*

Erstbesteigung: Die Chilenen Francisco Arias und Juan Rivera, Februar 1980 über die S-Wand; kombiniertes Gelände, V (An. Chile 1983, 53; AJ 1981, 234). Die Angaben über die Lage des Gipfels sind widersprüchlich (Cordón Olguín?).

*Cerro Cota 2000 m*

Erstbesteigung: Die Chilenen Jorge Quinteros, Ga-

*Escudo (links) und Fortaleza von Süden. Foto G. Oyarzún.*

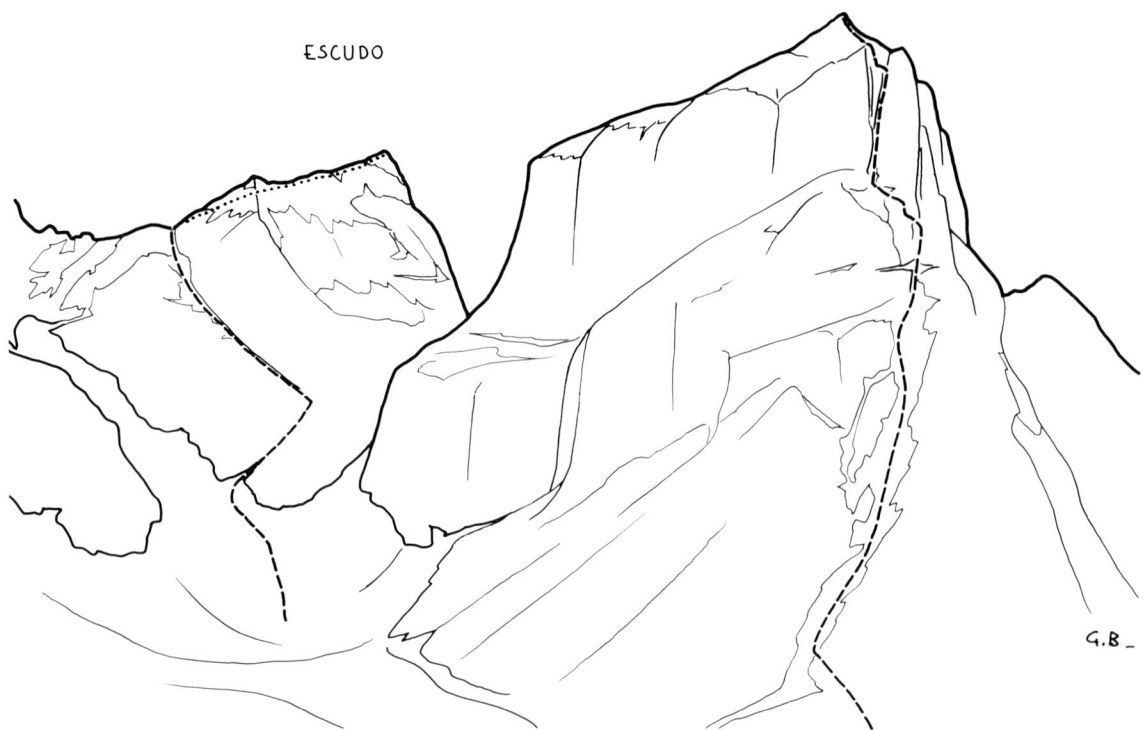

*Escudo und Fortaleza von Süden. Routen der Erstbesteiger.*

stón Oyarzún und Carlos Sepúlveda, Januar 1971 (AAJ 1971, 431–432; AJ 1971, 248; An. CAB 1979, 16).

Zweitbesteigung: Die Chilenen Francisco Arias und Juan Rivera, Februar 1980 (An. Chile 1983, 53).

*La Catedrál (del Paine) ca. 2200 m*

Im Sommer 1969/70 unternahmen eine englische Expedition und sofort danach eine chilenische einen Versuch über die W-Wand (AJ 1970, 234–235).

Erstbesteigung: Die Engländer Chris Jackson, Guy Lee, Dave Nicol, Bob Shaw, Bob Smith und Roger Whewell, 9.1.1971, über den vom Fuß der S-Wand aus erreichten W-Grat (AAJ 1971, 432). 21 Seillängen, V+, A2.

*Punta Quirquinchos 2000 m (oder 1900 m)*

Erstbesteigung: Gilbert Bonneville, Migel Ignat, Denis Ravaine (Frankreich), 5.1.1982 (La Montagne 1982/2, 425; An. Chile 1983, 31). Vom Fuß der Catedrál über die O-Firnrinne, dann Querung der W-Wand und über N-Grat zum Gipfel. 400 m, D.

*Mellizo Oeste (del Paine) 2450 m (oder weniger)*

Erstbesteigung: John Bolt und Pat Simonds (USA). Schwierig, auf kombiniertem Gelände, in drei Tagen, Aufbruch vom englischen Basislager von 1968; auf dem Gipfel am 26.12.1981 (An. Chile 1983, 54).

*Trono Blanco (Mellizo Este) 2430 m (oder weniger)*
Eiskuppe.

Erstbesteigung: Die Tschechoslowaken Leos Horka und Pavel Klimza und der Chilene Gastón Oyarzún, 21.2.1969 (AJ 1970, 236).

Zweitbesteigung: Die Chilenen Gino Casassa, G. Gálvez, Lanas, 18.1.1978 (Peñalara 1979, 171).

*Aleta del Tiburón – ca. 1850 m (Haifischflosse)*

Erstbesteigung: über die W-Wand: Die Chilenen Gino Casassa, Claude Conian, Juan Pardo, Gonzalo Salamanca, Januar 1978 (Penalara 1978, 171).

Zweitbesteigung und Erstbegehung des S-Grates: Die Franzosen Gilbert Bonneville, Miguel Ignat und Denis Ravaine, 2.1.1982 (AAJ 1983, 212–213; An. Chile 1983, 28–32).

Drittbesteigung über die W-Wand: Die Chilenen Eduardo Parvex und Nelson Rivera, 9.1.1982; schöner Granit, Reibungskletterei mit wenig Sicherungsmöglichkeiten, D (An. Chile 1983, 28–32).

Vierte Besteigung, Erstbegehung der O-Wand: John Bolt und Pat Simonds (USA), Januar 1982 (An. Chile 1983, 54). 600 m, Anstieg in drei Tagen, ED.

*Punta Catalina 2100 m (oder weniger)*

Erstbesteigung, über W-Grat?: Die Chilenen Patricio Keller, Gastón Oyarzún, Ivan Ibaceta, 2.1.1982 (An. Chile 1983, 28–32; AAJ 1983, 212–213). 150 m Kletterei auf schwarzem Fels über Firnrinne. D.

*Cabeza del Indio (Yohan-Spitze oder O-Gipfel) – ca. 2230 m*

Erstbesteigung: Die Franzosen Y. Astier, J. M. Boucansaud, J. J. Jaouen, J. F. Lemoine über die S-Seite, November 1981 (La Montagne 1982/2, 356; 1983/1, 16–19; An. Chile 1983, 54). Höhenunterschied: 1200 m; kombiniertes Gelände, unten D, TD im oberen Teil.

*Escudo 2450 m (2600 m, 2680 m?)*

Erstbesteigung: Mario Curnis und Mario Dotti, 31.1.1968 (Expedition mit sechs Teilnehmern); (Ann. BG 1968, 19–99; RM 1969, 88–90). Die Route folgt der großen Rampe quer durch die SW-Wand und dem langen Gipfelgrat. Kletterlänge ca. 1700 m, Fels und Eis. Fixseile über 1000 m.

*Fortaleza 2700 m (2755 m, 2865 m?)*

Versuch einer Besteigung durch Armando Aste und Franco Solina im Januar 1966 (Expedition mit sieben Mitgliedern): Sie überwanden, von Osten über den Sattel zwischen Escudo und Fortaleza kommend, das große östliche Felsband und zum Teil auch den mächtigen SW-Kamin (Aste, 1975).

Erstbesteigung: Die Engländer John Gregory, Gordon Hibberd, Dave Nicol: am 5.1.1968 auf dem Gipfel (AJ 1968, 147–157; An. Chile 1983, 57–60; Craft 1968/81, 36–39). Expedition mit sieben Engländern und zwei Chilenen. Die Route steigt von SW an, führt durch eine Rinne und einen großen, teils vereisten Kamin. Höhenunterschied ca. 1600 m. ED.

Zweitbesteigung: Die Chilenen Gastón Oyarzún und Eduardo Parvex, auf dem Gipfel am 8.2.1980. Expedition mit neun Teilnehmern (AAJ 1981, 239 bis 241; An. Chile 1983, 57–60). Fixe Seile über 1200 m.

SO-Kante: Vier Engländer (darunter Phil Burke, Mick Horlov, Keith Myhill) versuchen in 13 Klettertagen die Begehung der SO-Kante. Wegen des schlechten Wetters und der Vereisung konnte nur der schwierige Teil über die Granitfelsen bis zu den Gipfelterrassen vollendet werden; die Spitze wurde jedoch nicht erreicht (es fehlten rund 200 m). Höhenunterschied von der Basis zu den Terrassen: ca. 1500 m (40 Seillängen, 8 künstlich, davon 3 mit A4, der Rest V und VI, nur 80 m fixes Seil. Burke und Myhill hatten bereits zwei Jahre zuvor einen Versuch unternommen (Mountain 1979/66, 11).

*Punta Eboulis – ca. 1750 m*

Erstbesteigung: Die Franzosen Jacques und Jeannine Comparat, 10.1.1982, über die N-Wand (AAJ 1983, 212–213). F.

*Espada – ca. 2050 m*

Auch El Dedo genannt.

Erstbesteigung: Die Südafrikaner P. Anderson, A. Dick, P. Fatti, R. Fuggle, R. Hoare, M. Scott, 20.12.1971 (AAJ 1973, 330–332).

Zweitbesteigung und Erstbegehung der W-Wand: Die Franzosen Yves Astier, Jean François Lemoine, J. M. Boucansaud, J. J. Jaouen, 3.12.1981. 500 m, davon 260 m mit Fixseil (La Montagne 1982/2, 356; 1983/1, 16–19).

*Hoja – ca. 1950 m*

Erstbesteigung: Über den N-Grat: Die Franzosen Y. Astier, J. M. Boucansaud, J. F. Lemoine, J. J. Jaouen, Dezember 1981 (La Montagne 1982/2. 356: 1983/1, 16–19). 380 m, TD.

Zweitbesteigung und Erstbegehung der W-Wand (mittlerer Riß) und des S-Grates: Die Franzosen Didier Boyrie, Denis Charron, Jacques Comparat, Jean Pilon, Alain Rebreyrend, in drei Tagen, mit Fixseilen; auf dem Gipfel am 5.1.1982. TD+ in den oberen 300 m, sehr guter Granit (AAJ 1983, 212; An. Chile 1983, 28–32).

*Máscara – ca. 1850 m*

Erstbesteigung: Die Südafrikaner Phil Dawson und David Cheesmond, 7.12.1976, durch die Verschneidung in der SW-Wand. Sehr guter Fels. 20 Seillängen, von denen 1 in VI, 1 in A3. Zuvor bereits Versuche durch die Engländer (mit Bohrhaken); (AAJ 1977, 234; 1978, 586, AJ 1979, 117–118).

Zweitbesteigung und Erstbegehung des S-Grates (oder der S-Wand): Die Franzosen D. Boyrie, D. Charron, J. Comparat, J. Pilon, A. Rebreyrend, 10.1.1982, nach viertägigem Aufstieg; Fixseile. 700 m, ED auf den oberen 500 m, über die Scharte zwischen Máscara und Cuerno Norte (AAJ 1983, 212; An. Chile 1983, 28–32).

*Cuerno Norte – ca. 2000 m (oder höher)*

Erstbesteigung: Die Südafrikaner P. Anderson, A.

*Cuerno Central und Cuerno Oriental von Osten. Rechts: Máscara, Hoja, Espada. Foto E. Orlandi.*

Dick, P. Fatti, R. Fuggle, R. Hoare, M. Scott auf der von den Tschechoslowaken 1969 versuchten Route; am 30.12.1971 auf dem Gipfel (An. Chile 1973–77, 133; AAJ 1973, 330).

*Cuerno Central (oder Cuerno Principal) 2100 m (oder höher)*

Die Argentinier Birger Lantscher und Tonček Pangerc kamen bei ihrem Versuch 1954 dem Gipfel bis auf 100 m nahe (An. CAB 1955/23, 14–15).

Erstbesteigung: Die Chilenen Raúl Aguilera, Eduardo Garcia, Osvaldo Latorre, Gastón Oyarzún, 31.1.1968 (AJ 1968, 157; 1969, 276; An. CAB 1979, 16).

Die größeren Schwierigkeiten sind auf die letzten 100 m westlich des schwarzen Gipfelturms konzentriert: von IV bis VI A1, fester Fels.

Zweitbesteigung und Erstbegehung der S-Wand: Die Südafrikaner Daniel Asay, Richard Smithers und Jack Miller (USA), Februar 1976 (AAJ 1977, 68–72).

Dritte Besteigung, von Westen mit Variante im Norden und Nordosten des Gipfelturms: Die Chilenen Francisco Medina, Eduardo Parvex, Nelson Rivera, Iván Vigouroux, 2.1.1982: acht Seillängen V, eine VI, TD (AAJ 1983, 213; An. Chile 1983, 28–32).

*Paine Chico (oder Cerro Almirante Nieto) 2670 m*

Auch als Paine Este bekannt. Er besitzt einen Ost- und einen Westgipfel.

Erstbesteigung: Die Deutschen Hans Teufel und Stefan Zuck, über den NNO-Grat, 7.1.1937; sie gaben dem Gipfel den Namen Almirante Nieto.

Zweitbesteigung und Erstbegehung des O-Grates: Die Argentinier Otto Meiling und Heinz Kaltschmidt, 15.1.1954 (An. CAB Nr. 23). An dieser Expedition des CAB nahmen auch Heriberto Schmoll und Tonček Pangerc teil, die später beim Versuch der Besteigung des Paine Grande ums Leben kamen; ihnen wurden »zwei Gipfel im inneren Teil des Gletschers« gewidmet.

Dritte Besteigung (NNO-Grat): Die Argentinier Fernando Heredia und Ricardo Tylka, Januar 1976 (AAJ 1978, 586).

Vierte Besteigung (O-Grat): Olaf Sööt und Gefährten, 1977 (AAJ 1977, 234).

Fünfte Besteigung: Die Chilenen Claude Bastres und Karl Huber, 28.1.1984 (AAJ 1984, 220; AJ 1985, 238).

Sechste Besteigung (O-Grat): Sergio Della Longa und Gabriele Iezzi, 5.1.1985 (AAJ 1985, 242).

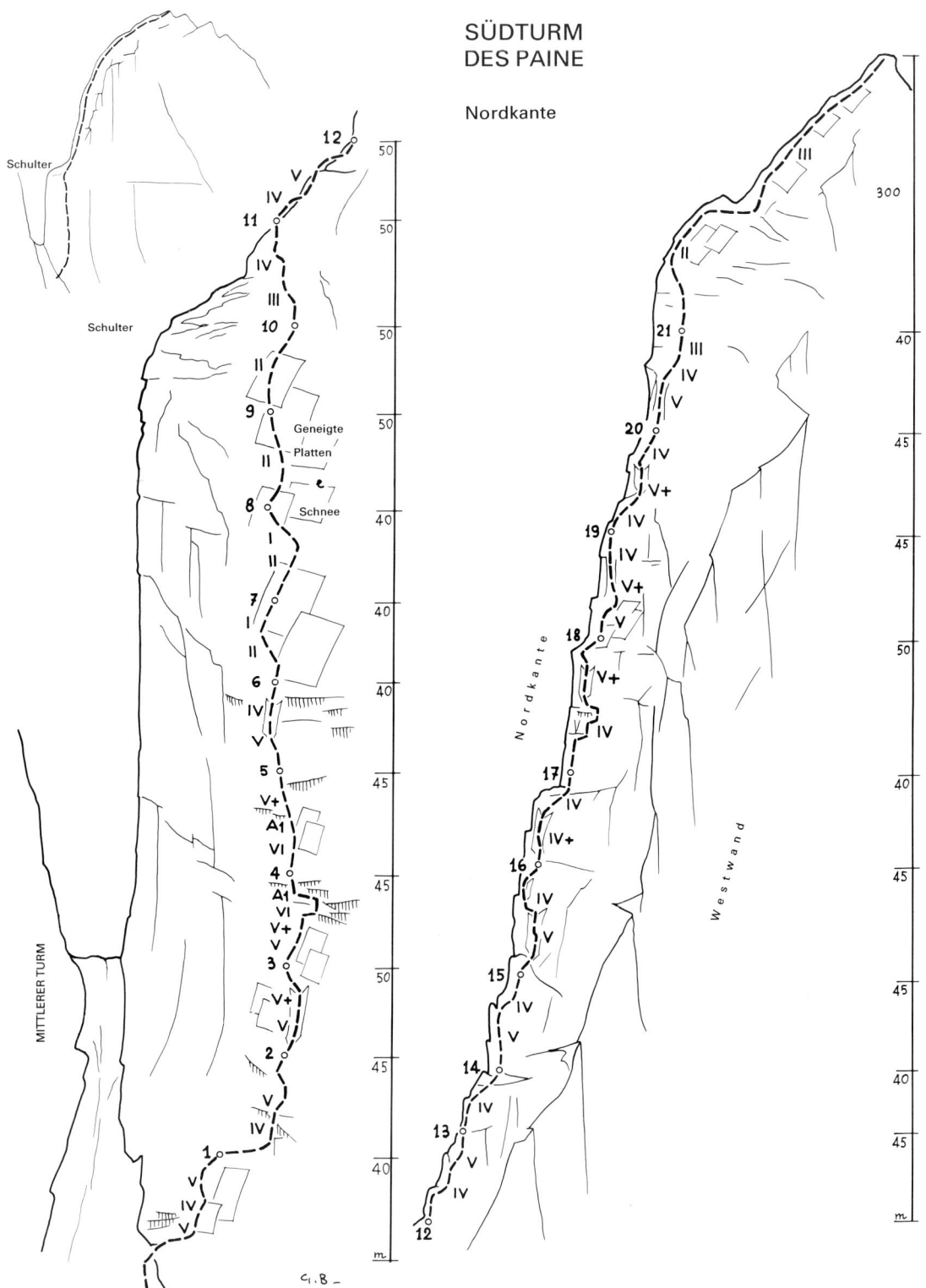

255

*Südturm, vom Mittleren Turm aus gesehen. Rechts im Hintergrund die Gipfel des Paine Grande. Foto E. Orlandi.*

*Paine Chico, W-Gipfel 2530 m*

Erstbesteigung: Die Tschechoslowaken Peter Baudis, Pavel Klimza, Ludwick Zahoransky, 13.2.1969 (AJ 1970, 236).

*Südturm 2500 m (oder höher)*

Der von den Erstbesteigern vorgeschlagene Name: Torre Alberto De Agostini.

Erstbesteiger über N-Kante und N-Wand: Armando Aste, Vasco Taldo, Josve Aiazzi, Carluccio Casati, Nando Nusdeo, 9.2.1963 (Expedition mit acht Teilnehmern); (RM 1963, 262; An. Chile 1963–67, 121–125; Aste 1975). 200 m Fixseile; VI im unteren Teil, IV und V auf dem Grat.

Zweitbesteigung: Maurizio Giarolli, Elio Orlandi, Gianella Paganini, Ermanno Salvaterra; 21.11.1986.

Dritte Besteigung und erste Winterbegehung: Mario Mànica und Luca Leonardi, 11.7.1987 (sehr kalt und windig, wenig Schnee).

O-Wand

Die Südafrikaner David Davies und Johnatan Gordon und der Amerikaner Craig Peer begingen im Dezember 1984 in neun Tagen die O-Wand mit 22 Seillängen (VI, A4, sehr anspruchsvolle Kletterei: Rurps, Knifeblades, 2 Bohrhaken) bis auf ca. 150 m unterhalb des Gipfels (abnehmende Schwierigkeiten). Umkehr wegen Unfall (AAJ 1986, 87–95; Desnivel 1988/40, 37–41).

SW-Grat

Erstbegehung: Giuseppe Bagattoli, Michele Cagol, Josef Espen, Carlo Fruet, Fabio Leoni, 29.10.–1.11.1987 (7 Seillängen kombiniert 65° und V+ bis zum Fuß des Grates, dann Fels bis VI+ und A2; im ganzen 1450 m) (AAJ 1989, 179).

W-Wand

Erstbegehung: Gianni Caronti und Antonio Prestini erreichen eine Schulter des SW-Grates (700 m, VI+ und A2), 22.–27.12.1987 (AAJ 1989, 180).

*Mittlerer Turm 2460 m (oder höher)*

Erstbesteigung von Norden: Chris Bonington und Don Willans, 16.1.1963 (Expedition mit sieben Engländern und zwei Chilenen). Schwierigkeiten bis VI,

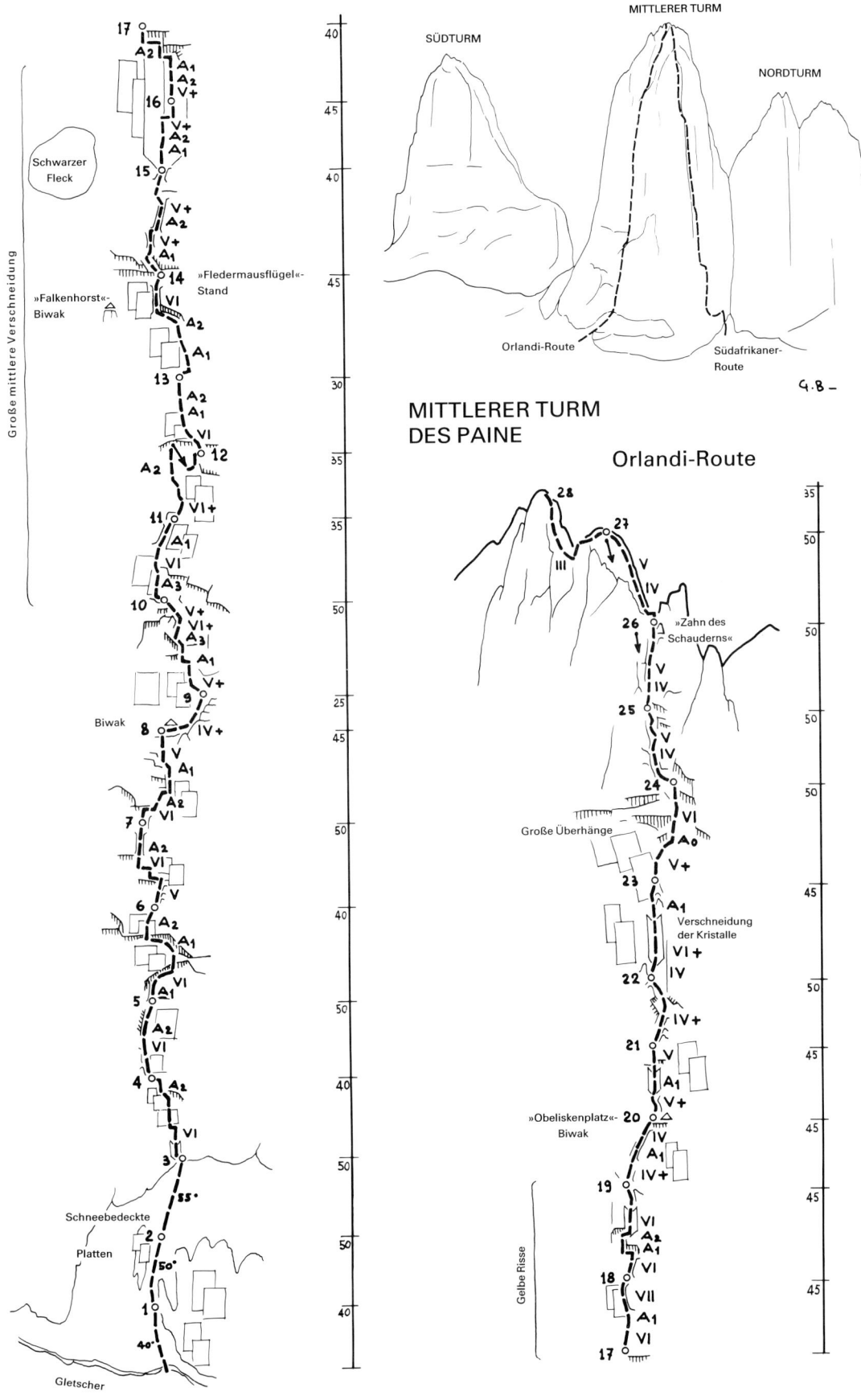

A3 (AJ 1963, 179–187; An. Chile 1963–67; 115–120; Craft 1968/81, 33–36).

Zweitbesteigung von Norden: A. Aste, V. Taldo, J. Aiazzi, C. Casati, N. Nusdeo, 17.1.1963 (Aste 1975).

Dritte Besteigung und Erstbegehung der NO-Verschneidung: Die Südafrikaner Michael Scott und Richard Smithers; am 21.1.1974 auf dem Gipfel, nach Versicherung der Route und insgesamt 32 Tagen (Expedition mit elf Mitgliedern). Ca. 1000 Höhenmeter. Schwierigkeit bis VI, A4, ein einziger Bohrhaken. ED+. (Mountain 1974/37, 11; AJ 1975, 5–16; An. CAB 1979, 70–81).

Vierte Besteigung und Erstbegehung der S-Wand: Alan Kearney und Bobby Knight (USA), in drei Tagen, im Alpinstil; am 2.1.1982 auf dem Gipfel, VI, A3, 800 m, der obere Teil leichter (Ascent 1984, 117/25; Vertical 1985/3, 73). 2-Mann-Expedition.

Fünfte Besteigung und Erstbegehung der O-Wand: Maurizio Giarolli, Elio Orlandi, Ermanno Salvaterra, Aufstieg in sieben Tagen; auf dem Gipfel am 31.10.1986 (Expedition mit fünf Teilnehmern). Schwierigkeit bis VII, A3 (LSc. 1987/7; AAJ 1987, 216).

Sechste Besteigung und Erstbegehung der NW-Verschneidung: Fabrizio Defrancesco, Mario Mànica, Fabio Stedile; am 2.11.1986 auf dem Gipfel nach acht Klettertagen (Expedition mit fünf Teilnehmern). Schwierigkeit bis VII, A3, guter Fels (LSc. 1987/13; AAJ 1987, 216).

Siebte Besteigung, südliche Direktroute: Marco Ballerini, Carlo Besana, Renato Da Pozzo, Norberto Riva, Dario Spreafico; am 24.12.1986 auf dem Gipfel; teilweise Fixseile. Schwierigkeit bis VI, A3. Nahe der Kearney-Knight-Führe, mit der sie vermutlich einige Längen gemeinsam hat (Desnivel 1988/40, 37–41).

Achte Besteigung: 5.11.1987, Ermanno Salvaterra und Ginella Paganini.

*Nordturm 2260 m (oder höher)*

Tatsächlich handelt es sich hier um einen gespaltenen Turm mit zwei deutlich getrennten Spitzen.

Erstbesteigung: Jean Bich, Pierino Pession, Leonardo Carrel, Camillo Pelissier, 17.1.1958, über den S-Grat von der Scharte zwischen Torre Norte und Torre Centrale aus (Brecha Bich). Expedition mit 17 Teilnehmern (Monzino 1958; RM 1959, 141–152 und 205–216). TD.

Zweitbesteigung: Die Argentinier José Luis Fonrouge, J. Insua, P. Cardani, J. E. Carrera Pereyra, J. Peterek (CABA), 20.1.1960.

Dritte Besteigung: Die Engländer Ian Clough und Derek Walker, 17.1.1963 (An. Chile 1963–67, 120).

Vierte Besteigung: Die Chilenen Claude Bastres und Gino Casassa, 3.2.1984.

Fünfte Besteigung: Die Chilenen Francisco Medina und Rodrigo Mujica, 4.2.1984 (AAJ 1984, 220; AJ 1985, 238).

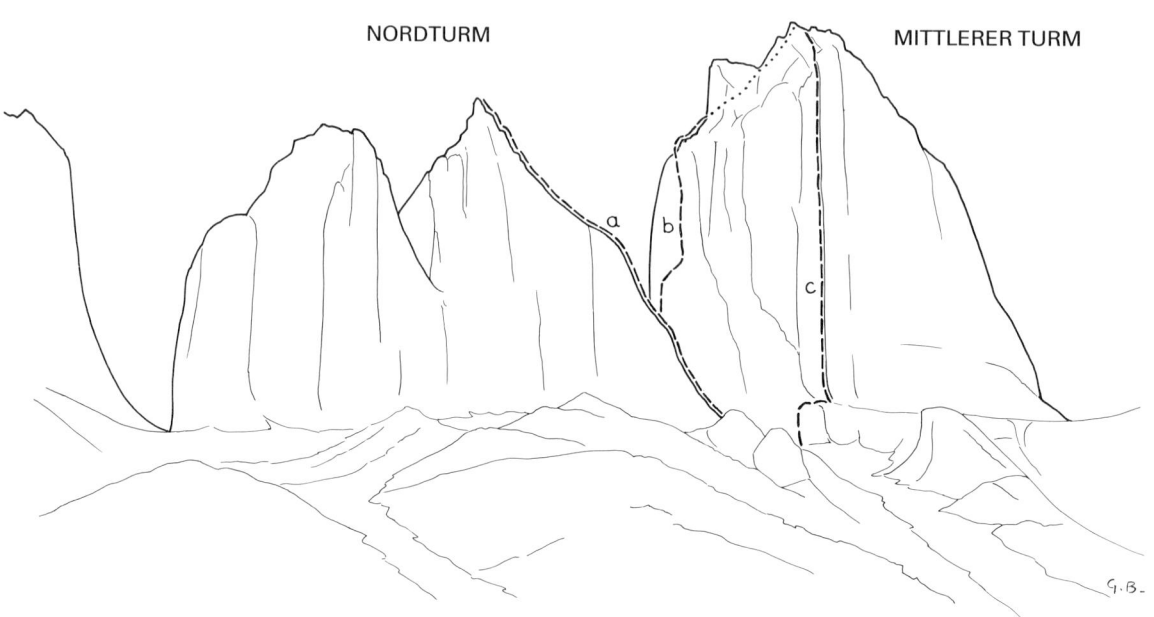

*Nordturm und Mittlerer Turm des Paine von NW:*
*a) Bich-Führe; b) Bonington-Whillans-Führe; c) Defrancesco-Mànica-Stédile-Führe.*

*Mittlerer Turm mit dem Nordwest-Riß in der Mitte. Während der Erstbegehung. Foto M. Mànica.*

Sechste Besteigung und erste Alleinbegehung: Elio Orlandi, 29.1.1986 (ALP 1986/15, 50–59; AAJ 1987, 216; Vertical 1987/12, 80).

Siebte Besteigung und erste Winterbegehung: Mario Mànica und Luca Leonardi, 28.6.1987 (sehr kalt und windig).

*Tridente 2300 m*

Erstbesteigung: Die Engländer Vic Bray, Dave Clarke, Peter Henry, Barry Page und Derek Walker, 22.1.1961 (AJ 1969, 276).

*Nido Negro de Condores – ca. 2100 m (oder »Cerro Paineta«)*

NW-Pfeiler, 500 m, TD: Die Franzosen Christophe Delachat und Serge Tuaz (Expedition mit fünf Teilnehmern), 26.12.1986 (ALPIRANDO 1988/107, 38–43; C. et M. 1988/254, 234–239).

*Cima Oggioni\* – ca. 2200 m*

Von den Erstbesteigern Andrea Oggioni (1931–1961) gewidmet.

Erstbesteigung: Armando Aste, Ignacio Saenz und Gefährten, 24.1.1966 (Aste 1975, 215–216).

Anmerkung: Von der Cima Oggioni erstreckt sich in nordöstlicher Richtung ein mächtiger Grat, dessen Erhebungen jedoch allmählich an Bedeutung verlieren. Drei Gipfel wurden von Alberto Aristarain und Pippo Frasson am 12.2.1966 bestiegen (von Südwesten nach Nordosten: *Cima Rovereto* 2050 m, *Cima Barozzi* 2050 m, *Cima Brescia* 2050 m, letzterer auch als Black Peak bekannt); weitere Nebengipfel wurden von A. Aste allein erstiegen (Aste 1975, 230).

## XVIII Mano del Diablo – Balmaceda

Die Erhebungen zwischen dem Calvo-Fjord und der Ultima-Esperanza-Bucht sind nur wenig bekannt, mit Ausnahme einiger Gipfel, die von den Seefahrern in den Kanälen des Pazifik mit Namen versehen wurden: So hatten sie »Mano del Diablo«, Teufelshand, die fünf schwarzen Spitzen genannt, die wie eine riesige Hand einen Berg krönen, in dem der schwedische Geologe Percy Quensel bei seinen Expeditionen 1907 und 1909 den geheimnisvollen Vulkan Reclus aus den alten Berichten erkannt zu haben glaubte.

An den weiteren, den Fjorden vorgelagerten Bergen zog 1982 eine französische Expedition entlang; sie bestieg den Cerro Patrullera Villarica und benannte zahlreiche Gipfel (wir geben nur die Berge mit Namen wieder, deren Lagebezeichnung als einigermaßen zuverlässig gelten kann).

Zwischen dem Tyndall- und dem Grey-Gletscher liegt eine eisbedeckte Bergkette, die sich in Richtung des Calvo-Fjords hinzieht und im Cerro Blanco (2600 m, Granit) gipfelt. Der von der französischen Expedition von 1982 versuchte Berg dieser Kette (Cerro Instituto de la Patagonia, ca. 2510 m, mit gespaltener Spitze, die fast erreicht wurde) dürfte dem von Lliboutry 1956 mit 2438 m angegebenen Gipfel entsprechen.

Weiter südlich wird der Tyndall-Gletscher von den Bergen Ferrier und Donoso umrahmt, deren Erhebungen in südöstlicher Richtung verlaufen und die in den Cordón Pratt einmünden.

Westlich erheben sich, den Fjord Ultima Esperanza deutlich beherrschend, die verschiedenen Gipfel des Massivs des Cerro Balmaceda.

Im Februar 1978 bestiegen die Neuseeländer Sue Parkes und James Jenkins einen Gipfel zwischen dem Grey- und dem Dickson-Gletscher, der auf den Calvo-Fjord herabblickt (AAJ 1978, 585–86).

*Cerro Blanco 2600 m*

An der Westseite des Grey-Gletschers.
Erstbesteigung: Der Neuseeländer Gerry Mac Sweeney, allein, 26. 2. 1976 (AAJ 1977, 232).

Es ist nur wenig wahrscheinlich, daß der von Japanern aus Hokkaido 1965/66 erstiegene »Cerro Blanco« mit 1900 m diesem Gipfel entspricht (AJ 1969, 276). Es könnte sich vielmehr um einen im Cordón Barros Arana gelegenen Berg handeln (Martinic 1982, 108).

*Cisne und Centinela*

Im Südosten des Cerro Blanco öffnet sich der Grat in Hufeisenform und gipfelt in den Cerro Cisne, 2300 m. An den beiden äußersten Stellen im Norden und Süden erheben sich zwei Gipfel mit Namen Centinela I, 1775 m, und Centinela II, 1900 m.

Centinela I im Norden wurde über den NO-Grat von den Engländern John Garner und Stephen Read im Sommer 1975/76 bestiegen. Im Februar 1976 wiederholten die Neuseeländer Gerry Mac Sweeney, Tui Eliott und Vivianne Nelson die Besteigung; sie gelangten über den Cerro Cisne bis zur Spitze des Centinela II im Süden (NZAJ 1976, 51–53; AAJ 1977, 233).

*Cerro Mano del Diablo*

Erstbesteigung: Die Franzosen Bertrand Doligez und Jean Louis Hourcadette, 18. 1. 1987. Mit einem Schiff der Küstenwache von Puerto Natales durch einen namenlosen Fjord südlich des Peel-Fjords. Basislager und zwei Zwischenlager. Expedition mit fünf Teil-

Anmerkung: Südlich des Cerro Centinela II bestiegen die Engländer S. Read und J. Garner im Januar 1976 den Cerro Quijote (2500 m) vom Pingo-Tal aus (An. Chile 1973–77, 201).

*Monte Balmaceda von Nordosten.*

nehmern. Anstieg kombiniert, D, 1000 m; von einer Scharte aus zwischen dem »Ringfinger« und dem »Kleinen Finger« wurde der Gipfelgrat erreicht, der einige Meter niedriger als der Hauptgipfel ist.

*Cerro Patrullera Villarica 2133 m*

Südlich des Mano del Diablo gelegen.
Erstbesteigung: J. L. Hourcadette, R. Hémon, M. Roquefère, B. Doligez, mit Skiern vom 1780 m hoch gelegenen Paß, am 16. 11. 1982, auf ihrer Durchquerung des Südlichen Patagonischen Eises, bei der 11. Etappe nach Aufbruch von der Bucht der Letzten Hoffnung. Der Name wurde von den Erstbesteigern vorgeschlagen (Hourcadette, 1985).

*Cerro Ferrier 1590 m*

Erstbesteigung: Pepe Alcaron (chilenischer Nationalpark-Aufseher) und Esther Fuchs (Schweiz), 1985 (Alpes, 1986/IV, 181–89). E. Fuchs bestieg einige Tage zuvor auch im Alleingang den *Cerro Zapato*, 1450 m.

*Cerro Balmaceda 2035 m*

Weithin sichtbar – bis nach Puerto Natales – beherrscht dieses mächtige Massiv den Fjord Ultima Esperanza. Im regnerischen Klima wachsen hier üppige Magnolien, Zypressen und Farne. Der Zugang vom Süden vom Meer aus wurde zuerst von De Agostini erkundet (De Agostini 1949, 74–82).
Erstbesteigung: Die Argentinier Otto Meiling, Ivan Arnsek, Carlos Bottazzi (CAB) und der Chilene Miguel Saavedra, 8. 11. 1957 (AAJ 1958, 103; An. CAB 1958, 8–9, 17–21). Von Norden auf den Hauptgipfel. 1988 schlug ein Wiederholungsversuch fehl (AAJ 1989, 178–179).

*Cordón Arturo Pratt*

Diese Bergkette wurde 1937 von G. A. Fester mit R. Jakob und von Stefan Zuck und Hans Teufel erforscht, die verschiedene Gipfel erreichten (Zt. DAV 1937–38; De Agostini 1949; Meciani 1964, 135).

*Cerro Pratt 870 m*

Südlich der Mündung des Rio Pratt in den Seno Ultimo Esperanza (Bucht der letzten Hoffnung) erhebt sich dieser schöne Aussichtsberg mit Blick nach Norden auf den Balmaceda und nach Süden auf die chilenischen Pazifikkanäle.
Erreichbar von Puerto Natales über Puerto Consuelo aus, entlang der Bucht der Letzten Hoffnung (La Montaña 1967).

\* \* \*

## XIX Die Sarmiento- und Burney-Gruppen

Das Südliche Patagonische Eis endet auf der Höhe des Seno Ultima Esperanza (Bucht der Letzten Hoffnung). Weiter im Süden ist die Kordillere, die hier ausschließlich auf chilenischem Staatsgebiet liegt, in die zahlreichen Inseln und Halbinseln des pazifischen Archipels zerstückelt. Die Berge sind hier nicht höher als 2000 m, aber die Gipfel sind eisgepanzert und die Grate mit Eispilzen und Wächten geziert.

Das Klima ist äußerst regnerisch und stürmisch. Der Zugang erfolgt am besten vom Meer aus; man braucht dazu die Genehmigung aus Puerto Natales oder Punta Arenas. In diesem äußersten Südzipfel der Patagonischen Kordillere, zwischen 51°50' und 53° südlicher Breite, liegen interessante Gipfel, über die man bis heute recht wenig weiß.

Zwischen dem Fjord Ultima Esperanza und der Otway-Bucht erstreckt sich die große Halbinsel Muñoz Gamero, die auf ihrer Westseite über mehr als 200 qkm mit Eis bedeckt ist. Die Otway-Bucht ist mit der Skyring-Bucht verbunden, die sich auf der südöstlichen Seite der Halbinsel durch den Fitz-Roy-Kanal fortsetzt.

Interessant und fast gänzlich unerforscht sind auch die Inseln im Südwesten der Magellanstraße (Desolación, Santa Inés); sie gehören jedoch bereits zum Archipel Feuerlands, das vom Kap Pilar bis zum Kap Horn reicht.

*Cordillera Sarmiento*

Sie zieht sich in Nord-Süd-Richtung hin und bildet eine Halbinsel. In unmittelbarer Nähe von Puerto Natales gelegen, ist sie doch schwierig zu erreichen, mit weiten Gletschern und Gipfeln um die 2000 m. Sie beeindruckte bereits Conway, der sie 1897 vielleicht als erster mit Bergsteiger-Augen betrachtete. Und als E. Shipton sie 1973 vom Monte Burney aus erblickte, beschrieb er sie als »a splendid range of ice peaks as yet untouched«. Im Osten der Cordillera befindet sich ein wunderschöner Fjord, den die ersten Erforscher auf ihren Segelschiffen »Fjord of the Mountains« getauft hatten. 1976 besteigen J. Miller und D. Asay die Gipfel P mit 1994 m und Three Furies mit ca. 1850 m nach sehr kompliziertem Zugang im Segel- und Motorboot (AAJ 1977, 57–72).

*Die Berge der Skyring-Bucht*

Der Seno de Skyring ist ein Fjord mit einer Fläche von ca. 2400 qkm, der zum Teil von E. Shipton bei seinen ersten Annäherungsversuchen an den Monte Burney erkundet wurde. Die Schiffahrt kann hier sehr schwierig sein. »Ponsonby Land«, der zwischen der Skyring- und der Otward-Bucht liegende Teil der

Halbinsel Muñoz Gamero, ist nach Conway, der das Gebiet im Jahre 1897 besuchte, »eines der wildesten und einsamsten Gebiete, die man sich vorstellen kann. Hier gibt es schneebedeckte Berggipfel, und einer dieser Gipfel sieht wie eine Burg aus mit einem hohen Turm. Ein anderer Gipfel heißt Mount Misery, er ist ungefähr 3000 Fuß hoch und erhebt sich schneebedeckt über die anderen.«

Im Dezember 1975 bestieg eine USA-Expedition folgende Gipfel:

*Cerro Volcán* (aus Kalk), ca. 1500 m; J. Miller.

*Cerro 1. de Septiembre*, 1554 m; J. Miller, J. Brennan, G. Galloway, R. Peterson, A. Smith.

*Cerro »Rhyme and Reason«*, ca. 1800 m, Westgipfel: J. Miller, W. Zauche, G. Galloway, P. Peterson, A. Smith.

Es wurden noch weitere Gipfel entdeckt (wie der Cerro Ladrillero, ein sehr schöner Berg, jedoch von Sümpfen umgeben, und der Cerro Atalaya, auch »The Lookout« genannt); der Dynevor Castle (1236 m), ein Tafelberg mit Türmen, wurde fast bis zur Spitze erstiegen (AAJ 1977, 57–72; An. CAB 1979, 21).

*Monte Burney 1768 m*

Stratovulkan im Nordwesten der großen Halbinsel Muñoz Gamero. Der letzte bekannte Ausbruch wurde 1910 von Seefahrern beobachtet.

Im Jahr 1962 erkundet Eric Shipton mit C. Marangunic von der Skyring-Bucht aus den Zugang und kommt nach acht Tagen Reise bis auf zwölf Meilen an den Berg heran. 1963 kommt er, immer von derselben Seite, mit J. Earle und J. Ewer bis zum Fuß des Vulkans. 1973 versucht Eric Shipton mit Peter Radcliffe und Roger Perry (mit Unterstützung der chilenischen Marine) die Besteigung mit Anmarsch von Westen (Wälder, Sümpfe). Am 10.3.1973 wird der Gipfel des Berges über den W-Grat endlich erreicht (AJ 1975, 1–4; AAJ 1964, 222; AAJ 1974, 129–130; An. Chile 1973–77, 200).

*Blick auf Paine Chico und seine Türme vom Azul-See (Nordosten) aus. Foto E. Orlandi.*

# Bibliographie

Appelius, M. (1930): *Cile e Patagonia*. Alpes, Milano
Aste, A. (1975): *I pilastri del cielo*. Reverdito, Trento
Azéma, M. A. (1955): *Fitz Roy, Cerro di Patagonia*. Leonardo da Vinci, Bari.
  Originaltitel: *La conquête du Fitz Roy*
Baudy, P. (1983): *Sur les traces de personne*. Ed. Pen Duick, Paris
Bayer, O. (1974): *Los vengadores de la Patagonia trágica*. Integral, Buenos Aires
Bertone, M. (1960): *Inventario de los glaciares*. Inst. Nac. Hielo Cont. Pat., Buenos Aires
Bertone, M. (1972): *Aspectos glaciologicos de la zona del Hielo Continental Patagonico*.
  Inst. Nac. Hielo Cont. Pat., Buenos Aires
Bonacossa, A. (1980): *Una vita per la montagna*. Tamari, Bologna
Bonatti, W. (1983): *Le mie montagne*. Rizzoli, Milano
Bonatti, W. (1986): *La mia Patagonia*. Baldini, Appiano Gentile (Como)
Bubendorfer, Th. (1986): *Mount Fitz Roy. Die Qualität des nächsten Schrittes*. Orac, Wien
Campbell-Kelly, B. (1975): *A Patagonia Handbook. Cerro Stanhardt*.
  22 Swinbourne Grove. Withington, Manchester
Campbell-Kelly, B. und Wyvill, B. (1978): *A Patagonia Handbook. Cerro Torre*.
  30 Crescent Way, Horley, Surrey.
Capellas, C. (1985): Chaltel. *Cuadernos de alpinismo N. 2*. Pirenaica, S. G. I. M., Sabadell-Barcelona
Chatwin, B. (1980): *In Patagonia*. Adelphi, Milano
Comparat, J. (1981): *Paine 81*. Expeditionsbericht. ENSA, Chamonix
Conway, M. (1902): *Aconcagua and Tierra del Fuego*. Cassell & Co., London
De Agostini, A. (1949): *Ande Patagoniche*. Società Cartografica Giovanni De Agostini, Milano
De Agostini, A. (1953): *Nella Cordigliera Patagonica Australe*. In: Alp. It. nel Mondo, S. 305–311.
  CAI-TCI, Milano
De Agostini, A. M. (1955): *Trent'anni nella Terra del Fuoco*. SEI, Torino
Diaz-Rozzotto, J. (1973): *Lateinamerika. Ein Kontinent wird geschmiedet*. Bucher, Luzern-Frankfurt/Main
Erize u. a. (1981): *Los Parques Naturales de la Argentina y otras de sus areas naturales*. INCAFO, Madrid
Fantin, M. (1967): *Alpinismo italiano extraeuropeo*. Tamari, Bologna
Fantin, M. (1972): *Alpinismo italiano nel mondo*. Vol. II. CAI, Comm. Centrale Pubbl., Milano
Fantin, M. (1979): *Le Ande*. CAI, Comm. Centrale Pubbl., Milano
Ferrari, C. (1975): *Cerro Torre, parete ovest*. Dall'Oglio, Milano
Fraga, L. (1982): *Todo o Nada*. GAM Peñalara, Madrid
Haston, D. (1978): *Verso l'alto*. Dall'Oglio, Milano
Heim, Arn. (1940): *Patagonian Cordillera*. Eclogae geol. Helv., vol. 33, Basel
Heim, Arn. (1953): *Südamerika*. Huber, Bern-Stuttgart
Hourcadette, J. L. (1985): *Enfer blanc de Patagonie*. Nathan, Paris
Iwa To Yuki (1981): *Monographie* in Nr. 84 der Zeitschrift Iwa To Yuki, S. 54–76, Tokyo
Kammerlander, H. (1989): *Abstieg zum Erfolg*. Bergverlag Rudolf Rother, München
Karl, R. (1980): *Erlebnis Berg. Zeit zum Atmen*. Limpert, Bad Homburg

Karl, R. (1983): *Berge auf Kodachrome.* Limpert, Bad Homburg
Kölliker, A. (1926): *In den Einsamkeiten Patagoniens.* Strecker & Schröder, Stuttgart
Le Bon, L. (1987): *Where Mountains Live.* Aperture Foundation, New York
Lliboutry, L. (1952): *Estudio cartografico, geologico y glaciologico de la zona del Fitz Roy.* Universidad de Buenos Aires, Inst. de Geografia, Serie A. – 17, Buenos Aires
Lliboutry, L. (1956): *Nieves y glaciares de Chile.* Ediciones de la Universidad de Chile, Santiago
Madsen, A. (1975): *La patagonia vieja.* Galerna, Buenos Aires
Madsen & Bertomeu (1980): *Cazando pumas en la Patagonia.* Guadalupe, Buenos Aires
Maestri, C. (1961): *Arrampicare è il mio mestiere.* Garzanti, Milano
Maestri, C. e. F. (1972): *Duemila metri della nostra vita.* Garzanti, Milano
Martinić, M. (1982): *Hielo Patagonico Sur.* Instituto de la Patagonia, Punta Arenas
Meciani, P. (1964): *Le Ande. Monografia geografico-alpinistica.* Tamari, Bologna
Merlo, R. (1986): *L'altra Argentina. Patagonia e Tierra del Fuego.* Rizzoli, Milano
Metzeltin-Buscaini, Silvia (1984): *Alpinismo a tempo pieno.* Dall'Oglio, Milano
Metzeltin-Buscaini, Silvia (1986): *Geologia per alpinisti.* Zanichelli, Bologna
Monzino, G. (1958): *Italia in Patagonia.* Martello, Milano
Moorehead, A. (1969): *Darwin and the Beagle.* Rainbird Ltd., London
Moro, R. (1982): *Fitz Roy, Pilastro Nord.* In: Natura e Fotografia Nr. 2, Scarpa, Asolo (Treviso)
Museo Nazionale della Montagna (1985): *Ai limiti del mondo.* CAI, Sez. Torino
Neate, J. (1987): *Mountaineering in the Andes.* Exp. Adv. Centre, London
Onelli, C. (1904): *Trepando los Andes.* [3]1977 Marymar, Buenos Aires
Oyarzún, G. (1987): *Chile Los Andes.* Ed. Kactus, Santiago de Chile
Plüschow, G. (1929): *Silberkondor über Feuerland.* Deutscher Verlag, Berlin
Raspail, J. (1981): *Moi, Antoine de Tounens, roi de Patagonie.* Ed. A. Michel, Paris
Raspail, J. (1985): *Qui se souvient des hommes.* Laffont, Paris
Reichert, F. (1947): *Auf Berges- und Lebenshöhe.* Kave, Buenos Aires.
    Spanische Ausgabe: *En la cima de las montañas y de la vida* (1967), Acad. Nac. Agronomia, Buenos Aires
Riccardi, A. und Rolleri, O. (1980): *Cordillera Patagonica Austral.* In: Geologia Regional Argentina, II Simp., Academia Nac. de Ciencias, Córdoba, Argentina
Saint-Loup (1950): *Monts Pacifiques.* Arthaud, Grenoble
Schobinger, J. und Gradin, C. (1985): *L'arte delle Ande e della Patagonia.* Jaca Book, Milano
Shipton, E. (1963): *Land of Tempest.* Hodder & Stoughton, London
Steffen, H. (1929): *Grenzprobleme und Forschungsreisen in Patagonien.* Stuttgart
Tejada Flores, L. (1971): *Rojo's Peon.* In: Ascent, vol. 1, Nr. 5, 21–23. Sierra Club, San Francisco
Terray, L. (1965): *Vor den Toren des Himmels (Les Conquérants de l'inutile).* Nymphenburger Verlagsbuchhandlung, München
Tilman, H. W. (1957): *Mischief in Patagonia.* Univ. Press, Cambridge
Weber, H. (1929): *Als Pelzjäger in Feuerland.* Scherl, Berlin
Wilhelmy, H. & Rohmeder, G. (1963): *Die La-Plata-Länder.* Westermann, Braunschweig
Zeil, W. (1986): *Südamerika. Geologie der Erde.* Enke, Stuttgart

# Verzeichnis der Abkürzungen bei den Literaturangaben

AAJ = The American Alpine Journal, Am. Alpine Club, New York
AIM = Alpinismo Italiano nel Mondo. Fantin, 1972
AJ = The Alpine Journal, Alpine Club, London
ALP = ALP, Vivalda, Torino
Alpes = Die Alpen, Zeitschrift des CAS
Alpin = Alpin Magazin, Ringier-Heering, München
Alpinismus = Alpinismus, Heering, München
Alpirando = Alpirando, Paris
An. BG = Annuario CAI Bergamo
An. CAB = Anuario Club Andino Bariloche, Argentina
An. Chile = Anuario de Montaña, Fed. Andinismo de Chile, Santiago
Andinismo = Andinismo, Anuario CABA, Buenos Aires
Anti Suyu = Anti Suyu, Revista de Montaña, San Juan (Arg.)
Ascent = Ascent, Sierra Book Club, San Francisco
BdW = Berge der Welt, SSAF ed., Zürich
Bergsteiger = Der Bergsteiger, Bruckmann, München
Bol. CABA = Boletin CABA, Buenos Aires
Boll. SAT = Bollettino CAI-SAT, Trento
CAC = Revista Club Andino Córdoba, Argentina
C. et M. = Calanques et Montagne, CAF Aix-en-Provence
Climbing = Climbing, Aspen, Colorado
Craft = Mountain Craft, London, bis 1968 (danach Mountain)
Desnivel = Desnivel, BAMA, Madrid
Extrem = Extrem, ARAM, Barcelona
GHM = Annales GHM, Paris-Lyon
La Montagne = La Montagne et Alpinisme, CAF-GHM, Paris
La Montaña = La Montaña, revista CABA, Buenos Aires
LSc = Lo Scarpone, Mitteilungsblatt des CAI, Milano
MCSA = Annual of the Mount. Club of South Africa, Cape Town
M. Mag. = Montagnes Magazine, Grenoble
Mountain = Mountain, Magazine Ltd, Sheffield
Muntanya = Muntanya, Club Alpi Català, Barcelona
NZAJ = New Zealand Alpine Journal, N. Z. Alpine Club, Christchurch
Peñalara = Peñalara, Real Soc. Espan. de Alpinismo, Madrid
RdM = Rivista della Montagna, CDA, Torino
RM = Rivista Mensile del CAI, Torino
Sangaku = Sangaku, Journ. of Japanese Alpine Club, Tokyo
Ski y And. = Ski y Andinismo en Argentina, Bariloche
Vertical = Vertical, Chamonix
Zt. DAV = Zeitschrift des DAV, München

*Anmerkung:* Private Quellen (Briefe, Hüttenbücher usw.) wurden nicht angegeben.

# Bergfilme

Strouvé, Frankreich: *Du Fitz Roy à l'Aconcagua*, 1952
Mauri, Italien: *Cerro Torre*, 1958
Peruzzi, Argentinien: *Fitz Roy*, 1959
Vallmitjana, Argentinien: *Rio Patagonico*, 1959
Nava, Italien: *Cerro Paine, vittoria italiana*, 1961
Casati, Italien: *Sesto grado in Patagonia (Paine)*, 1963
Nava, Italien: *Vittoria allo Scudo del Paine*, 1968
Tejada Flores, USA: *Fitz Roy*, 1969
Aste, Italien: *Il Pilone ha detto no*, 1973
Lanzetta, Italien: *Torre del vento* (Cerro Torre, Ferrari), 1974
Ferrari, Italien: *Fitz Roy, pilastro est*, 1976
Homberger, Schweiz: *Fitz Roy*, 1976
Dickinson, Großbritannien: *Land of mist and fire*, 1978
Quarti, Schweiz RTSI: *Spedizione alle Ande Patagoniche*, 1978
Afanassief, Frankreich: *Première en Patagonie, face nord du Fitz Roy*, 1981
Metzeltin, Schweiz RTSI: *Patagonia, una leggenda per due alpinisti*, 1983
Dickinson, Großbritannien: *Cerro Torre Enigma*, 1983
Ducroz, Frankreich: *Patagonie, force 10*, 1984
Mariani, Schweiz, RTSI: *Cumbre*, 1986
Fištravec, Jugoslawien: *Peklenska Gora Cerro Torre*, 1986

Filmarchive:

– Cineteca Centrale del CAI, Via Foscolo 3, 20121 Milano
– Filmfestival Trento, Centro S. Chiara, 38100 Trento
– FIFAD Les Diablerets, CH-1865 Les Diablerets, Schweiz

# Register der Bergnamen

(C.) hinter dem Namen bedeutet Cerro (= Berg)

| | | | |
|---|---|---|---|
| Adela Central (C.) | Seite 234 | Campana (C.) | 237 |
| Adela Sur (C.) | 234 | Carmen (C.) | 248 |
| Adriana (Cordón) | 245 | Casari (Punta) | 204 |
| Agassiz (C.) | 243 | Castillo (C.), (de Coyhaique) | 187 |
| Agudo (C.) | 186 | Castillo (C.), (del Paine) | 251 |
| Aguilera (C.) | 243 | Catalina (Punta) | 253 |
| Aguja (C.) | 186 | Catedrál (La), (del Paine) | 252 |
| Aguja de la Silla | 221 | Centinela, N e S (C.) | 260 |
| Agujas del Rio Túnel | 236 | Centinela II (C.) | 260 |
| Agujas Sueltas (de las) (C.) | 194 | Centurión (C.) | 248 |
| Akira (C.) | 245 | Cerro | 187 |
| Ameghino (Cordón) | 245 | César (Dedo del) | 247 |
| Anders (C.) | 238 | Chimenea (La) | 195 |
| Anna (Punta) | 213 | Cisne (C.) | 260 |
| Arco (C.) | 186 | Cochrane (Cordón) | 195 |
| Arenales (C.) | 186 | Colmillo | 196 |
| Árido (C.) | 194 | Colorado (C.) | 196 |
| Arielle (C.) | 247 | Compañeros (C.) | 194 |
| Áspero (C.) | 194 | Condores (C.) | 186 |
| Astillado (C.) | 204 | Cono (C.) | 242 |
| Atalaya (C.) | 262 | Cono Helado | 183 |
| Azul (C.) | 203 | Cordillera Sarmiento | 261 |
| | | Cota 2000 (C.) | 251 |
| Balmaceda (C.) | 261 | Cristál (C.), (C. Campana) | 238 |
| Barozzi (Cima) | 259 | Cristál (C.), (Hielo Pat. Norte) | 183 |
| Barros Arana (Cordón) | 248 | Cuatro Dedos (Aguja) | 229 |
| Bertacchi (C.) | 242 | Cubo (C.) | 245 |
| Bertrand (C.) | 243 | Cuerno de Plata | 183 |
| Bichendaritz (Punta) | 248 | Cuerno Central (del Paine) | 254 |
| Bifida (Aguja) | 229 | Cuerno Norte (del Paine) | 253 |
| Blanco (C.) | 260 | | |
| Blanco (Domo) | 210 | Dargier (C.) | 248 |
| Boj (C.) | 239 | Daudet (C.) | 247 |
| Bolado (C.) | 243 | De-los-Tres-Grat | 224 |
| Brecha Cuatro Dedos | 228 | Desmochada | 220 |
| Brescia (Cima) | 259 | Diablo Negro (C.) | 187 |
| Burney (Monte) | 262 | Doblado (C.) | 236 |
| | | Don Bosco (C.) | 240 |
| Cabeza del Indio | 253 | Dos Picos (C.) | 195 |
| Cachet (C.) | 186 | Dynevor Castle | 262 |
| Cachu | 186 | | |
| Cagliero (C.) | 208 | Eboulis (Punta) | 253 |
| Campamento (C.) | 187 | Ecrins (C.) | 248 |

267

| | |
|---|---|
| Egger (Torre) | 230 |
| Electrico (C.) | 224 |
| Electrico Noroeste (C.) | 224 |
| El Gendarme | 229 |
| El Ñire | 228 |
| Escudo | 253 |
| Espada | 253 |
| | |
| Feo (C.) | 189 |
| Ferrier (C.) | 261 |
| Feruglio (Cordón) | 196 |
| Fiero (C.) | 183 |
| Filo del hombre sentado | 213 |
| Fitz Roy | 214 |
| Fortaleza | 253 |
| | |
| Gorra Blanca | 208 |
| Gotico (C.) | 187 |
| Grande (C.) | 236 |
| Guillaumet (Aguja) | 221 |
| | |
| Helbling (C.) | 187 |
| Hermoso (C.) | 194 |
| Herron (Punta) | 230 |
| Hoja | 253 |
| Hombro Norte | 192 |
| Hudson-Cerro | 187 |
| Huemúl (C.) | 237 |
| Hyades (C.) | 186 |
| | |
| Iglesias (José Maria) | 247 |
| Indeterminado (C.) | 204 |
| Instituto de la Patagonia (C.) | 260 |
| Iruka-Dake (C.) | 245 |
| | |
| Jani (C.) | 243 |
| | |
| Kennedy (C.) | 243 |
| Krüger (C.) | 203 |
| | |
| Largo (C.) | 186 |
| La Torre (Präandine Gruppen) | 187 |
| La Torre (C.), (S. Valentín) | 183 |
| Lautaro (Volcán) | 206 |
| Loma Blanca | 213 |
| Loma de las Pizzaras | 228 |
| Loma del Diablo | 208 |
| Lorena (Punta) | 221 |
| Luca (C.) | 236 |
| | |
| Mac Andrews (C.) | 243 |
| Madsen (C.) | 224 |
| Malaspina (Monte) | 240 |
| Mano del Diablo (C.) | 260 |
| Marconi Central (C.) | 210 |
| Marconi Norte (C.) | 210 |
| Marconi Principál (C.) | 209 |
| Marconi Sur (C.) | 210 |
| Máscara | 253 |
| Mascarello (Cordón) | 237 |
| Masters (C.) | 243 |
| Mayo (C.) | 245 |
| Mellizos (S. Martín) | 202 |
| Mellizo Oeste (del Paine) | 252 |
| Mermoz (Aguja) | 221 |
| Mesa Chico (C.) | 239 |
| Milanesio (C.) | 208 |
| Mimosa (C.) | 207 |
| Misery (Mount) | 262 |
| Mittlerer Turm (des Paine) | 256 |
| Mocho (C.), (Hielo Pat. Norte) | 183 |
| Mocho (El), (C. Torre) | 234 |
| Mojon Rojo | 228 |
| Moreno (C.) | 209 |
| Moyano (C.) | 238 |
| Mujer (Punta) | 213 |
| Murallón | 241 |
| | |
| Naranja (Pico) | 186 |
| Natacha (C.) | 248 |
| Ñato (C.) | 236 |
| Negro (C.) | 196 |
| Neumayer (C.) | 208 |
| Nido Negro de Condores | 259 |
| Nördliches Patagonisches Eis | 179 |
| Nordturm (des Paine) | 258 |
| Norte (C.) | 237 |
| | |
| Oggioni (Cima) | 259 |
| O'Higgins (C.) | 204 |
| Olguín (C.) | 248 |
| Onelli | 243 |
| Ostrava (C.) | 248 |
| | |
| P. 1994 m (Gipfel) | 261 |
| Paine Chico (o C. Almirante Nieto) | 254 |
| Paine Chico, Westgipfel | 256 |
| Paine Grande, Mittelgipfel | 251 |
| Paine Grande, Nordgipfel | 251 |
| Paine Grande, Hauptgipfel | 249 |
| Paine Grande, Südgipfel oder Punta Bariloche | 251 |
| Palo (C.) | 189 |
| Pared Sur (C.) | 186 |
| Patrullera Villarica (C.) | 261 |
| Pedreros (C. de los) | 194 |
| Penitentes (C.) | 194 |
| Peñon (C.) | 189 |
| Pico Sur (Cordón Moreno) | 209 |

| | | | |
|---|---|---|---|
| Pico Sur (S. Valentín) | 183 | Santa Cruz (C.) | 242 |
| Piergiorgio (C.) | 210 | Santa Lucia (C.) | 204 |
| Pintado (C.) | 239 | Siniolchu (C.) | 183 |
| Piramide (C.), (Hielo Pat. Sur) | 207 | Solo (C.) | 236 |
| Piramide (C.), (S. Lorenzo) | 193 | Sonntag (Carlos) (C.) | 247 |
| Piramide Bella Vista | 194 | Standhardt (C.) | 229 |
| Planchón (C.) | 248 | Steffen (C.) | 203 |
| Poblete (C.) | 187 | Stokes (C.) | 248 |
| Poincenot (Aguja) | 224 | Südliches Patagonisches Eis | 197 |
| Pollone (Aguja) | 213 | Südturm (des Paine) | 256 |
| Pollone (C.) | 213 | | |
| Pollone (Gran Gendarme del) | 213 | Techado Negro | 228 |
| Pratt (C.) | 261 | Three Furies | 261 |
| Iº de Septiembre (C.) | 262 | Tiburón (Aleta del) | 252 |
| Proa (C. la) | 248 | Torino (Monte) | 243 |
| Puntudo (C.) | 189 | Torre (C.) | 231 |
| Punzón (C.) | 248 | Torre de la media luna | 233 |
| | | Torri Nere | 196 |
| Q (C.) | 194 | XXX° Aniversario (C.) | 208 |
| Quemado (Meseta del) | 204 | Tres Hermanos (C.) | 195 |
| Quijote (C.) | 260 | Tridente | 259 |
| Quirquinchos (Punta) | 252 | Tronco (C.) | 183 |
| Quota 1984 m | 238 | Trono Blanco | 252 |
| | | Turret (C.) | 186 |
| Rafaél (Aguja) | 226 | | |
| Rhyme and Reason (C.) | 262 | Val Biois (Punta) | 221 |
| Rincón (C.) | 210 | Velluda (Punta) | 224 |
| Riso Patrón, Cumbre Nr. 6 | 240 | 29 de Octubre (C.) | 242 |
| Riso Patrón (C.) | 240 | Vespignani (C.) | 208 |
| Roma (C.) | 243 | Viento (Meseta del) | 204 |
| Rovereto (Cima) | 259 | Vivod (C.) | 243 |
| | | Volcán (C.) | 262 |
| S (Aguja de la) | 228 | Volonqui (Aguja) | 210 |
| Saint Exupéry (Aguja) | 228 | | |
| San Lorenzo, Cumbre Principál | 192 | W (C.), siehe Compañeros | |
| San Lorenzo, Cumbre Sur | 193 | | |
| San Lorenzo, Hombro Norte | 192 | Zapato (C.) | 261 |
| San Valentín (C.) | 181 | Zeballos (Monte) | 189 |

# Kartographische Unterlagen

Die kartographischen Unterlagen wurden nicht einzeln angegeben, da die Skizzen aus der Bearbeitung zahlreicher Dokumente entstanden sind und durch persönliche Beobachtungen und Hinweise aus der Literatur vervollständigt wurden. Grundlage für die Erarbeitung der Skizzen waren: De Agostini (1949), Lliboutry (1956), Fantin (1972), Meciani (1964), Heim (1953). Außerdem wurde die ausgezeichnete Karte von Manolo Puente (1962) für die Gebiete um den Fitz Roy und den Volcán Lautaro zu Hilfe genommen (An. CAB 1963, 22–31, 51–57). Die Panoramazeichnungen entstanden zum Teil aus eigener Fotodokumentation, zum Teil – mit Verbesserungen – aus in Zeitschriften erschienenen Abbildungen.

# Inhalt

- 7 Verschiedene Maßstäbe
- 9 Die Landschaft

## Das Land

- 13 Geographische Grundzüge
- 16 Die Südlichen Patagonischen Anden

## Die natürliche Umwelt

- 27 Ein Klima der unerbittlichen Winde
- 32 Das Patagonische Inlandeis
- 45 Geologische Eigenarten
- 47 Die regionale Geologie
- 60 Die Pflanzen- und Tierwelt
- 64 Nationalparks

## Die menschliche Umwelt

- 68 Spuren der Vorgeschichte
- 71 Die geschichtlichen Ereignisse
- 86 Ortsnamen entstehen und vergehen
- 90 Kleines Lexikon landwirtschaftlicher Ausdrücke
- 91 Menschen und Berge
- 95 Friedrich Reichert (1878–1953)
- 106 Alberto Maria De Agostini (1883–1960)
- 109 Casimiro Ferrari (1940)
- 112 José Louis Fonrouge (1943)
- 115 Cerro Torre – die Geschichte eines Mythos

## Am Rande erlebt

- 133 Geschichten aus Patagonien
- 135 »Alles oder nichts«
- 139 Skier fallen vom Himmel
- 142 Rio Z.
- 145 Eine *tropilla* wurde gestohlen

## Reisevorschläge

- 155 Allgemeine Informationen
- 160 Auf der Suche nach Naturschönheiten
- 161 Ausflüge und Touren
- 163 Begegnung mit der Kultur des Landes
- 166 Patagonien in den Büchern

## Bergsteigen in den Südlichen Patagonischen Anden

- 173 Trends der bergsteigerischen Entwicklung in den achtziger Jahren
- 175 Die Berggruppen der Südlichen Patagonischen Anden
- 177 Das Nördliche Patagonische Eis und die Gruppe des Cerro San Valentín
- 197 Das Südliche Patagonische Eis

- 263 Bibliographie
- 265 Verzeichnis der Abkürzungen bei den Literaturangaben
- 266 Bergfilme
- 267 Register der Bergnamen
- 269 Kartographische Unterlagen